AFGHANISTAN 2001-2010

Autrement**Frontières**

Collection dirigée par Henry Dougier

Le suivi éditorial de cet ouvrage a été assuré par Marion Chatizel.
Les cartes ont été réalisées par Alexandre Nicolas.

Illustration de couverture : © AFP PHOTO/David Furst.

www.autrement.com

JEAN-CHARLES JAUFFRET

AFGHANISTAN 2001-2010

Chronique d'une non-victoire annoncée

Éditions Autrement**Frontières**

Aux écolières afghanes qui luttent pour leur dignité
et aux soldats français engagés dans une autre guerre sans nom.

« Martyr, c'est pourrir un peu. »

Jacques Prévert

« La guerre n'est pas une science exacte. C'est un art. »

Colonel Nicolas Le Nen, chef de corps du 27e BCA engagé en Afghanistan en 2008-2009

« Rien de durable ne se fonde sur la force. »

Lyautey

INTRODUCTION

Le 9 mars 2009, dans Air Force One, l'avion présidentiel américain, à des journalistes du *New York Times* qui l'interrogent sur la possibilité de gagner la guerre en Afghanistan, Barack Obama répond par la négative. Tel un commandant en chef qui doute du sort de la bataille, il ajoute : « Nous avons vu les conditions se dégrader ces dernières années. Les taliban sont plus téméraires qu'avant [...]. Le gouvernement national afghan n'a toujours pas gagné la confiance de la population ». Laissant augurer un pourrissement, cette absence de langue de bois tient compte des réalités du conflit.

Pourtant, le défi est immense. Le vice-président américain Joe Biden estime qu'il s'agit « d'une guerre que nous ne gagnons pas, mais qui est encore loin d'être perdue[1] ». L'adversaire, polymorphe, instrumentalise le terrorisme. Il mène sur son sol un combat sans limites tout en s'appuyant sur les réseaux d'Al-Qaida. Mais cette guérilla, forte de l'argent de la drogue, ne propose aucune évolution sociale et regarde vers le passé en niant les droits humains, surtout pour les femmes.

Après huit ans d'un conflit afghan purulent né des attentats du 11 septembre 2001, il est peut-être temps d'en tirer les premiers enseignements, même si les politiques ne reconnaissent pas encore cette autre guerre sans nom. Par sa durée, par l'engrenage d'une logique de guerre et d'occupation de plus en plus évidente pour des unités engagées

1. Jean-Jacques Mével, « Afghanistan : Biden met la pression sur l'Europe », *Le Figaro*, 11 mars 2009, p. 15.

dans des séjours de quatre à douze mois selon les contingents, ce conflit voit naître une nouvelle génération du feu forgeant sa propre culture.

Cette lutte génère peu d'images non contrôlées et de reportages, mais offre une surabondance de sources. La mondialisation, l'utilisation par les deux adversaires de tous les réseaux d'information et de communication permettent d'ouvrir certaines pistes en appliquant à l'actualité la méthode de l'histoire militaire comparée. Elles confirment la spécificité du combat engagé entre l'obscurantisme intégriste islamiste, qui bénéficie de sympathies locales et mondiales en raison des erreurs des Américains et de l'OTAN, et ceux qui se battent au nom de la liberté et du droit international.

Dès lors, pourquoi et comment rester en aidant, si possible, le peuple afghan à trouver une issue politique ? Quels modèles antérieurs faut-il évoquer pour mieux comprendre les nouvelles orientations du conflit ? Comment les armées occidentales, dont la raison d'être est la guerre conventionnelle, se sont-elles impliquées dans une guerre longue qui dépasse déjà la durée des conflits indochinois (1946-1954), coréen (1950-1953), algérien (1954-1962) ou vietnamien (1964-1975) ? Peut-on envisager une issue, sans doute sans victoire militaire, grâce à l'application des préceptes de la contre-insurrection, remis à l'honneur récemment (tout comme l'ont été les leçons des officiers de la conquête coloniale tels Gallieni ou Lyautey) ? On doit à ce propos s'interroger sur cette soudaine redécouverte, tant du côté américain que du côté français, des acquis militaires du conflit algérien. Elle est d'autant plus étonnante que le 1er février 2001, dans l'amphithéâtre Napoléon des écoles de Saint-Cyr-Coëtquidan, à l'occasion de sa prise de fonctions, le général d'armée Yves Crène, chef d'état-major de l'armée de terre, avait affirmé : « 80 % du personnel de l'armée de terre actuelle n'était pas né au moment de la guerre d'Algérie. Celle-ci ne concerne pas celle-là [l'armée française] [2]. » À l'inverse, huit ans plus tard, une grande figure des guerres d'Indochine et d'Algérie, le commandant Hélie de Saint Marc, note : « Les stratèges de West Point savent qu'en Irak ou en Afghanistan, une partie des obstacles que rencontrent les Américains sont ceux que l'armée française a dû affronter [3]. » Dans cette même logique, *Le Monde*

2. Jean-Philippe Ollier, « Il n'y a pas d'armée innocente », *La Croix*, 4 mars 2001, p. 7.
3. Hélie de Saint Marc, « Afghanistan : leçons algériennes pour l'Occident », *Le Figaro*, 25 mars 2009, p. 16.

du 27 février 2009 titre : « Les images d'Afghanistan font penser à celles de la guerre d'Algérie ».

De quelle façon la toute-puissance technologique de l'Occident est-elle tenue en échec par un adversaire sans armes lourdes ou centre névralgique ? De quelle manière en découle une redéfinition du combat remettant l'homme en son centre ? Comment une force d'intervention aux moyens militaires théoriquement dissuasifs peut-elle gérer l'irrationnel, allant jusqu'à des actions suicides de la part d'un adversaire inattendu ? Comment le « fort » occidental et sa philosophie affronte-t-il le « fou » de Dieu qui n'accorde pas la même importance à la vie ? Enfin, mandatée par l'ONU, une force militaire étrangère peut-elle aider à rebâtir un État ?

Tenter de répondre à cette problématique, c'est aussi proposer une perspective à la fois géopolitique et militaire d'un conflit qui, bien qu'initialement de basse intensité, tend à se transformer en crise majeure multiforme, caractéristique de l'enlisement dans une guerre imprévisible.

I. AU PAYS DE L'INSOLENCE

L'Afghanistan est une énigme pour un esprit cartésien. Ce pays désuni et fermé réagit en nation seulement contre un envahisseur. Sans tradition étatique, il subit le poids du conservatisme religieux et des rivalités ethniques. Le climat, la montagne et les gens sont rudes. Ignorés et ignorants de la modernité, ayant des difficultés pour accéder à l'eau, les Afghans se concentrent dans les vallées irriguées et les villes, 75 % de leur territoire étant improductif. L'estimation de la population demeure aléatoire : le pays compterait entre 25 et 30 millions d'habitants ; leur espérance de vie ne dépasse pas 44 ans. Faute de soins et de nourriture, 42 % des enfants meurent avant d'avoir atteint l'âge de 5 ans, bien que la mortalité infantile commence à régresser grâce à l'aide internationale. L'Afghanistan compte environ 70 % d'illettrés. À la fin 2001, il se classait à la 174e place sur 178 États pour l'indice de développement humain.

Terre de pasteurs et d'agriculteurs, ce pays continental de 652 090 km², farouche et beau, est propice à tous les trafics. Situé sur un des toits du monde, ses frontières, de plus de 5 500 kilomètres, touchent six pays (le Pakistan, l'Iran, le Turkménistan, l'Ouzbékistan, le Tadjikistan et la Chine). Elles demeurent incontrôlables. Depuis 1973, parsemé de mines, de bombes à fragmentation et de ruines, portant toutes les cicatrices de la guerre, l'Afghanistan connaît une série ininterrompue de conflits : lutte contre l'étranger, guerre civile, conflit idéologique, transformations sociales et économiques forcées, inquisition religieuse... D'où l'exode, la misère, la révolte ou le désespoir, terreau si propice au terrorisme. Depuis peu, porté à bout de bras par la communauté internationale, l'Afghanistan prend les allures d'un gigantesque chantier où tout est à faire ou à refaire : routes, écoles, hôpitaux... Mais en dépit de ce tardif programme de reconstruction, en ce début de XXIe siècle, 40 000 Afghans continuent de mourir de faim. Isolé dans ses montagnes, ses déserts et ses traditions, cette glèbe sent le malheur renfermé.

Un État tampon désuni

Le défi de la montagne

La montagne, jamais domptée, explique la grande complexité de ce pays aride. Il est barré au centre par la haute chaîne de l'Hindou Kouch, dont les sommets dépassent les 5 000 mètres. D'est en ouest, elle occupe plus de la moitié du territoire. Cette barrière cyclopéenne sépare l'Afghanistan du Nord et du Sud. Ces deux régions sont reliées par le col de Salang à près de 4 000 mètres d'altitude, par lequel passe l'unique route Kaboul-Kunduz, tandis que plus à l'est, à l'extrémité de la haute vallée du Panchir, le col d'Anjuman, culminant à près de 5 000 mètres, fait communiquer par une simple piste la capitale avec le nord-est du pays. Si steppes semi-arides et déserts l'emportent au sud sur un plateau appelé *dacht*, des vallées riantes l'égayent dans la partie montagneuse, dont celles de Bamiyan ou de Tagab à plus de 1 500 mètres d'altitude. Mais toutes portent les traces de trois décennies de luttes. Dans celle de Chamali, par exemple, proche de Kaboul, les arbres fruitiers ont été sciés ou hachés par les éclats d'obus et les taliban ont détruit les ingénieux systèmes ancestraux d'irrigation. Au nord-ouest, les steppes l'emportent, comme celle qui borde l'Amou-Daria. Dans son ensemble, malgré les champs de pavot aux fleurs blanches et rouges, la montagne afghane aux nuances rousses évoque un astre mort où les forêts sont rares. Joseph Kessel décrit ce paysage de désolation : « Gris, grise d'un gris sénile et morne, était la croûte du roc sur les flancs, les arêtes, les aiguilles. Une sorte de cendre grenue et funèbre couvrait la montagne colossale, en tous ses jaillissements, tous ses retraits, jusqu'aux pans du ciel glacé, dépoli, qui lui servaient d'horizon[1]. » Cette dominante grise a été

1. Joseph Kessel, *Les Cavaliers*, Paris, Gallimard, 1967, réédition « Folio », 2008, 600 p., p. 14.

accentuée par une intense érosion des sols, le nomadisme traditionnel et le surpâturage, les sécheresses de 1998-1999, la déforestation anarchique... Le paysage porte partout les cicatrices de la guerre et de la misère. L'éden du massif de Tora Bora, ses vignes, mûriers et essences aromatiques rares, sont marqués des plaies de la lutte sans limites contre les Soviétiques et des bombardements des B-52 américains.

Le climat continental sec aggravé par l'altitude donne sur un an une amplitude thermique de 60 °C, très éprouvante pour un organisme européen ; il peut faire de – 20 °C en hiver à 40 °C en été en moyenne. De telles solitudes désolées ont attiré Thomas Edward Lawrence, devenu simple caporal de la Royal Air Force (RAF), affecté à sa demande sur la base aérienne de Mirandash, la plus petite des bases aériennes des Indes, à 15 kilomètres de la frontière afghane, dans un *no man's land* soumis aux incursions pachtounes[2].

Un peuple désuni

Comptant en 1979 à peine 10 % de citadins dans des villes de plus de 10 000 habitants, cet État médiéval, dont le symbole est le faucon pèlerin, fort prisé par les émirs arabes, n'est pas une nation. Sa faiblesse, qui est aussi une richesse culturelle, est bien que chaque groupe ethnique garde ses coutumes. En août 1897, lieutenant au 4e hussards, Winston Churchill, qui participa à une expédition au Waziristan (une région du nord-ouest du Pakistan), notait déjà : « Les tribus font la guerre aux tribus. Le peuple d'une vallée bataille contre le peuple de la vallée voisine[3]. » Elles pratiquent une vendetta au nom d'un code de l'honneur, le *pachtounwali*, qui n'exclut pas la trahison.

Rien n'est simple côté croyances : 77 % de sunnites, 22 % de chiites, le 1 % restant rassemblant des groupes d'ismaéliens et diverses autres sectes musulmanes. Deux aires ethnoculturelles se distinguent. D'une part, les peuples d'origine persane ou turque sont implantés surtout dans la moitié septentrionale : les Tadjiks de souche persane (au nord-est) représentent 25 % des Afghans ; les Hazaras, chiites parlant le

2. Sur cet épisode peu connu de la vie du colonel Lawrence qui devint une affaire d'État quand les Soviétiques l'accusèrent d'espionnage, le soupçonnant de vouloir aider le soulèvement des Shinwaris contre la monarchie de Kaboul, voir Phillip Knightley et Colin Simpson, *Les Vies secrètes de Lawrence d'Arabie*, traduit par Paule et Raymond Olcina, Paris, Robert Laffont, 1970, 416 p., p. 338-353.

3. Cité par Olivier Weber, *Le Faucon afghan. Voyage au pays des talibans*, Paris, Robert Laffont, 2001, 266 p., p. 34.

dari[4] (au centre et à l'ouest), 24 % ; les Ouzbeks d'origine turque (au nord), 6 % ; et les Turkmènes (au nord-ouest), 6 % également. D'autre part, dans le Sud domine le groupe linguistique pachto parlé par les Baloutches (sud) et surtout les Pachtouns (au centre, centre-est et au sud). C'est de cette dernière ethnie, qui représente 40 % de la population du pays, que sont issus tous les rois afghans. Existent aussi d'autres minorités, telle celle des Nouristanis qui parlent le dari, pour ne rien dire des subdivisions claniques à l'intérieur de chaque structure tribale.

L'ensemble fait de ce pays une mosaïque d'ethnies depuis la chute de l'empire Durrani en 1793. Fondé à Kandahar par Ahmad Chah Durrani en 1747, il avait l'Indus et le nord-ouest de la Perse pour confins. Sa dislocation entraîna une longue période d'anarchie et de morcellement tribal en dépit de la réunification forcée entreprise par l'émir Abdur Rahman en 1880. Chaque vallée est un monde en soi, les hauts reliefs divisent. Les passes de l'est comportent des villages et des forteresses en nids d'aigle. Ce n'est qu'en 1923 que le roi Amanullah instaura l'appellation officielle d'« Afghans » pour tous ses sujets.

Vers la guerre civile

L'Afghanistan a toujours été réfractaire à la conquête. Les Anglais en firent l'amère expérience lors de la première guerre anglo-afghane de 1839-1842, avec le massacre des Occidentaux à Kaboul en novembre 1841 et la retraite catastrophique des 80 000 personnes suivant les troupes de l'armée des Indes du général Elphinstone vers Djalalabad – où parvint un seul survivant. De même, la deuxième guerre anglo-afghane (1878-1881) fut marquée par un nouveau désastre : la défaite de Maiwand et une autre retraite humiliante. En fait, cet État tampon entre l'empire russe et l'empire des Indes doit tout à l'affrontement de Saint-Pétersbourg et de Londres, au XIXe siècle, lors du « Grand Jeu » en Asie. Il est le fruit de la convention de Simla, en 1895, qui fait suite à la deuxième guerre anglo-afghane[5]. Si, lors de la convention de 1907 à la clé de la Triple Entente (Russie, France, Royaume-Uni), la neutralité de l'Afghanistan est reconnue, sa pleine indépendance n'est

4. Le dari est une version archaïque du farsi iranien.

5. Dans la banlieue de Kaboul, bien que les pierres tombales originelles aient été détruites, existe un cimetière britannique, Kabre Ghora (*ghora* est le terme local pour désigner les soldats anglais), contenant les corps de 158 soldats et diplomates. En ce même lieu a été érigé un mémorial honorant les militaires américains, canadiens et européens tombés en Afghanistan depuis 2001. Voir *The Washington Post*, 15 février 2009, p. 1.

garantie qu'après un bref et dernier affrontement avec la Grande-Bretagne, en 1919, sous couvert d'une aide en armes et en subsides du géant soviétique avec lequel le roi Amanullah signe, en 1921, un traité de paix et d'amitié. L'Afghanistan poursuit un subtil jeu d'équilibre entre l'URSS et l'empire des Indes, jusqu'à la disparition de ce dernier en 1947.

Si le successeur du roi Amanullah, Nadir chah (au pouvoir entre 1929 et 1933), entreprend quelques réformes (ouverture de lycées étrangers, interdiction du port de la burqa à Kaboul...), le poids des traditions domine sitôt quittés la capitale, Herat ou Kandahar.

Le sage Muhammad Zahir chah (1933-1973) tente de moderniser le pays. Il règne mais ne gouverne pas. Entre 1963 et 1973, il reprend le pouvoir en douceur et instaure une monarchie constitutionnelle. Toutefois, ce libéralisme permet aux mouvements islamistes de croître dans les campagnes. Les communistes, fort bien organisés, étendent leur influence en ville. En juillet 1973, profitant de la famine sévissant hors des villes et d'une crise économique, un ministre et cousin de Zahir chah, Mohammed Daoud Khan, fait un coup d'État en s'alliant aux communistes. L'amorce de démocratie réalisée sous la monarchie s'en trouve confisquée. En 1975, soutenues par le Pakistan, les deux premières insurrections fondamentalistes apparaissent contre le régime autoritaire de Daoud, qui tente, début 1978, de prendre ses distances avec Moscou.

Déjà le pays commence à se vider de ses habitants. C'est l'époque des premiers exodes, vers l'Iran ou le Pakistan. Entre 1972 et 1979, on estime que l'Afghanistan perd 5 millions d'habitants, passant d'une population de 19 à 14 millions de personnes.

La marche vers le chaos politique et le réveil des rivalités tribales s'accentue en 1978 à la suite du coup d'État d'Abdul Qadir, proclamé président du Conseil militaire. Le communiste radical Nur Mohammad Taraki ne le reconnaît pas et proclame, le 30 avril 1978, la république démocratique d'Afghanistan. La prise du pouvoir par les communistes du Khalq (« Peuple ») de Taraki n'est pas admise par les chefs traditionnels et la guerre civile commence. Elle oppose villes et campagnes où, dans les mosquées, on mobilise contre les athées communistes accusés de faire table rase des saintes traditions. En effet, le nouveau régime prosoviétique lance une série de réformes sociales (suppression de la dot des femmes), économiques (réforme agraire) et culturelles, dont une campagne d'alphabétisation. Celle-ci se transforme en propagande marxiste répressive – les activistes du Khalq exécutent des milliers de mollahs –, alors que les fatwas des mouvements islamistes se répandent dans la population.

En mars 1978, l'insurrection se généralise à partir du soulèvement de la province de Kounar. Un an plus tard, elle gagne les villes, telle Herat où la garnison prend fait et cause pour la population révoltée contre les méthodes autoritaires du pouvoir. En ce même mois où, pour tenir la capitale, Taraki est contraint de faire appel à l'aviation soviétique (avec pour conséquences des milliers de morts), les mouvements insurrectionnels proclament la guerre sainte contre le régime mécréant. Plus de la moitié des 85 000 hommes de l'armée afghane désertent, lorsqu'en juillet suivant Taraki se fait attribuer les pouvoirs spéciaux pour lutter contre ceux que l'on appelle désormais les moudjahidin[6]. Le 10 septembre, Hafizullah Amin, le Premier ministre, nommé à ce poste six mois auparavant, prend le pouvoir par la force. Alors que la guerre civile fait rage, il tente une politique plus indépendante envers l'URSS.

La guerre de libération contre les Soviétiques, 1979-1989

L'intervention soviétique

En décembre 1979, Babrak Karmal, chef du parti Parcham (« Drapeau ») encore plus soumis à Moscou que le Khalq, appelle à son aide les Soviétiques pour sortir d'une situation inextricable. Incapables de se maintenir, au temps de la guerre froide où on se bat par clients interposés entre Américains et Soviétiques, les communistes de Kaboul abandonnent la souveraineté nationale et sollicitent le « grand frère ». L'URSS envoie ses premiers paras le 24 décembre 1979. Ils sont suivis de la 40e armée rouge[7]. Pour la première fois depuis 1945, les Soviétiques se retrouvent en situation de combat réel. Comme les Américains au

6. Gérard Chaliand, *Rapport sur la résistance afghane*, Paris, Berger-Levrault, 1981, 164 p., p. 68.

7. L'implantation militaire commence à la fin du mois de mars 1979 par la présence de chasseurs-bombardiers sur deux bases que construisent les Soviétiques, à Shindan (dans l'ouest du pays, pour surveiller aussi l'Iran de l'ayatollah Khomeiny) et à Bagram, au nord-est de Kaboul où, dès la mi-décembre, 1 500 paras sont déjà en position (Thomas Diedrich, *La Résistance afghane. L'exemple du maquis du commandant Massoud, 1979-1992*, mémoire de master de l'IEP d'Aix-en-Provence, sous la direction d'André-Paul Comor, septembre 2006, 177 p., p. 21).

Vietnam, ils doivent intervenir pour mettre fin à une guerre civile qui menace de renverser un régime qui leur est inféodé. Débarqués des Antonov 22 ou venus par la route, 85 000 soldats prennent possession des centres urbains.

Dans un premier temps, la population rurale (soit 90 % des Afghans), apeurée par cet étalage de puissance, n'oppose pas de résistance. Mais dès janvier 1980, dans les provinces de Takhar et de Badakhchan, dans le nord-est du pays, ont lieu les premières embuscades. Alors que le petit *djihad* ou la guerre sainte devient une réalité pour les Afghans, l'URSS est mise au ban des nations. Le 2 juillet 1980, le ministre français des Affaires étrangères, Jean François-Poncet, déclare que « les mouvements de résistance afghane mènent une guerre de libération nationale[8] ». Rapidement, l'Armée rouge montre son inadaptation à la guerre en montagne : elle a gardé ses structures du pacte de Varsovie, pour une lutte au centre-Europe entre formations mécanisées. Dans les premiers mois de leur intervention, les Soviétiques se révèlent incapables de surveiller les confins avec le Pakistan ; une leçon que les Américains et l'OTAN auraient dû méditer... L'Armée rouge s'installe dans des bases fortifiées à la puissante artillerie en y concentrant plus de 40 % de ses effectifs. Tout en tenant la frontière nord et la région de Mazar-e Charif, découpant le pays en sept zones, elle cherche à contrôler l'« Afghanistan utile[9] » : les alentours des agglomérations et des grands axes routiers. Les industries, les exploitations de gaz et quelques fermes modèles sont alors concentrées sur 20 % du pays. Renonçant à toute politique de quadrillage faute de troupes en nombre suffisant, l'Armée rouge lance de vaines offensives contre les bastions montagneux. D'après le politologue Jacques Lévesque, Moscou ne veut pas imiter les Américains au Vietnam, qui engagèrent un contingent atteignant 500 000 hommes. Les forces soviétiques ne dépassent pas 120 000 hommes et le Kremlin décide de rester dans un « engagement limité », tout en renforçant les contingents de l'armée afghane à l'effectif théorique de 90 000 hommes[10]. Moins bien armés que l'Armée rouge – précaution élémentaire en cas de désertion et tradition russe vis-à-vis de tout allié, fût-il membre du pacte de Varsovie –,

---

8. « L'Afghanistan, cinq ans après l'intervention soviétique », *Problèmes politiques et sociaux*, La Documentation française, n° 499, 16 novembre 1984, p. 13.

9. L'expression est de Pierre Metge, *L'URSS en Afghanistan, de la coopération à l'occupation : 1974 à 1984*, Paris, Cirpes, 1984, 186 p., p. 109.

10. Jacques Lévesque, *L'URSS en Afghanistan, de l'invasion au retrait, 1979-1989*, Paris-Bruxelles, Éditions Complexe, 1990, 282 p., p. 180.

ceux-ci se révèlent décevants. En effet, les Soviétiques ont sous-estimé le risque d'éclatement (pour des motifs ethniques) de leurs vassaux afghans qu'ils méprisent par ailleurs.

Quelles raisons commandent une telle politique ? Pour Moscou, en prenant pied en Afghanistan, il s'agit de tenir en respect la menace intégriste iranienne. À l'époque, elle demeure la plus inquiétante pour un empire rouge comportant des millions de musulmans qui, bien que majoritairement sunnites, écoutent depuis février 1979 la propagande des ayatollahs. Celle-ci nie les frontières coloniales, prône la révolte et la lutte contre la corruption au nom des préceptes fondamentaux de l'islam. Après les États-Unis, l'URSS fait également figure de « Grand Satan ». Aussi vieille que les premières intrigues russes en Asie centrale, une autre raison doit être évoquée : la poussée vers le sud, avec l'objectif d'atteindre un jour un débouché sur l'océan Indien, au cas où le Pakistan (alors fief des Américains) bascule dans le chaos. En ce sens, le tarmac de l'aérodrome de Kaboul, mis aux normes pour recevoir les Antonov géants, entre aussi dans la stratégie globale de rayonnement de l'URSS (comme celui d'Addis-Abeba en Éthiopie), qui dispose, en outre, de la flotte de haute mer et des sous-marins de l'amiral Gorchkov. Cette politique d'expansion mondiale permet aux Soviétiques de relier les États qu'elle contrôle le long des côtes africaines, le Mozambique et l'Angola. Tout ceci se passe au moment où l'Afrique compte des pays alliés depuis la fin du domaine colonial portugais et la révolution marxiste éthiopienne, pour ne rien dire de régimes amis dans l'aire géographique allant de l'Inde à l'Irak, *via* le Yémen.

L'Afghanistan est donc une partie du puzzle de l'URSS au sommet de sa puissance. Celle-ci développe une stratégie d'influence et de clientélisme à l'échelle du monde, alors même que les États-Unis, sonnés par le syndrome vietnamien, subissent l'humiliation de l'affaire des otages de l'ambassade de Téhéran (1979-1981)[11].

Le cœur de la guerre

S'en suivent neuf ans d'une guerre sordide : villes ruinées, sources empoisonnées, famine, tortures, emploi de défoliants comme au

11. À compter du 4 novembre 1979, sur fond de second choc pétrolier, dans l'Iran des ayatollahs, 52 diplomates et employés de l'ambassade des États-Unis sont détenus pendant 444 jours.

Vietnam... Cette politique de la terre brûlée menée au sol par des forces spéciales et quelques troupes mobiles s'accompagne, par avion ou hélicoptère, de l'épandage d'environ 20 millions de mines. Elles continuent aujourd'hui de mutiler ou de tuer. Initialement, les mines sont censées empêcher, la nuit, la circulation des caravanes assurant la logistique des quelque 60 000 moudjahidin. Ces engins, en forme d'ailes de papillon, de jouets, sont destinés à blesser les civils et plus particulièrement les enfants : une fillette ou un garçonnet qui a le pied ou la main arrachés nécessite les soins de plusieurs personnes. C'est donc autant d'adultes enlevés à l'effort de guerre. Ce calcul a sans doute repoussé – comme au Cambodge ou en Angola avec les mêmes armes sournoises – les limites de la cruauté, accentuant par là même le rejet de tout ce qui provient de l'étranger. Ces *chouravis* (surnom des soldats soviétiques en Afghanistan) adoptent le vieux principe de l'économie de force fondée sur la terreur : s'attaquer aux villages et aux récoltes des populations susceptibles d'aider la résistance, les contraindre à se déplacer.

Au cœur de la bataille, dans l'Hindou Kouch, la célèbre vallée du Panchir, longue de 250 kilomètres, barre la route stratégique Kaboul-Kunduz menant en URSS, une artère logistique vitale empruntant, sous le col du même nom, le célèbre tunnel du Salang. Les 5 000 Tadjiks et Kirghiz du commandant Massoud tiennent cette haute vallée d'une altitude moyenne de 1 800 mètres. Les Soviétiques y mènent en vain tous les ans des opérations de ratissage. En mai 1982, les forces soviéto-afghanes de la 11e armée engagent 12 000 hommes, dont deux régiments parachutistes, soutenus par des hélicoptères armés et des avions d'appui au sol. S'ensuit une attaque frontale avec des moyens mécanisés sur le fond de la vallée, accompagnée d'assauts héliportés sur les hauteurs afin d'empêcher les moudjahidin de s'exfiltrer. Mais à plus de 2 000 mètres d'altitude, la capacité d'emport d'un hélicoptère lourd MI-8 n'est plus que de quatre hommes. De sorte que si les Soviétiques, lors de la quinzaine de jours que dure l'opération, détruisent des dépôts d'armes et de munitions, saisissent quelques documents, ils sont incapables de réduire les forces de Massoud encore sous-équipées[12], repliées dans des caches de haute altitude et aptes à des contre-attaques depuis

12. Ce n'est qu'en 1988 que ses forces reçoivent des missiles antichar français Milan qui lui permettent de passer à l'offensive. Sur cette question de l'aide de la DGSE, avec l'aval du président Mitterrand, y compris l'entraînement d'une vingtaine de résistants sur la base de Cercottes, voir Jean Guisnel et Bernard Violet, *Services secrets. Le Pouvoir et les Services de renseignements sous François Mitterrand*, Paris, La Découverte, 1988, 369 p., p. 169. Voir aussi

les points hauts. Elles se jouent des imposantes voilures tournantes MI-24 incapables d'ouvrir le feu à plus de 4 500 mètres d'altitude[13].

Suivant la même logique de déploiement de forces (type soviétique du rouleau compresseur blindé mécanisé appuyé par une puissante artillerie et de l'aviation), en avril et juin 1985 l'Armée rouge lance des offensives importantes dans l'Est et le Sud-Est afin de détruire les villages servant à ravitailler les caravanes chargées d'armements en provenance de la zone tribale pakistanaise. C'est aussi par là que transite l'aide américaine. Elle monte en puissance à la fin du conflit pour atteindre 600 millions de dollars en 1987[14]. C'est le tournant de la guerre. La CIA, *via* le Pakistan, arme les chefs les plus intégristes que l'on retrouvera plus tard, toujours actifs au sein des taliban et d'Al-Qaida, comme Gulbuddin Hekmatyar[15]. Par ailleurs, cette même CIA encourage la culture du pavot afin de financer l'effort de guerre des résistants afghans, sur le modèle de ce qui avait été fait dans le triangle d'or lors de la guerre du Vietnam et que Francis Ford Coppola dénonça à travers le personnage de l'énigmatique colonel Kurtz d'*Apocalypse Now*.

La violence du feu, l'utilisation systématique de mines antipersonnel et les exactions diverses entraînent une deuxième vague d'exode des populations vers le Pakistan. Elle concerne 3 millions de personnes en 1986, qui s'ajoutent au 1,5 million ayant fui vers l'Iran. Pour l'occupant soviétique, cette migration forcée entre dans le cadre de l'économie de force et évite d'avoir à gérer des camps de réfugiés, un problème auquel furent confrontés les Français en Algérie lorsqu'ils

---

le témoignage de l'ancien chef de la DGSE, Claude Silberzahn, *Au cœur du secret, 1 500 jours aux commandes de la DGSE, 1989-1993*, Paris, Fayard, 1995, 331 p., p. 184.

13. Hervé de Courrèges, Pierre-Joseph Givre, Nicolas Le Nen, *La Guerre en montagne*, Paris, Economica, 2006, 140 p., p. 108-115.

14. 30 millions de dollars sont alloués en 1980 à la fin de l'ère Carter, puis 50 millions deux ans plus tard sous l'administration Reagan décidée à augmenter la pression sur l'URSS. En 1985, l'aide atteint 250 millions de dollars. Voir J. Lévesque, *op. cit.*, p. 196-197.

15. Ce francophone est courtisé par le service Action de la DGSE qui lui aurait fourni des missiles antichar Milan (cf. T. Diedrich, *op. cit.*, p. 48-49). L'homme politique Jean-François Deniau s'étonne alors que l'on arme les dirigeants les plus extrémistes. Il obtient cette réponse de William Casey, directeur de la CIA : « Ce sont les seuls dont nous sommes sûrs qu'ils ne nous trahiront pas » (T. Diedrich, *op. cit.*, p. 47). Voir à ce sujet une photo de 1988 montrant Richard Kerr, directeur adjoint de la CIA, entouré, lors d'une réunion à Islamabad, de Gulbuddin Hekmatyar et d'un autre chef fondamentaliste, Malawi Yunus Khalès, dans Milton Bearden et James Risen, *CIA-KGB. Le Dernier Combat*, Paris, Albin Michel, 2003, 639 p., p. 304.

construisirent 200 camps de regroupement où s'entassèrent près de 2 millions d'Algériens. Pour les Soviétiques, il s'agit alors de priver l'ennemi de son soutien logistique local ; une des applications du marxisme dans sa variante maoïste : « vider l'eau » dans lequel le « poisson révolutionnaire » évolue, selon le précepte appliqué aussi en Algérie par les tenants de la contre-guérilla. Mais la guérilla afghane retrouve et perfectionne ses acquis : mobilité, endurance, adaptation au terrain, dispersion lors d'une attaque massive et regroupement pour de courtes contre-attaques là où l'ennemi s'y attend le moins. Les Soviétiques se révèlent incapables de sortir de leur schéma initial d'utilisation massive de la force groupée, de sorte que leurs attaques, toujours prévisibles, permettent aux moudjahidin de laisser passer l'orage de feu en utilisant leurs multiples caches. Hormis de rares unités d'élite, paras notamment, l'Armée rouge montre son incapacité à s'éloigner de ses véhicules et de leur soutien feu. Le soldat soviétique, lourdement équipé pour le combat en montagne et non préparé moralement à affronter pareil adversaire agile et manœuvrier, ne peut s'adapter aux rigueurs du milieu montagneux[16]. Pour Gérard Chaliand, qui enquête dans les rangs de la résistance afghane en 1982, seuls 10 à 15 % des effectifs engagés par les Soviétiques sont véritablement aptes au combat et le moral est dans l'ensemble médiocre[17].

Les pertes soviétiques sont lourdes : 14 500 morts d'après Moscou, 30 000 selon Jean-François Deniau[18]. Il a fallu attendre l'anniversaire des vingt ans de la retraite soviétique, le 16 février 2009, pour que la Douma, à Moscou, adopte une résolution saluant ces soldats oubliés qui ont « fait avec conviction leur devoir de soldat, au nom de l'héroïsme, de la bravoure et du patriotisme[19] ». Les pertes en matériels (1 500 blindés, 3 000 camions) sont également importantes, comme en témoignent encore les carcasses de chars et de véhicules à l'entrée du tunnel de Salang. Ces dépouilles prouvent l'efficacité d'armes rustiques telles que les RPG-7 qui ont permis aux résistants d'obtenir des succès lors d'embuscades de convois.

---

16. H. de Courrèges, P.-J. Givre et N. Le Nen, *op. cit.*, p. 114.
17. Gérard Chaliand, *Voyage dans vingt ans de guérillas*, La Tour-d'Aigues, Éditions de l'Aube, 1988, 221 p., p. 143.
18. Entretien accordé à T. Diedrich, *op. cit.*, p. 23, à Paris, le 23 mai 2006, peu de temps avant la disparition de Jean-François Deniau.
19. « Soviet Lessons in Afghanistan », MoscowTime.com, issue 486, p. 1.

Signé par Mike Nichols, le film *La Guerre selon Charlie Wilson*, tourné en 2007[20], montre les mécanismes complexes qui ont permis à la CIA de disposer de fonds secrets du Congrès pour former les moudjahidin dans les camps de réfugiés au Pakistan et fournir la résistance intérieure en armes. Cet intérêt pour des combattants musulmans trouve sa source dans un anticommunisme enragé et le vieux précepte d'entente avec « l'ennemi de mon ennemi ». Rien de plus efficace qu'un tel raccourci par l'image pour comprendre l'alliance improbable entre Israël, l'Égypte, le Pakistan et l'Arabie saoudite. En pleine guerre froide, pour éviter d'en venir aux extrêmes à partir d'un conflit périphérique de basse intensité, il ne fallait pas que des marques américaines apparaissent sur les armements livrés : le trafic passe donc par Israël, disposant du stock d'AK-47 et d'autres armes prises à l'ennemi pendant les guerres des Six-Jours et du Kippour. Mais il transite aussi par l'Égypte qui, avec un financement saoudien (et c'est une des origines de Ben Laden), fabrique sous licence ou importe des armements soviétiques performants. Par conséquent, les missiles sol-air SAM-7 de conception soviétique, à guidage infrarouge, tirés à l'épaule et achetés au prix fort par la CIA en Israël et en Égypte, sont utilisés pour la première fois au printemps 1983 ; 8 hélicoptères MI-8 sont abattus. En 1986, la livraison par des chemins détournés des redoutables missiles Stinger, à visée optique et guidage infrarouge, capables d'atteindre tout aéronef à 5 000 mètres de distance, marque le tournant de la guerre sur le plan aérien. Cette année-là, les Soviétiques perdent la maîtrise du ciel : de septembre 1986 à février 1989, environ 400 appareils sont abattus par des missiles fournis par la CIA[21]. Au total, 800 hélicoptères et avions sont détruits.

L'Armée rouge subit également des attaques de base et de poste : harcèlements, infiltrations, ouvertures du feu à courte distance et repli. Ainsi, en janvier 1985, sur la grande base de Bagram, plusieurs dizaines d'appareils sont détruits en une seule nuit[22]. Maîtres de l'initiative, contraignant les occupants à réagir de façon sporadique quand leur

20. Cette comédie, aux dialogues qui évoquent l'âge d'or d'Hollywood et où brillent Tom Hanks et Julia Roberts, est issue d'une enquête établie sur des faits réels et demeure un des rares films crédibles produits par l'Occident sur l'Afghanistan, bien loin de films musclés mais faux tels que *La Bête de guerre*.

21. William D. Hartung, *And Weapons for All*, New York, Harper Collins, 1994, 341 p., p. 231. Pour Arnaud de La Grange et Jean-Marc Balencie (*Les Guerres bâtardes. Comment l'Occident perd les batailles du XXIe siècle*, Perrin, mars 2008, 174 p., p. 72), les Soviétiques auraient perdu 333 hélicoptères.

22. T. Diedrich, *op. cit.*, p. 34.

pression devient excessive, les moudjahidin entretiennent également une guérilla urbaine. Au nom de la guerre sainte contre l'impie communiste, elle démontre à l'envahisseur qu'il n'est nulle part en sécurité. En 1985, un résistant peut déclarer : « Si les Soviétiques tiennent le ciel, nous, nous tenons la terre[23]. » Cet enfer est particulièrement bien décrit dans un film de guerre russe de 2005, *Le 9e Escadron*, de Fyodor Bondarchuk[24].

En 1988, alors que s'amorce la fin de la guerre froide pour l'empire rouge en pleine *perestroïka*, Mikhaïl Gorbatchev décide de jeter l'éponge dans l'affrontement planétaire pour tenter de moderniser la Russie et son empire. En février 1989, les dernières troupes soviétiques franchissent le « pont de l'amitié » à la frontière afghane. La guerre aurait coûté aux Afghans plus d'un million de morts (à 80 % des civils), 700 000 mutilés et 1,5 million de personnes déplacées à l'intérieur du pays. Au départ des Soviétiques, l'Afghanistan est un pays exsangue d'à peine 10 millions d'habitants ; près de 5 millions de personnes ont fui, se réfugiant dans les pays voisins et jusqu'en Europe ou aux États-Unis. Les deux guerres mondiales comprises, peu de pays ont connu un tel désastre humain, illustré par la vente de chaussures... à l'unité, en raison du nombre des amputés dus aux mines. Pour le romancier pakistanais Nadeem Aslam[25], cette guerre oubliée est bien celle de l'Apocalypse. Elle a commencé à transformer l'Afghanistan en charnier, un empire du chaos où les taliban vont bientôt régner en nervis sanguinaires.

De Najibullah à la fin du régime des taliban, 1987-2001

Du retrait soviétique...

L'Armée rouge évacue l'Afghanistan en croyant avoir remis un peu d'ordre dans ce pays carrefour. De novembre 1987 à avril 1992, mis en

---

23. Témoignage de Thierry Niquet publié dans la revue *Raids*, juillet 1986, p. 30-36, cité par T. Diedrich, *op. cit.*, p. 35.
24. Ce film, rare, dont le titre en français ne correspond pas au titre russe et anglais (*The 9th Company*), retrace la fin de l'occupation soviétique. C'est le vécu de sous-officiers du contingent et d'appelés soviétiques volontaires pour les paras. Il montre que l'initiative appartenait bien aux moudjahidin, et dépeint les horreurs de cette guerre, l'art du camouflage et de la surprise pratiqué par les Afghans. Il est comparable à *Full Metal Jacket* ou à *Platoon* sur la guerre du Vietnam, ou à *La Chute du faucon noir* pour la Somalie en 1992.
25. *La Vaine Attente*, traduit de l'anglais par Claude Demanuelli, Seuil, 2009, 390 p.

place et protégé par les Russes, le régime de Mohammed Najibullah fait illusion. Mais auréolés de leur victoire contre l'occupant soviétique, les moudjahidin commencent lentement à l'affaiblir. Toutefois, nombre de déplacés dans les camps de réfugiés rentrent au pays pour le reconstruire, comme le montre Khaled Hosseini dans son premier roman au succès mondial, *Les Cerfs-Volants de Kaboul* (2003). La chute de l'empire soviétique entraîne une redistribution des cartes. Un temps, l'Afghanistan semble redevenir le « verrou de l'Asie centrale[26] », même si Moscou affirme dès 1993 que « les frontières stratégiques de la fédération de Russie sont celles de l'ancienne URSS[27] ».

Les Russes veulent maintenir leurs prérogatives pour l'exploitation des immenses ressources en hydrocarbures des républiques d'Asie centrale, en privilégiant l'exportation par la voie septentrionale[28]. En revanche, pour le riche gisement de gaz du Turkménistan, les Américains envisagent la voie méridionale, *via* l'Afghanistan. La compagnie pétrolière texane Unocal est chargée de l'ambitieux projet concernant ce gazoduc devant débiter 20 milliards de mètres cubes par an. Il devait passer par Herat pour atteindre Multan au Pakistan, puis les ports de Gwadar et de Karachi. Initialement soutenu par l'administration Clinton, le consortium, composé de compagnies saoudienne, turkmène, pakistanaise, japonaise et coréenne, estimait à 2 milliards de dollars sa construction[29]. Mais l'instabilité chronique de l'Afghanistan, devenu peu à peu l'arrière-boutique du terrorisme international, plombe le projet dès 1998. Il en va de même pour l'exploitation du gisement de gaz dans le nord du pays et celles d'autres ressources : fer, cuivre et pierres précieuses (dont le lapis-lazuli déjà prisé par les pharaons).

... au triomphe de l'obscurantisme

En effet, les factions se déchirent à Kaboul, par un incessant jeu d'alliances et de ruptures ayant lieu sur les ruines d'une ville transformée en champ de bataille à partir de 1994. Entre 1992 et 1996, c'est

26. Ahmed Rashid, *L'Ombre des taliban*, Paris, Autrement, 2001, 283 p., p. 245.
27. Elie Kheir, « Rivalités russo-américaines autour de la Caspienne, les agitations périphériques de l'Asie centrale », revue *Défense*, n° 91, janvier 2001, p. 33.
28. En mai 2000, Gazprom conclut avec le Kazakhstan et le Turkménistan un accord pour l'exportation du gaz de ces deux pays *via* le réseau russe, fruit de longues négociations.
29. Patrick Durand, *Les enjeux autour de l'hydrocarbure centre-asiatique : la voie afghane*, mémoire de DEA de l'IEP d'Aix-en-Provence, sous la direction de Jean-Charles Jauffret, juin 2002, 101 p., p. 22-23 et carte p. 88.

la guerre civile généralisée, qui voit s'affronter la majorité pachtoune et les minorités tadjike, ouzbek, hazara et turkmène. L'attitude du chef de guerre intégriste pachtoun Hekmatyar est très représentative du double jeu de certains acteurs de la guerre ; des ralliements curieux, suivis de trahisons tout aussi surprenantes. D'abord rallié au président Burhanuddin Rabbani, élu en 1993, il devient son Premier ministre le 26 juin 1996 avant de rejoindre les taliban trois mois plus tard, le 26 septembre, quand, après leur entrée à Kaboul, ceux-ci proclament l'émirat islamique d'Afghanistan. Effectivement, les moudjahidin sont vaincus par les plus fondamentalistes des obscurantistes islamiques, les taliban (ou étudiants en religion), déjà maîtres de Kandahar depuis 1994. Leur victoire finale doit beaucoup à la lassitude de la population et à la volonté de ces « émules de la dictature des âmes[30] » de lutter contre la corruption, les trafics en tout genre, rackets et prébendes pratiqués par les seigneurs de guerre. Ce concept de pureté originelle cache un fanatisme dont le symbole est le ministère de la Promotion de la vertu et de la Répression du vice.

En août 1998, les taliban se rendent maîtres de Mazar-e Charif. Seul le dernier bastion de la vallée du Panchir du commandant Massoud leur échappe, lorsqu'en septembre suivant, ils pénètrent dans Kaboul qui les accueille avec autant d'espoir que les habitants de Phnom Penh qui souhaitèrent la bienvenue, en mars 1975, aux « libérateurs » khmers rouges. Comme eux, ils ne savaient pas que les étudiants en religion étaient capables de tous les excès et de la même vision négative de l'homme et du monde, incarnée par cette propension à porter des vêtements noirs. Comme le note l'écrivain algérien Yasmina Khadra, « Kaboul est devenu l'antichambre de l'au-delà[31] ». De plus en plus radicaux, à leur tour hypocrites et corrompus, laissant s'établir des fortunes sur le trafic de l'opium (comme ce fut le cas du mollah Omar), les taliban se coupent de la population par leurs excès, estime Olivier Roy, spécialiste de l'islam et de l'Asie centrale[32]. L'oppression généralisée atteint le

30. L'expression est d'Olivier Weber, *op. cit.*, p. 151.

31. Yasmina Khadra, *Les Hirondelles de Kaboul*, Paris, Pocket, 2004, 147 p., p. 12.

32. Article prémonitoire annonçant l'intervention des États-Unis, « Les derniers jours des talibans ? », *Le Nouvel Observateur*, 27 septembre 2001, p. 74. Olivier Weber (*op. cit.*, p. 171 et 181) souligne par ailleurs leur hypocrisie, aussi bien dans le domaine de la lutte contre l'homosexualité, alors que nombre de potentats taliban sont entourés d'une garde personnelle de forts jeunes gens dont ils abusent, que pour la tolérance, contraire à leurs principes, envers la consommation d'opium (en théorie seul le traditionnel haschich, fumé sous forme de cigarette, est admis).

comble de l'absurde avec ces exécutions publiques, dont celle de la femme adultère. Celle-ci, écrasée par trois tonnes de pierres déversées par un camion benne, est le plus triste exemple du mépris de la personne humaine, comme le dépeint Khaled Hosseini dans son deuxième roman, *Mille Soleils splendides*. Les taliban se distinguent aussi par des enlèvements d'enfants ayant pour but de les enrôler de force dans leurs milices et, semble-t-il, par des massacres de jeunes gens[33].

Ce régime aux mains d'illettrés ne constitue pas un État. Il est par exemple incapable de refaire voler les avions de la compagnie nationale, à court de pièces détachées depuis l'embargo décidé par l'administration Clinton, en juillet 1999, à l'encontre du régime de Kaboul qui refuse de livrer Ben Laden, calife du totalitarisme islamique. Chaque ville est aux mains d'un potentat local taliban ou leur prête allégeance.

Cet « épicentre de la terreur[34] » se manifeste aussi sur le plan culturel par la destruction des collections des musées et de toute forme d'art en général. Le 9 mars 2001, sur ordre du mollah Omar, les taliban dynamitent les statues géantes des bouddhas de Bamiyan, sous le prétexte que toute œuvre pré-islamique (*a fortiori* figurant une représentation humaine) doit être effacée. Chantés par Joseph Kessel, symboles de la rencontre des cultures entre l'Orient et l'Occident, ces géants de 55 mètres taillés dans la montagne incarnaient, par leur drapé grec, l'héritage d'Alexandre et la symbolique bouddhiste. L'inquisition islamiste se manifeste jusque dans les rues : des taliban armés de bâtons forcent les gens à aller à la mosquée et contrôlent la tenue et l'identité des couples... À Kaboul, les hôpitaux sont interdits aux femmes (sauf un) et celles-ci ne peuvent d'ailleurs plus travailler. Dans les stades, il est interdit de manifester un trop grand enthousiasme lors des matchs de foot. À la mi-temps est parfois proposé un spectacle édifiant, comme l'amputation des mains des voleurs ou la lapidation de prostituées. Cet

---

33. *Bulletin du Ceredaf* (Centre de recherches et d'études documentaires sur l'Afghanistan), n° 165, juin 2000. Ce mensuel publié à Paris, établi sur les dépêches des agences de presse (BBC, Agence France-Presse...), fait la somme des études et organismes dédiés à l'Afghanistan (comme *Afghan Studies*). Il indique (dépêche AFP du 12 mai, p. 1 et 2) que « les Tâlebân ont exécuté pour des raisons inconnues au moins 90 jeunes gens dans la province de Samangan. Les victimes étaient d'ethnies tadjike et ouzbek ». En 1999, mêmes accusations (enlèvements, massacres, déplacements de population) au détriment d'Hazaras, d'Ouzbeks et de Tadjiks de la région de Bagram et de régions du nord et du nord-est (*L'Express*, 2 septembre 1999, p. 48).
34. Expression d'Ahmed Rashid, « Afghanistan, épicentre de la terreur », *Far Eastern Economic Review*, 15 mai 2000, p. 4.

État est bien un « *no woman's land*[35] », ce qui précipite de nouveau l'exode : près de 5 millions de personnes quittent le pays[36].

Terrorisme

Même si des chefs de guerre afghans ombrageux rechignent à se sentir manipulés par les membres d'Al-Qaida, ces étrangers qu'ils appellent les « Arabes », ce régime totalitaire nourrit ce que Raymond Aron appelait déjà en 1980 « l'Internationale terroriste ». Par le biais d'attentats revendiqués par Al-Qaida, elle vise de façon spectaculaire, en août 1998, les ambassades américaines de Dar es-Salaam (Tanzanie) et de Nairobi (Kenya). En réponse à ces 194 morts, le président Clinton ordonne, le 21 août, une frappe de missiles Tomahawk sur les caches supposées de l'ennemi désigné, Oussama Ben Laden. En vain. Une vive tension avec l'Iran et le renforcement d'une Alliance du Nord animée par le commandant Massoud[37] redonnent espoir à une résistance interne contre les taliban. L'émirat islamique d'Afghanistan est mis au ban des nations : il couvre les agissements d'Al-Qaida et manifeste le plus grand mépris des droits de l'homme. Une succession de résolutions du Conseil de sécurité reflète cette prise de conscience graduelle de la menace du terrorisme international. Dès août 1998, la résolution 1214 réclame la livraison de Ben Laden à la justice internationale. Le 15 octobre 1999, à la demande des États-Unis, l'embargo aérien et le gel des avoirs des taliban sont décrétés par la résolution 1267. Le 19 décembre 2000, la résolution 1333 instaure l'embargo sur les armes à destination de l'Afghanistan.

Les attentats du 11 septembre 2001 constituent le point de non-retour. Les 12 et 28 septembre 2001, après avoir condamné l'attaque contre les États-Unis, les résolutions 1368 et 1373 invitent à la lutte internationale contre le terrorisme, mais sans mentionner le nom de l'Afghanistan. En outre, depuis 1997, seuls le Pakistan, l'Arabie saoudite et les Émirats arabes unis avaient reconnu le régime de Kaboul. La foudre se prépare à tomber sur le pays des turbans noirs.

---

35. L'expression est d'Olivier Weber, *op. cit.*, p. 8.
36. Estimation du *Nouvel Observateur*, 4 octobre 2001, p. 76.
37. Le commandant Massoud est assassiné le 9 septembre 2001, soit quarante-huit heures avant les attentats du 11 Septembre, par des émules d'Al-Qaida qui se sont fait passer pour des journalistes de télévision. La mort de Massoud annonce l'attaque du World Trade Center.

Choc et effroi, 2001

Enduring Freedom

Le 13 septembre, les États-Unis envoient un ultimatum aux taliban pour qu'ils leur livrent Oussama Ben Laden. Le régime des taliban et son « alien », Al-Qaida, sont frappés au cœur à partir du 7 octobre 2001 par ordre de George W. Bush. Le président américain évoque l'article 51 de la Charte des Nations unies sur la légitime défense pour déclencher la phase aérienne de l'opération *Enduring Freedom* (OEF ou « Liberté immuable »). Il fait aussi référence à l'article 5 du traité de Washington à l'origine de l'OTAN, mais en oubliant, comme cela avait déjà été le cas contre la Serbie en 1999 à propos du Kosovo, que l'emploi de la force armée n'est possible que dans un seul cas : « pour rétablir et assurer la sécurité dans la région de l'Atlantique Nord[38] ». En outre, pour cette première intervention hors du cadre européen, aucune déclaration de guerre n'est faite à l'émirat islamique d'Afghanistan. Le prétexte est bien de frapper les camps d'Al-Qaida en balayant le régime des taliban qui les a laissés s'installer. Pour la première fois dans l'histoire, une grande puissance fait la guerre à un homme et à son organisation ! Au nom des principes de la « guerre à la terreur » et de la guerre préventive contre les terroristes, les Américains frappent d'abord seuls, appuyés par des avions de leur allié inconditionnel britannique. Les bombes guidées des B-52 et des B-2, puis les Tomahawk et autres missiles de croisières et missiles « délivrés » par des drones de type Predator tombent sur les villes afghanes et les sanctuaires d'Al-Qaida repérés par satellite. C'est l'application de la doctrine Rumsfeld (secrétaire d'État à la Défense néoconservateur) de l'*American way of war* et sa variante dite du « choc et effroi ». L'Afghanistan n'est pas désigné comme ennemi et le Conseil de sécurité, dans la résolution 1378 du 4 octobre, condamne seulement le régime des taliban qu'il accuse d'abriter une organisation terroriste.

Le 16 octobre, toujours en marge du droit international, les premières troupes américaines interviennent (paras, unités de montagne, marines...). C'est le début de la phase terrestre de l'OEF, accompagnée de frappes aériennes. Les commandos des forces spéciales, les *snakes eaters* (« mangeurs de serpents ») type commandos Navy Seal et Delta Force, sont particulièrement actifs. Parallèlement, l'Alliance du Nord,

---

38. *Manuel de l'OTAN*, Bruxelles, édition de 2006, 446 p., p. 418.

ennemie traditionnelle des taliban, passe à l'offensive, ainsi que certains seigneurs de guerre qui avaient pris ombrage du contrôle des étudiants en religion sur leurs divers trafics.

Sous le déluge du feu aérien, les concentrations de troupes et de matériels des taliban et les milices d'Al-Qaida sont contraintes à la dispersion. Très rapidement, l'affrontement dissymétrique (les armées des deux États sont de puissance inégale) tourne à l'avantage de la haute technologie des Occidentaux, maîtres du ciel. La défaite des taliban et des djihadistes d'Al-Qaida aboutit à deux types d'action : la réduction des poches de résistance, puis la poursuite.

Les taliban quittent Kaboul, sous le feu, le 13 novembre. Ce jour-là sonne comme une libération : les Kaboulis dansent dans la rue au son des magnétophones et des postes radio jusque-là interdits. Deux bastions tombent aussi en novembre, au nord et au sud du pays, donnant lieu par la suite à une vive polémique. Au sud, se déroule la bataille de Kandahar. À partir du 16 octobre, 500 hommes de la CIA et des forces spéciales américano-britanniques annihilent une à une les éléments du périmètre défensif. Le 24 novembre, appuyé par des blindés et des hélicoptères, un millier de marines investit ce cœur de la résistance des taliban pachtouns. Le 6 décembre, à Kandahar, ces derniers obtiennent une reddition négociée. Depuis la veille, à Bonn, par accord entre diverses factions rivales, le Pachtoun Hamid Karzaï, un petit chef, sans prestige, de la région de Kandahar, dirige un gouvernement provisoire qui n'a encore que le titre d'Autorité, sur le modèle palestinien. Cet accord jette cependant les bases d'un retour de la sécurité en Afghanistan sous couvert de l'administration Karzaï : désarmement et démobilisation des opposants, formation de l'Armée nationale afghane (ANA) dans le cadre de l'OEF et des forces de police, réforme de l'appareil judiciaire et lutte antidrogue. Cet accord du 5 décembre sur la reconstruction politique de l'Afghanistan est établi sous l'égide de l'ancien chef de la diplomatie algérienne Lakhdar Brahimi, représentant spécial du secrétaire général de l'ONU. Il a cependant le défaut de ne pas chercher à distinguer dans la masse de taliban vaincus ceux qui auraient peut-être pu rallier une solution afghane dès le début, autour d'Hamid Karzaï. Pour les Américains, c'était d'ailleurs inenvisageable[39].

39. Interview de Lakhdar Brahimi donnée à *El Watan*, le 2 décembre 2008, un des derniers quotidiens indépendants algériens, p. 1.

Crimes de guerre

Dans les premières phases de l'OEF, dont la mission essentielle est la destruction d'Al-Qaida, les agents de la CIA font leur marché parmi les milliers de prisonniers afin d'en exfiltrer les terroristes. S'ensuit une série de règlements de compte entre factions d'ex-moudjahidin au détriment des « Arabes » djihadistes. Cet épisode douloureux constitue un curieux parallèle entre le début de la guerre d'Algérie, lors de l'insurrection du Nord-Constantinois en mai 1945 et sa sanglante répression, et les prémices du nouveau conflit en Afghanistan. S'il est encore difficile de faire la part de l'intoxication, de la désinformation, alors que la guerre n'est pas terminée – ce qui rend vaine toute velléité d'enquête sur le terrain –, par recoupement de sources diverses, force est de constater qu'il y a bien eu crimes de guerre, même si ceux-ci sont d'abord farouchement niés par le Pentagone et ignorés par les médias américains.

À Kandahar et dans d'autres lieux du sud de l'Afghanistan, selon le quotidien pakistanais *Dawn* du 12 décembre 2001, 400 taliban non afghans auraient été massacrés par des milices tribales aux ordres des nouveaux maîtres de la capitale. Cette source précise même un fait, invérifiable : 160 d'entre eux auraient été exécutés en présence d'officiers américains. Faut-il y voir un solde de tout compte entre les seigneurs de guerre locaux pachtouns ne supportant pas sur leur sol ces étrangers se réclamant d'Al-Qaida ?

S'il faut demeurer circonspect sur ces « événements » du sud de l'Afghanistan, en revanche, ce qui s'est passé au nord relève à présent du secret de Polichinelle. Dans un premier temps, début novembre, c'est « la chevauchée héroïque » : aux côtés des 15 000 hommes de l'Alliance du Nord (les Ouzbeks du général Dostom) combattent 350 membres du 5e groupe des forces spéciales de l'armée de terre américaine et 100 agents de la CIA. Comme les cavaliers ouzbeks de Dostom, ces Américains participent, à cheval, à la prise de Mazar-e Charif qui est la clé de la région[40]. Les hommes de Dostom prennent là une revanche sur 1998, quand les taliban avaient massacré des milliers d'Hazaras chiites lors de la prise de la ville. Mais l'épopée, au sens noble du terme, s'arrête là.

Lors de la prise de Kunduz par les combattants de l'Alliance du Nord, 7 500 taliban et miliciens d'Al-Qaida se rendent. 470 d'entre

40. Bruce Barcott, « Special Forces », *The New York Times*, 17 mai 2009, p. 1.

eux s'échappent immédiatement et font un dernier baroud d'honneur près de Mazar-e Charif avant d'être tués les armes à la main, jusqu'au dernier, par le feu aérien et les hommes du général Dostom. Le sort des autres prisonniers demeure flou. Une partie d'entre eux est dirigée vers la prison de Mazar-e Charif, à moins qu'il ne s'agisse de taliban de la ville même, tombée le 4 novembre, puisqu'ils connaissent la prison en question et sont capables d'y trouver rapidement des armes (et même un mortier) pour susciter une révolte le 25 novembre. Afin d'écraser ces 400 mutins évadés, l'Alliance du Nord fait appel à l'aviation américaine, mais aussi à des hommes des forces spéciales et des experts de la CIA, dont Mike Spann, qui est le premier tué américain.

En revanche, pour les autres prisonniers confiés à la garde des cavaliers ouzbeks du général Dostom, l'affaire relève bien du crime de guerre pour non-respect des lois et coutumes de guerre définies par la convention de Genève de 1949. Dostom décide (ou est prié) de transférer environ 3 000 taliban non afghans et miliciens d'Al-Qaida de Kunduz à la prison de Sheberghan, au nord-ouest du pays. Les prisonniers sont enfermés dans des containers scellés mis sur des camions. Pendant quatre jours, évoquant ces marches de la mort d'Anglais et d'Américains prisonniers des Japonais lors de la guerre du Pacifique ou réminiscences de ce que vécurent les vaincus de Diên Biên Phu, exécutions sommaires et morts par étouffement se succèdent.

Dès le 28 novembre 2001, Dexter Fischer, journaliste au *Times* de Londres, dans un article alors passé inaperçu, *« Taliban : after defeat, journey to uncertain fate »* (« Taliban : après la défaite, voyage pour un sort incertain »), révèle que des prisonniers, en majorité pakistanais, ont été transférés dans quatorze containers placés sous la responsabilité du général Dostom. Le 13 décembre, dans un article figurant sur le site anti-américain World Socialist Web Site, *« More Evidence of US War Crimes »*, Jerry White estime que des Américains ont laissé faire, évoquant la suffocation de prisonniers dans des containers sans eau, sous forte chaleur. Mais la révélation vient quelques mois plus tard, en juin 2002, lors de la diffusion dans vingt-quatre pays, ainsi qu'au Parlement de Strasbourg, du premier « J'accuse » de la guerre d'Afghanistan : le cinéaste irlandais Jamie Doran enquête sur place, interroge six témoins, montre les traces d'ossements sortant de fosses communes dans le désert de Dasht-e Leili. Son film de 50 minutes réalisé pour la BBC est d'abord nommé *Massacre à Mazar-e Charif* avant de prendre le titre d'*Afghan Massacre : The Convoy of Death*. Interdit aux États-Unis[41] où il est dénoncé comme un montage, il constitue une preuve à charge. L'estimation des victimes se situe entre 1 500 et 3 000 morts par balle, étouffement, soif et tortures. Le 14 juin 2002 et le 14 septembre suivant, le quotidien britannique *The Guardian* estime recevables les conclusions de Jamie Doran. Ce dernier accorde une interview au *Monde diplomatique*, en septembre 2002, intitulée « La dynamique du désordre mondial ».

Mais aux États-Unis la tempête médiatique date du 26 août 2002 lorsque *Newsweek* confirme les dires du réalisateur irlandais[42]. L'article précise qu'une équipe des forces spéciales (A-Team 595) a coopéré avec le général Dostom dès le 19 octobre 2001. Par la suite, un grand nombre de sites Internet[43] reprennent ces accusations, ainsi que d'autres médias[44]. Ils démontrent que toutes les tentatives d'enquête opérées par des instances internationales (dont l'ONG Amnesty International) ont été bloquées par l'administration Karzaï et le Pentagone. Ils dévoilent aussi que des témoins du film de Jamie Doran sont morts de façon curieuse, ou encore que le général Dostom, en juin 2008, a tenté d'effacer à coups de bulldozer toute trace des corps dans les fosses communes de Dasht-e Leili... La preuve des morts par suffocation, outre le témoignage d'un survivant du convoi de la mort entendu par la Croix-Rouge à Kaboul, a été apportée par une ONG de Boston, Physicians for Human Rights, la seule qui ait pu se rendre sur place en janvier et février 2003. Dernière pièce au dossier, en mars 2004, trois survivants du « convoi de la mort », rentrés de Guantanamo, confirment devant les médias britanniques les accusations de Jamie Doran.

La poursuite

Tandis que se déroule *Silence, on tue*, l'euphorie de la victoire donne l'illusion d'une guerre courte. Les taliban et leurs alliés mal organisés sont des proies faciles dans la deuxième phase d'action qui marque la fin de l'année 2001, celle de la poursuite rayonnante, sur le modèle napoléonien – bien que les participants ignorent sans doute ce modèle de référence. Il s'agit de ne pas laisser l'ennemi souffler, de le poursuivre jour et nuit, l'épée dans les reins. Cette action s'achève par l'opération

41. Aux États-Unis, le film n'est vu que par quelques étudiants le 6 février 2003.

42. « Afghanistan : the convoy of death », *Newsweek*, 26 août 2002.

43. Voir, entre autres, buzzflash.com du 23 septembre 2003, et *McClatchy Newspaper* du 11 décembre 2008.

44. Par exemple le *New York Times* du 8 août 2009, p. 2.

menée par les Américains dans le massif de Tora Bora lourdement bombardé. Un milicien d'Al-Qaida, le Lyonnais Nizar Sassi, auteur d'un témoignage unique en français, raconte son expérience au pays des faucons, puis dans les geôles de la CIA. De façon saisissante, il dépeint ce mois décisif où ses compagnons d'armes et lui sont constamment sous le feu : YF-16, A-10 (avions d'attaque au sol) le jour, frappant grâce aux renseignements aériens et satellitaires, tirs des hélicoptères d'attaque Apache la nuit, ajoutés aux destructions par missiles air-sol des caches d'armes dans les grottes. Les derniers bastions des taliban tombent dans ce massif creusé de milliers de grottes où se trouvaient des matériels entreposés depuis la lutte contre les Soviétiques. De même, les fortifications de campagne (tranchées, sacs de sable, fortins en rondins et terre) sont détruites, donc visibles, installées sur les points de passage. Comme les Soviétiques, les Américains utilisent aussi des mines et autres sous-munitions. La moindre corvée (recherche de bois, d'eau, de nourriture) pour une troupe qui se replie, malgré la protection des grottes, peut être la dernière : « On s'attend à chaque instant à être fauché par une bombe ou à sauter sur un de ces petits engins explosifs jaunes, gros comme le poing, dispersés par milliers lors de l'explosion des bombes qui les acheminent. On peut aussi être pulvérisé par les missiles tirés depuis les avions ou, s'il fait nuit, haché menu par le feu des hélicoptères[45] ». Les Apache, peints en noir, n'émettent aucune lumière. Équipés de détecteurs infrarouges, ils repèrent le moindre tireur embusqué. Le feulement de leurs rotors est répercuté en échos successifs par les flancs des montagnes, des reliefs pelés qui n'offrent pas la protection salutaire d'un couvert forestier. Ainsi, on ne sait pas où ils se trouvent. Comme au temps de la première phase de la guerre soviéto-afghane, dans ces premiers moments du conflit où l'ennemi en débandade est une proie facile, le couple avion-hélicoptère montre son efficacité. Mais cette tactique au coût exorbitant, qui consiste à maintenir des aéronefs le plus longtemps possible en vol (pour ne rien dire de l'emploi de drones armés), n'est possible que dans ces premiers mois de l'intervention, donnant une fausse impression de victoire. L'année 2001 se termine sur l'illusion que le mal est tué à la racine, même s'il reste un foyer d'infection sur les confins orientaux. En effet, la sécurité n'a jamais été garantie et des attaques sporadiques de petits groupes de taliban ont repris, en dépit de gros moyens déployés dès 2002.

45. Nizar Sassi, *Prisonnier 325, camp Delta*, Paris, Denoël, 2006, 220 p., p. 75-76.

Une guerre à l'économie, 2001-2006

Anaconda

Du 2 au 8 mars 2002, l'opération Anaconda oppose 1 500 soldats américains à environ un millier de taliban et de miliciens d'Al-Qaida dans la haute vallée de Chah-e Kot (2 600 mètres d'altitude en moyenne), à l'est du pays. L'objectif est de terminer le travail entrepris à la fin de l'année précédente à Tora Bora : l'offensive aérienne n'avait alors pas pu détruire un système complexe de cavernes, tunnels et failles où l'ennemi s'était replié en protégeant ses caches d'armes.

Pour la première fois, le nouvel occupant doit faire face à la même situation que les Soviétiques en leur temps : un combat en haute montagne, face à un adversaire mobile et dispersé. Les Américains retrouvent certains réflexes de la guerre du Vietnam. Outre un appui aérien massif (F-15 frappant l'entrée des grottes, B-1B bombardant les crêtes), ils engagent une force d'intervention confiée à 450 combattants afghans d'un potentat local, encadrés par des hommes des forces spéciales, et une force de bouclage de trois bataillons paras et de troupes de montagne dont la mission est de s'installer sur les crêtes et d'interdire le passage des cols. En dépit de l'engagement des forces spéciales infiltrées discrètement dans les vallées dès le 27 février, le renseignement se révèle insuffisant : les Américains croient que les taliban hivernent dans les villages au fond des vallées. Il n'en est rien. Taliban et djihadistes, bien armés (mortiers de tous calibres, canons type 122 D-30, mitrailleuses lourdes, RPG-7...), tiennent les hautes parties de la vallée. Comme à l'époque des Soviétiques, les camions transportant les troupes du groupe d'intervention laissent deviner leurs intentions ; les attaquants sont soumis à une telle concentration de feu qu'il leur est impossible d'avancer. Les troupes du bouclage subissent la même mésaventure : un chaud comité d'accueil les attend à haute altitude, par des températures de – 10 °C. La bataille se concentre pour la possession des parties hautes de la vallée de Chah-e Kot qui communique avec la zone tribale au Pakistan. Dans l'intensité du combat, les Rambo des Navy Seal et des Rangers n'arrivent pas à faire la différence, tandis que trois hélicoptères lourds Chinook sont abattus par des mitrailleuses et des RPG-7. Si l'ennemi, qui a reçu un renfort de 1 000 hommes, compte environ 350 tués, les Américains déplorent 9 tués et 40 blessés. Les taliban s'exfiltrent vers le Pakistan et la fouille des grottes se termine le 18 mars.

Ce semi-échec marque le début de la guerre au sol pour le nouvel envahisseur-occupant. Il traduit le désarroi des Occidentaux qui ont bien du mal à s'adapter au relief et à un adversaire dont ils n'ont pas les capacités de résistance physique[46]. Après Anaconda, il devient à peu près sûr que la lutte en Afghanistan sera longue, mais personne parmi les responsables américains n'envisage vraiment une telle éventualité...

La Force internationale d'assistance à la sécurité (FIAS)

Vaincue sur le terrain, Al-Qaida est désormais une entité sans camps d'entraînement ni milices constituées. L'hydre se terre dans les multiples grottes et caches de la zone tribale et le nord-ouest du Pakistan, l'ancien *north-west border* de l'armée des Indes. La traque de Ben Laden se poursuit, aléatoire, car son organisation se joue des frontières. Bientôt, dans l'Irak envahi par des troupes américano-britanniques à partir de mars 2003, des terroristes se réclamant d'Al-Qaida rappellent au monde les limites de la « fausse victoire » de fin 2001 en Afghanistan.

En attendant, face à la reprise graduelle de la lutte, le Conseil de sécurité donne enfin une légitimité juridique à l'intervention en Afghanistan en créant la Force internationale d'assistance à la sécurité (FIAS). Elle est formée par la résolution 1386 du 20 décembre 2001, puis par les résolutions 1413 et 1444, selon le chapitre VII de la Charte des Nations unies. Elle tient compte de la volonté américaine d'imposer la démocratie au nom du principe cher aux néoconservateurs, le fameux *nation building*, qu'ils tentent ensuite d'imposer par la force en Irak. La raison d'être de la FIAS est de « promouvoir la sécurité sur l'ensemble du territoire afghan » et de protéger la Mission des Nations unies pour l'Afghanistan (Manua), formée selon la résolution 1401 du 28 mars 2002.

Tout d'abord sous commandement britannique, puis turc, la FIAS était destinée à sa création à garantir la sécurité de la capitale et de sa région. Forte de 4 500 hommes appartenant à 17 nations, elle a inclus depuis des unités et des contributions de 42 États. Mais cette coalition est loin du modèle précédent de la guerre du Golfe de 1990-1991 : seuls deux pays musulmans y participent, la Turquie et les Émirats arabes unis. En mars 2009, la FIAS compte 25 personnes venues de ces Émirats, 152 Néo-Zélandais, 423 Norvégiens, 1 176 Australiens... Le gros de ses forces est constitué par 26 pays membres de l'Alliance atlantique. Le 11 août 2003, l'OTAN en prend la direction. Et le 13 octobre suivant, la FIAS se voit reconnaître la légitimité de son intervention sur l'ensemble

46. Pour les leçons et le récit de cette opération, voir H. de Courrèges, P.-J. Givre et N. Le Nen, *op. cit.*, p. 125-132.

du territoire afghan par la résolution 1510 des Nations unies. En outre, cette résolution reconnaît les équipes de reconstructions provinciales, appelées PRT (*provincial reconstruction teams*), composées de civils et de militaires. Dans ce cadre, les militaires dépendent de la FIAS et contribuent avec des experts civils (souvent des réservistes) à rétablir ou créer le réseau administratif et les infrastructures économiques et sociales qui relèvent de la souveraineté de l'Afghanistan, au sein des ADZ (*afghan development zones*) ou zones de développement afghan. À partir de 2005, l'OTAN prend graduellement sous sa coupe les onze PRT du territoire afghan en vue de rétablir la sécurité, aidé en cela par les conférences internationales de Tokyo en janvier 2002, et de Berlin en avril 2004, qui offrent un total de près de 13 milliards de dollars.

En 2002, alors que 5 millions de réfugiés rentrent au pays, tout semble encore possible en Afghanistan. Le Kabouli accueille sans animosité le *koragi* (l'« étranger ») dans une ville à reconstruire, truffée de mines comme d'autres régions afghanes[47] et de munitions non explosées. Ce nouveau venu, qui veut imposer son modèle de développement, ne sait pas que ce pays est celui de l'« insolence », selon l'expression de l'homme de lettres Michael Barry[48].

Cependant, à partir de l'ouverture du feu en Irak, l'Afghanistan devient un théâtre secondaire d'opérations où les Américains mènent une guerre à l'économie. Ils croient encore à la toute-puissance de la technologie et se servent des milices locales de seigneurs de guerre souvent mafieux. Certains sont quasi indépendants, comme le commandant Sadhar Khan, qui contrôle la vaste province du Badakhchan et le corridor du Wakhan aux confins avec le Tadjikistan, par où il écoule l'opium. Après avoir usé leurs forces spéciales, les Américains font davantage appel à leurs alliés de l'Alliance atlantique. En juin 2004, les effectifs de l'OTAN passent de 7 000 à 10 000 hommes, ce qui assure le bon déroulement de l'élection présidentielle du 9 octobre : Hamid Karzaï est élu avec 55,4 % des voix. Première empreinte de la démocratie,

---

47. Entre fin novembre 2006 et avril 2007, dans la région de Mazar-e Charif, le lieutenant-colonel Gérald Lacoste (en compagnie des hommes des bataillons britannique puis suédois où il était officier de liaison) n'a cessé de découvrir des caches d'armes remplies de mines « récupérées » sur les Soviétiques. Il estime que le seigneur de guerre local, le général Dostom, devait posséder 20 à 30 tonnes de mines antichar russes, mais aussi chinoises (entretien du 14 avril 2009).
48. Michael Barry, *Le Royaume de l'insolence. L'Afghanistan, 1504-2001*, Paris, Flammarion, 2002, 510 p.

70 % des Afghans ont voté. Mais de l'autre côté de la frontière orientale, au Waziristan, le 10 mars 2004, commence la lutte entre forces pakistanaises et taliban locaux. Parallèlement, l'insécurité revient dans le sud et se confirme dans l'est de l'Afghanistan. « On sentait que ça commençait à tourner » dès la fin 2004, précise le colonel de l'armée de l'air française, Éric Maïni, dont les C-160 Transall (mais aussi les C-130 Hercules américains), avions tactiques de transport, sont régulièrement pris pour cibles, notamment à proximité de Kaboul[49].

En fait, selon la volonté de Donald Rumsfeld et des néoconservateurs entourant George W. Bush, qui refusent d'engager de gros effectifs, l'essentiel du combat est supporté par les forces spéciales. Elles payent un lourd tribut en 2005. Leurs missions sont des plus périlleuses, comme en témoigne Marcus Luttrell, un ancien d'un commando marine américain Navy Seal[50]. Dans la province de Kounar, dans l'est du pays, il fait partie d'un petit groupe d'hommes infiltrés en zone ennemie pour capturer Ben Sharmak, un chef des taliban. Le 28 juin, en début de mission, ils sont surpris par des bergers pachtouns qu'ils laissent repartir. Quelques heures plus tard, les 19 Navy Seal tombent dans une embuscade, sous le feu d'une centaine de taliban. Seul Marcus Luttrell, blessé, réussit à fuir. Il est recueilli par des paysans pachtouns qui lui offrent le *lokhay*, selon la règle de l'hospitalité, avant d'être exfiltré par des Rangers. Il découvre plus tard qu'à l'appel du radio de son commando, un hélicoptère américain qui transportait des forces spéciales avait été abattu avec ses seize occupants. En déplorant 34 morts, ce 28 juin 2005 est alors le plus lourd bilan de l'armée américaine depuis le début de l'OEF. On conçoit que des renforts se révèlent nécessaires devant la pugnacité de l'adversaire. Irak oblige, ils sont distribués avec parcimonie. Toutefois, en 2005, les commandements régionaux sont organisés sur l'ensemble du territoire afghan – et non plus seulement dans la région de Kaboul –, ce qui entraîne une augmentation des effectifs. L'OTAN, à l'intérieur de la FIAS, atteint un total de 18 000 hommes au 31 juillet 2005. Les troupes assurent le déroulement des législatives du

49. Entretien avec Éric Maïni du 2 avril 2009. Comme au temps des Soviétiques, les Afghans se servent du relief pour monter le plus haut possible des armes anti-aériennes et tirer sur les avions et les voilures tournantes. Éric Maïni a commandé l'escadron de transport Poitou. Il a séjourné quatre mois sur la base de Douchanbe (au Tadjikistan) pour des missions fréquentes sur Kaboul, fin 2004, et a par la suite effectué plusieurs autres missions en Afghanistan, en 2006 et 2007.

50. Marcus Luttrell et Patrick Robinson, *Le Survivant*, Paris, Nimrod, 2009, 250 p.

18 septembre : 245 personnes sont élues, en grande partie des illettrés, et parfois d'anciens seigneurs de guerre ou moudjahidin qui avaient mis le pays à feu et à sang entre 1992 et 1996.

Ce retour à la légalité à Kaboul est entériné par la conférence de Londres le 1er février 2006. Y est réaffirmé le principe de la coopération entre la communauté internationale et l'Afghanistan. Déjà, en décembre 2005, les ministres des Affaires étrangères de l'OTAN décident de mieux soutenir les efforts de l'administration Karzaï en étendant le dispositif de la FIAS à l'ensemble du pays. Cependant, en mai 2006, suite à un accident mortel provoqué par un camion de l'armée américaine, des émeutes anti-américaines se déroulent à Kaboul pendant plusieurs jours, illustrant le rejet du nouvel occupant.

Des seigneurs de guerre vivant de la drogue, grâce aux deux récoltes annuelles de pavot, sous les yeux d'une coalition qui laisse faire dans un premier temps ; l'incurie du régime de Kaboul sans moyens pour rebâtir un pays ruiné ; le poids de traditions misogynes ; les erreurs américaines dans la lutte contre le terrorisme (arbitraire des enlèvements de terroristes avérés ou supposés, sévices dans les prisons sous l'égide de la CIA, envoi à Guantanamo...) ; l'image des succès terroristes en Irak... tout cela permet peu à peu aux fidèles du mollah Omar et de Ben Laden, devenu le mythe du terrorisme mondial franchisé[51], de redresser la tête. Les attentats islamistes reprennent en ville et l'activité guerrière règne sans répit sur les confins avec le Pakistan. La guerre sans nom se découvre petit à petit en faisant de plus en plus de victimes en cette fin d'année 2006. En octobre, 12 000 GI passent sous le commandement de l'OTAN dont l'effectif atteint 30 000 hommes au moment où la zone d'opérations s'étend à l'ensemble du pays et où l'insécurité s'accroît. Le 22 octobre, le mollah Omar annonce une intensification du combat contre l'envahisseur.

Mais qui est donc ce curieux adversaire capable de mettre en échec des forces bardées de technologies ?

51. Qu'il soit vivant ou mort a finalement peu d'importance, comme le note Ian Hamel dans *L'Énigme Oussama Ben Laden*, Paris, Payot, 2008, 336 p.

II. UN ADVERSAIRE POLYMORPHE

La présence de soldats étrangers est à l'origine du renouveau des taliban. La province de Wardak, réfractaire aux taliban dans les années 1990, est devenue un de leurs bastions. De même, celles du Badghris (au nord-ouest) et de Badakhchan (au nord-est), hors du groupe ethnique pachtoun, voient se développer des réseaux fondamentalistes favorables aux étudiants en religion. Le 23 juin 2009, trois soldats allemands sont tués près de leur base de Kunduz, dans une région septentrionale jusque-là à peu près sûre. En Afghanistan, pays devenu un vaste dépôt d'armes depuis la lutte contre les Soviétiques et la guerre civile qui suivit, l'adversaire est multiforme, animé d'un désir de chasser les infidèles ou *kafirs* du *Dar al-Islam*, terre sacrée de l'Islam. Chez les analphabètes qui composent une bonne partie de la population afghane après trente-six ans de guerre, la propagande des taliban évoquant le devoir de défense contre les envahisseurs n'a aucun mal à se faire entendre. Sur le modèle du FLN, du Viêt-minh ou des djihadistes irakiens, une part du choix politique revient à la terreur : la guérilla ne peut tolérer les hésitants. Les chefs locaux, qui tentent de rester neutres ou qui se réclament de l'administration Karzaï, jouent avec leur vie en dehors de Kaboul et des quelques fiefs qu'ils tiennent. Ainsi, le 19 mars 2009, le député afghan Dad Mohammed Khan est assassiné dans son district de Gerechk. Combien d'autres, chefs de village ou simples particuliers, ont subi le même sort afin de contraindre les vocations ?

La première difficulté est bien d'identifier l'adversaire qui se fond dans le paysage et la population, puis de définir ses modes d'action. Il sait se battre et mène une action globale là où les coalisés s'épuisent dans une course-poursuite. Les vieilles traditions guerrières des tribus afghanes, que ni Alexandre le Grand[1] ni Gengis Khan[2] n'avaient pu vaincre, se sont greffées sur les acquis des affrontements avec des armées européennes.

Insurgé, rebelle ou cible ?

Dans ce conflit si particulier où il faut à la fois tendre la main aux populations, assurer sa propre sécurité et poursuivre ceux qui vous tirent dessus, un soldat occidental est souvent gêné quand on lui demande de définir l'ennemi. À l'inverse de la guerre d'Algérie, parmi les témoins français interrogés, aucune connotation raciste n'est perceptible, tout au plus fait-il preuve d'une propension à vouloir dénigrer l'adversaire, assimilé à un « bandit ». Certains se retranchent derrière un acronyme de l'OTAN, OMF (*opposing military force*), qui ne correspond que de loin à la réalité, tant les taliban sont tout sauf une force militaire classique. En découle un terme apparu récemment : GAO ou « groupe(s) armé(s) de l'opposition », qui traduit la complexité afghane. Ainsi, par exemple, le Tadjik Ghulam Yahya Akbari, ancien membre de l'Alliance du Nord qui a combattu les taliban, est, jusqu'en septembre 2008, ministre des Travaux publics dans le gouvernement avec lequel il ne s'entend pas. Contraint à démissionner, il prend alors le maquis et meurt dans un bombardement aérien dans la province d'Herat en avril 2009[3]. Celui qu'on prenait pour un soutien de Karzaï s'est, assez facilement, transformé en ennemi du pouvoir.

---

1. La campagne de Sogdiane (région historique regroupant une partie de l'Afghanistan actuel) est la plus rude des conquêtes d'Alexandre, en 328-327. Il préfère contourner les îlots de résistance. Le mariage politique avec Roxane y met un terme heureux. Voir Olivier Battistini et Pascal Charvet (dir.), *Alexandre le Grand. Histoire et dictionnaire*, Paris, Robert Laffont, 2004, 1 096 p., p. 174-204.
2. Les troupes de Gengis Khan sont tenues en échec devant Ghazni en 1222. Les Mongols ne subissent que cette seule défaite lors de la conquête de leur immense empire, à 150 kilomètres au sud de Kaboul, par le prince Djelal al-Din, fils de Mohammed, roi des rois de l'empire du Kharezm (qui s'étend de l'Indus à la Caspienne). Les vainqueurs enfoncent des clous dans les oreilles de tous les Mongols captifs. Rendu furieux par la révolte d'Herat qu'il rase tout comme Ghazni peu après, Gengis Khan poursuit sans relâche Djelal al-Din et le bat sur les bords de l'Indus, en crue, qu'il ne peut ensuite franchir.
3. Rapport de la commission de défense de l'Assemblée européenne de sécurité et de défense, « La Guerre en Afghanistan : quelle stratégie pour l'Europe ? », document C/2 036, 6 mai 2009, 33 p., p. 16.

Perdure l'appellation *insurgent* (« insurgé »). En raison de l'influence des jeux vidéo et de la nécessité de manier l'euphémisme lors des actions guerrières dans une société occidentale hypocrite qui rêve d'une guerre aseptisée, l'adversaire est aussi qualifié par un terme anglais issu du langage radio et aéronautique : *target* ou « cible ». Dans les témoignages apparaît également une désignation née de l'expérience américaine en Irak : *bad guy* (mauvais gars). Un autre terme – presque dans nos fibres pour désigner l'ennemi non reconnu –, « rebelle », est employé aussi bien par les Français que par les autres coalisés et l'administration Karzaï. Ainsi, quand il vient narrer les circonstances du combat d'Uzbin devant les députés de la commission de la Défense, le 10 septembre 2008, le général Jean-Louis Georgelin, chef d'état-major des armées, estime qu'« entre trente et quarante rebelles ont été mis hors de combat[4] ». Le même terme est utilisé par le général Ollivier, qui dirige le Centre de doctrine et d'emploi des forces à l'école militaire. Il propose de faire un tri entre les « rebelles » infréquentables et « irrécupérables » (car liés à Al-Qaida), et les autres taliban, tout en essayant de convaincre les « modérés » de quitter la « rébellion[5] ». On retrouve ici un peu la même problématique que lors du conflit algérien, encore que, dans ce cas, pour les contemporains vivant sur un territoire de souveraineté française, le terme de « rebelle » pouvait se concevoir – à condition de n'être pas soi-même un « rebelle ». Dans le cas afghan, c'est plus discutable. Si on se fait l'avocat du diable, les taliban n'ont jamais cessé le combat. De leur point de vue, leur pays, l'Émirat islamique d'Afghanistan, a été envahi et ils dénigrent toute légitimité au président Karzaï et à la FIAS.

Le statut juridique de combattants illégaux

Toutefois, une étape importante est franchie par le président Obama. En commençant à reconnaître l'adversaire, il fait aussi l'aveu que, petit à petit, les États-Unis admettent être une nation en guerre. En effet, « certains détenus » relevant du centre de non-droit de Guantanamo doivent être déferrés devant des tribunaux militaires, tandis que d'autres devraient comparaître devant des juridictions civiles[6]. Cette question

4. *Bulletin de la Réunion des officiers de réserve du service d'état-major*, 108e année, n° 641, 2e trimestre 2008, p. 17.
5. Général Ollivier, « La 2e BB en Afghanistan. Retour d'expérience », *Doctrine. Revue d'études générales*, n° 15, septembre 2008, p. 78-81, p. 78.
6. *The Washington Post*, 17 mai 2009, p. 1.

du statut de prisonnier militaire entre dans le cadre de la convention de Genève du 12 août 1949. Mais, *stricto sensu*, il peut encore y avoir matière à discussion sur le statut des « combattants illégaux » de la guérilla afghane. Toute personne qui se sert d'une arme contre un étranger d'une armée régulière mandatée par l'ONU doit-elle être considérée comme tel ?

En effet, bien qu'établie sur le droit coutumier, la définition donnée par l'article 4 du titre III de la IIIe convention de Genève de 1949 est inadaptée aux conflits modernes : « Reçoivent le titre de combattants d'une guérilla ceux qui ont à leur tête une personne responsable pour ses subordonnés, qui arborent un signe distinctif fixe et reconnaissable à distance, portent les armes ouvertement et respectent les lois et coutumes de la guerre. » En Afghanistan, on est très loin de cette définition académique...

Comment devient-on *taleb* ou djihadiste ?

En 2001, l'ennemi désigné est avant tout le djihadiste d'Al-Qaida et accessoirement celui qui l'abrite, le *taleb*. Mais après l'élimination des milices et des camps d'Al-Qaida, les Américains et leurs alliés perçoivent progressivement la menace des taliban.

S'agit-il d'une levée patriotique ou d'un bric-à-brac d'intérêts divergents rassemblés par la présence de l'étranger ? L'union des taliban afghans est assez récente. Le 22 octobre 2006, au moment où le mollah Omar annonce une intensification de la guerre, la lutte entre factions fait encore 32 morts. Les taliban afghans sont en grande majorité illettrés, ce qui les distingue de leurs homologues pakistanais. Ces derniers sont pour beaucoup passés par des écoles coraniques, les madrasas, financées en partie depuis les années 1990 par les instances wahhabites, telle l'Organisation internationale de secours islamique, dont le discours fondamentaliste radical prépare au petit *djihad*, à la guerre sainte contre l'Occident. Les taliban pakistanais demeurent cependant désunis en raison d'une double origine ethnique, panjabi et pachtoune, jusqu'à ce que Baitullah Mehsud, accusé par le Pakistan d'être l'auteur de l'assassinat du Premier ministre Benazir Bhutto, ne les fédère progressivement à compter de juillet 2007. Mais il a bien du mal à faire taire les factions autour de petits chefs, de trafiquants et de mafieux se réclamant, au Pakistan, des étudiants en religion. Il réussit cependant à unir une quarantaine de mouvements autour du Tehrik-e-Taliban Pakistan (TTP ou Mouvement des taliban du Pakistan).

La diversité des « combattants de Dieu »

En Afghanistan, ayant pour essence l'islamo-nationalisme, quatre groupes principaux sont identifiés. Les gros bataillons sont constitués par les taliban d'origine pachtoune, mais l'appellation « taliban » tend à regrouper tous ceux qui se battent contre la coalition. Sur un modèle qui évoque l'Armée de libération nationale (ALN) de la guerre d'Algérie, quoique moins structuré, ce mouvement relève de hiérarchies parallèles politico-militaires. D'où la mise en place, dans les zones qu'il contrôle, d'un contre-État au nom de la charia : les taliban rendent la justice, surveillent étroitement les mœurs, détournent l'activité économique à leur profit...

On trouve ensuite trois autres groupes de combattants, où les Pachtouns sont aussi majoritaires. Le premier est constitué par les 400 hommes environ du Hezb-e-Islami de Gulbuddin Hekmatyar, dont les fiefs sont la province de Kapisa et le district voisin de Saroubi (au nord de la province de Kaboul). Le second est le réseau Haqqani, du nom de son chef Jalaluddin Haqqani, ancien seigneur de guerre des moudjahidin au temps des Soviétiques et allié aux États-Unis. Il a été ministre dans le gouvernement des taliban avant 2001. Son groupe, formé en 2007, serait lié à Al-Qaida et considéré comme dangereux en raison de l'appui du réseau de Ben Laden. Ayant sa base arrière au Pakistan, ses forces sont évaluées à 400 hommes. Enfin, le Hezb-e-Islami Kheles d'El Haq Mohamed est implanté dans le massif de Tora Bora et compterait une centaine d'hommes.

Quant à Al-Qaida, outre des Caucasiens, des Maghrébins, des Ouzbeks ou des Ouïgours (ces derniers venus de Chine populaire), selon l'hebdomadaire allemand *Der Spiegel*, elle serait revenue depuis peu en Afghanistan en exfiltrant d'Irak des djihadistes d'origine tchétchène et yéménite[7]. On peut aussi se demander si on ne trouvera pas bientôt en Afghanistan un autre type de djihadistes indépendants d'Al-Qaida, sur le modèle des mille volontaires arabes (Égyptiens, Jordaniens, Saoudiens, Algériens) qui ont pris part à la défense de Gaza en janvier 2009 face à l'offensive de Tsahal, l'armée israélienne[8] ?

---

7. Ulrich Fichtner, envoyé spécial dans la province de Wardak, « Les États de l'Ouest dans le chaos », *Der Spiegel*, 20 mars 2009, p. 2.
8. *L'Express*, 12 février 2009, p. 22.

Plus que ces prédécesseurs, ce *taleb*, ce djihadiste, est donc convaincu d'œuvrer pour la plus grande gloire de Dieu, qui lui en sera reconnaissant. À la volonté patriotique née de l'occupation du pays par une nouvelle troupe étrangère (ayant de plus commis des exactions et soutenant un gouvernement corrompu), se greffent des motivations religieuses. Il s'agit de combattre des infidèles, des chrétiens qui, avec George Bush, ont proclamé la croisade. Menant une guerre sainte, les taliban espèrent accéder au paradis d'Allah, selon le verset 163, IIIe sourate du Coran : « Ne croyez pas que ceux qui ont succombé en combattant dans le sentier de Dieu soient morts : ils vivent près de Dieu et reçoivent de lui leur nourriture. » Comme le note le général André Bach, « lorsque l'adversaire ne voit plus la mort que comme un passage désiré vers la félicité éternelle, il est difficile de le terroriser[9] ». Pour le *taleb*, tel Nasir, 26 ans en 2001, élève d'une école coranique : « Quand je tue un ennemi, je deviens *ghazi*, un combattant survivant du djihad, la guerre sainte. Si je meurs au combat, je serai *chahid*, un martyr qui ira directement au paradis. Dans les deux cas, je gagne[10]. » N'ayant pas le même rapport que les Occidentaux avec la mort, cet adversaire est donc déterminé et ne tergiverse pas avant de prendre une décision. À l'opposé des empilements de procédures qui alourdissent d'autant la machinerie OTAN-FIAS, il n'a pas d'état d'âme et ses buts sont simples : gagner une nouvelle guerre de libération nationale sous la protection de Dieu en chassant les impies.

Corruption et vengeance, germes de la lutte armée

Aux côtés des combattants perdurent des seigneurs de guerre régnant dans leur vallée, selon des traditions féodales encore vivaces, et des trafiquants d'opium opposés à toute paix nuisible à leur prospérité. Comment comptabiliser aussi les déçus du régime Karzaï ? La corruption est un puissant facteur de recrutement et certains en viennent à regretter l'implacable ordre des taliban au temps de l'émirat islamique.

Dans un reportage saisissant tourné à Kaboul pendant l'hiver 2008-2009, Paul Moreira montre la sourde révolte des quartiers les plus misérables d'une capitale de 5 millions d'habitants qui croule sous le nombre des réfugiés attendant toujours la construction de logements

9. « Barbarisation : la place de l'horizon de mort dans la violence guerrière », *Revue historique des armées*, n° 232, 3e trimestre 2003, p. 37.
10. *L'Express*, 4 octobre 2001, p. 102.

sociaux. Dans le « dollaristan », le cossu quartier des nantis où circulent de rutilants 4 x 4, le nombre de luxueuses villas ne cesse de croître. Gardés par des stipendiés de sociétés de sécurité, sur le modèle des ambassades et des demeures de hautes personnalités irakiennes à Bagdad, ces bunkers de nouveaux riches, peints de couleurs criardes, sont ceints de hauts murs entourés de barbelés et coûtent chacun entre 400 000 et 1 million de dollars ! Cette injure bétonnée à la misère générale du pays progresse au détriment des taudis de chômeurs, d'anciens moudjahidin de la guerre contre les Soviétiques.

Le désir d'abolir ce luxe établi sur le détournement de l'aide internationale et les bénéfices occultes de la drogue joue les « sergents recruteurs » au bénéfice des taliban. Un ancien décoré de la guerre contre les Soviétiques résume en quelques mots ce dégoût : « Avant, les miséreux mouraient par balle, maintenant ils meurent de faim[11]. » De fait, l'Afghanistan demeure un des cinq pays les plus pauvres du monde et l'aide alimentaire y est souvent détournée.

Selon la comptabilité de l'OTAN, lors de la conférence internationale d'aide à l'Afghanistan de Paris, en juin 2008, 21 milliards de dollars d'aide sont alloués à ce pays et sur les 14 déjà versés depuis, un tiers, soit 5 milliards, se sont évanouis[12]. Ceux qui en bénéficient sont des hauts fonctionnaires corrompus, des gouverneurs de province détournant les salaires d'enseignants à leur profit, des dirigeants d'ONG afghanes et quelques entrepreneurs aigrefins occidentaux et afghans qui sous-traitent à leur bénéfice le programme de reconstruction. Mais les grands bénéficiaires de ces fortunes soudaines et ostentatoires sont les seigneurs de guerre ralliés à l'administration Karzaï. L'archétype en est le général tadjik, proclamé maréchal, Mohammad Fahim, successeur du commandant Massoud, ministre de la Défense jusqu'en décembre 2004 avec le soutien des néoconservateurs entourant Donald Rumsfeld. Ce prévaricateur, qui distribua en cadeaux à ses clients prébendes et terrains à construire (d'où étaient chassés les plus pauvres), est spécialiste de la corruption en tout genre. D'autres ministres l'ont imité, de sorte que sur les 680 écoles qui auraient dû être construites à Kaboul depuis cinq ans avec l'aide internationale, peu le sont à ce jour. Les élèves s'entassent donc dans des tentes non chauffées

---

11. *Afghanistan : sur la piste des dollars*, reportage de Paul Moreira, diffusé sur Canal + le 24 avril 2009, 57 minutes.
12. Claude Angeli, *Le Canard enchaîné*, 25 février 2009, p. 3.

l'hiver[13]. Fait révélateur, l'éphémère commission anticorruption afghane a été dissoute en septembre 2008 sans avoir pu mener à bien la moindre enquête. Les gens jetés à la rue écoutent la propagande d'Al-Qaida et de ses alliés. En fait, Kaboul évoque parfois le Saigon de la guerre du Vietnam où le Viêt-cong n'avait aucune peine à recruter, tant la corruption du régime « fantoche » aux ordres des Américains était choquante.

Les taliban savent aussi corrompre grâce à l'argent de la drogue ou utiliser l'arme de la terreur. Sur tel chantier routier par exemple, l'entrepreneur afghan se voit offrir de l'argent s'il embauche quelques ouvriers ou manœuvres liés aux taliban (ou à l'inverse paye un impôt de guerre pour sauver sa peau). Ceux-ci font alors coup double : leurs hommes infiltrés sont un excellent moyen de renseignement et ils peuvent parfois construire des caches pour y placer plus tard des engins explosifs à l'effet dévastateur.

Une forme de révolte, née des bombardements aveugles occasionnant des « dommages collatéraux », incite aussi les Afghans à prendre les armes. Pour eux, comme pour les Irakiens, découvrir des familles décimées par des missiles Hellfire lancés depuis des drones géants, type Predator RQ-1, c'est inverser la notion de terroriste. Celui qui correspond à cette définition est l'homme qui, aux États-Unis, déclenche le feu en maniant un *joystick* sans être sûr de sa cible. Dès lors, on comprend comment le mouvement des taliban trouve des sympathies auprès d'une population à qui on explique que l'envahisseur, comme au temps des Soviétiques, écrase la patrie par la terreur venue du ciel. Laver l'affront ne peut se faire que dans le sang.

Le déséquilibre des forces

Si les motivations des combattants sont facilement perceptibles, en revanche il est bien difficile de connaître le nombre des taliban noyés dans la population et dispersés sur le terrain. 4 000 combattants effectifs en 2008 ? 8 000 à 9 000, plus 10 000 « sympathisants » selon une autre évaluation due à deux parlementaires français[14] ? 40 000 rompus aux techniques de la guérilla, en mars 2009, selon une estimation de

13. Paul Moreira, dans son reportage cité, montre plusieurs cas, dont celui d'un collège de filles dont l'Usaid n'a pu édifier que les toilettes et poser le panneau publicitaire annonçant la construction de cet établissement, tout le reste du financement ayant été détourné.

14. Rapport d'information parlementaire de Jean Glavany, député PS des Hautes-Pyrénées, et d'Henri Plagnol, député UMP du Val-de-Marne, « Afghanistan : un chemin pour la paix », 23 juin 2009, 53 p., p. 15.

François Hauter, envoyé spécial du *Figaro* à Kaboul[15] ? En outre, faute de structures d'accueil et de logistique, il semble que, sur le modèle des jeunes gens voulant échapper au STO (Service du travail obligatoire) que les maquis français ne pouvaient accueillir en 1942-1944, seuls 10 % des volontaires grossissent les rangs des combattants tous les mois ; l'effectif estimé ne correspondrait donc pas à celui qui pourrait être mobilisé[16]. Quant aux taliban pakistanais, leur nombre est évalué entre 15 000 et 20 000 hommes armés.

L'Afghanistan présente un cas rare dans l'histoire des luttes contre les guérillas : les troupes de métier occidentales y sont presque en infériorité numérique, si on tient compte de toutes les formes de combattants (soit une partie de la population mâle). C'est une aberration, alors que l'expérience de toutes les petites guerres veut que pour vaincre une guérilla, le rapport des forces doit être au moins de dix contre un. Cette règle essentielle est rappelée par David Galula, un des maîtres ressuscités de la guerre contre-révolutionnaire, dévoreuse d'hommes : « L'insurrection est une guerre menée dans un espace à deux dimensions pour le contrôle de la population. Il n'existe ni ligne de front ni zone de refuge. Aucune région, aucune tranche de la population ne peut être longtemps négligée dans le plan d'opération, à moins que la population ne soit capable d'assumer sa propre défense. C'est la raison pour laquelle un rapport des forces de dix ou vingt contre un entre loyalistes et insurgés n'est pas rare dans la phase où l'insurrection se transforme en guérilla[17]. » Deux exemples illustrent fort bien ce propos.

Le premier concerne la guerre d'Algérie. Au plus fort du conflit, lors de la bataille pour la frontière orientale en 1958, l'ALN alignait moins de 40 000 combattants face aux 400 000 hommes des « forces de l'ordre ». Or, paradoxalement, la guerre d'Algérie, défaite politique et désastre moral en raison de l'utilisation de la torture, s'achève sur une victoire militaire acquise à la suite des grandes opérations de 1959-1960. Il faut dire qu'outre le « quadrillage » aux mailles serrées du territoire que pouvait donner un tel effectif, l'emploi de plus en plus important

15. François Hauter, « Afghanistan : la guerre contre les talibans s'intensifie », *Le Figaro*, 20 mars 2009, p. 1.

16. Selon Paul Watson, qui a enquêté auprès des taliban de la région de Ghazni, « Behind the lines with the Taliban », *Los Angeles Times*, 11 janvier 2009, p. 3.

17. *Contre-insurrection, théorie et pratique*, écrit en anglais en 1963 sous le titre *Counter-Insurgency in Algeria*, ouvrage réédité avec une préface du général Petraeus et du lieutenant-colonel John A. Nagl, publié en France en 2008 par Economica, 216 p., p. 50.

d'Algériens dans les rangs français (soit environ 100 000 hommes en 1959, ce qui renforça l'aspect de « guerre civile » du conflit) confirme que la résistance intérieure du FLN – ALN a bien été asphyxiée grâce au verrouillage des frontières par des lignes fortifiées. Compte tenu du relief, ce serait irréalisable en Afghanistan.

Le second exemple est relatif à la récente victoire d'une armée régulière contre un des derniers représentants des mouvements nationalistes liés à une minorité. La fin du mois de mai 2009 voit la victoire des forces armées du Sri Lanka contre les Tigres tamouls. Elle peut constituer un élément de réflexion par les moyens employés – si on fait abstraction du désastre humanitaire des derniers mois où la population civile fut prise entre deux feux (7 000 tués entre janvier et mai 2009 [18]). Une forte motivation excluant toute négociation, des commandants jeunes, de gros bataillons mobiles pour un effectif global de 180 000 hommes bien payés, un renseignement sûr et, surtout, l'utilisation de commandos nomadisant sur les arrières ennemis (pour y semer l'insécurité et couper ses lignes de communications) sont à l'origine de la fin d'une guerre de vingt-cinq ans ayant fait 100 000 victimes. Mais ce modèle n'est pas transposable non plus en Afghanistan vu l'étendue du pays et l'incertitude du nombre exact d'ennemis rencontrés par la FIAS. Un nombre à géométrie variable.

Traditionnellement, les Afghans ont le culte des armes. Si les tireurs d'élite utilisent le redoutable fusil Dragonov russe, il s'avère que les taliban sont en partie armés par la coalition. Un audit de la Cour des comptes américaine (Government Accountability Office) démontre qu'à leurs corps défendant, les États-Unis, *via* l'armée afghane, ont aidé l'adversaire. En effet, entre décembre 2004 et juin 2008, sur les 242 000 armes légères fournies par les Américains à l'armée afghane (y compris mortiers, jumelles de vision nocturne, mitrailleuses et lanceurs de grenades), on a perdu la trace de 87 000 d'entre elles. Par ailleurs, 135 000 autres armes fournies par l'OTAN à l'armée et la police afghanes ont elles aussi été « égarées »... Le « modèle » des 30 % des armements « perdus » par les Américains en Irak se retrouve en Afghanistan [19]. Le plus inquiétant concerne les recrues qui désertent avec leurs armes pour rejoindre les maquis une fois leur instruction terminée. Sur ce point, les

---

18. *Los Angeles Times*, 23 mai 2009, p. 1-3.
19. *The Washington Post*, 12 février 2009, p. 1.

chiffres manquent. Combien de soldats de l'ANA n'ont pas été payés et rejoignent par rancune les rangs ennemis ? Les estimations sont de 7 à 12 % des officiers et jusqu'à 34 % des hommes du rang passés dans le camp des taliban jusqu'en novembre 2009[20].

Il n'est pas rare d'entendre la nuit des détonations dans les villes sans savoir d'où elles proviennent, comme le décrit le prix Goncourt 2008, l'Afghan Atiq Rahimi dans *Syngué sabour. Pierre de patience*. De plus, dans ce pays farouche perdure un curieux phénomène. Le rejet de l'occupant peut générer une accumulation de forces sur le terrain au moment du combat, sur le modèle napoléonien de concentration des efforts pour emporter la décision. Sans mentionner la date, Pierre Servent relate l'étonnement de soldats américains qui progressent en colonne dans une vallée supposée amie et ralliée à l'administration Karzaï, dans la province de l'Orouzgan, entre Herat et Kaboul. Soudain, la colonne est prise à partie par un important groupe de taliban en embuscade. Le combat fait rage, lorsque des paysans des villages voisins se mettent de la partie à l'aide de leurs armes personnelles. Aux membres du service de renseignement américain venus par la suite les interroger, les *maleks* (ou chefs de village) expliquent qu'ils ne pouvaient pas laisser passer une « telle fête » sans y participer directement. C'est ici l'illustration parfaite du proverbe afghan : « Moi contre mon frère ; moi et mon frère contre mon cousin ; moi, mon frère et mon cousin contre l'étranger[21]. » Une des particularités du pays des faucons, où traditionnellement les forgerons pachtouns sont capables de reproduire toutes sortes d'armes d'infanterie, concerne ces combattants occasionnels qu'il est impossible de dénombrer. Ils évoquent étrangement les *moussebilin* de la guerre d'Algérie, distincts des soldats réguliers de l'ALN. Outre l'observation des mouvements de l'ennemi, le rôle d'agents de liaison, d'exfiltration, de maintien des lignes logistiques et d'accueil, ces *moussebilin* (jeunes bergers, paysans, retraités...) ont joué un rôle essentiel au bénéfice de l'ALN.

Signe des temps, en Afghanistan, la motivation patriotique s'accompagne aussi d'un élément nouveau, déjà rencontré en Irak, qui suscite les vocations : l'argent, issu des bénéfices de la drogue. Fuyant la misère et la sécheresse catastrophique de 2009, des populations quittent les villages et

---

20. « Compte rendu analytique officiel de la séance du Sénat du 16 novembre 2009 », p. 15, site Internet du Sénat.

21. Pierre Servent, *Les Guerres modernes racontées aux civils... et aux militaires*, Paris, Buchet-Chastel, 2009, 300 p., p. 48.

s'entassent dans les villes. Un *taleb* gagne en moyenne de 300 à 600 dollars par mois, soit trois à cinq fois la solde d'un soldat afghan. Un des conseillers militaires du président Obama, officier gardant l'anonymat mais qui s'est battu en Afghanistan, dit avoir vu des fermiers qui tiraient des roquettes sur une base américaine, non parce qu'ils étaient partisans des taliban, mais tout simplement parce qu'ils avaient besoin d'argent – ils avaient reçu pour cela 200 dollars[22]. Apportant un renfort ponctuel aux combattants, cette pratique est courante, notamment en pays pachtoun.

Comparaison avec le modèle algérien

Comme le montre Antonio Giustozzi, spécialiste de l'Afghanistan, les taliban ont évolué dans leur conception de la lutte armée, à tel point qu'il emploie le terme de « néo-taliban[23] ». Avant 1996, ils forment une simple milice, mais suite à leur prise de pouvoir, ils tentent de s'organiser en armée, avant de revenir à la guérilla après leur défaite de 2001. Un certain nombre de comparaisons peuvent être faites.

Certaines études font allusion aux Farc (Forces armées révolutionnaires colombiennes). Effectivement, comme ces guérilleros, les taliban disposent de grottes, de caches d'armes et de zones de repli dans les pays voisins. On retrouve le même financement de la guerre par l'argent de la drogue. Mais l'idéologie marxiste originelle et le couvert forestier ne peuvent pas être comparés à l'Afghanistan.

Jamais évoqué jusqu'à présent, le *taleb* est, sur bien des points, l'héritier, sans le savoir, de son aîné algérien. Les points communs entre les conflits algérien et afghan sont nombreux, malgré un changement d'échelle. Entre 1954 et 1962, la France se bat sur son sol aux frontières verrouillées, dans un conflit de basse intensité sans incidence mondiale. Elle ne reconnaît pas l'état de guerre civile dans les départements algériens. Elle combat pour sa souveraineté. En Afghanistan, sous mandat international, une coalition affronte des insurgés et des terroristes afin de faire reconnaître un gouvernement légal.

Indépendamment de cette différence, dans les deux cas, le combat est asymétrique, opposant une force régulière aux puissants moyens à

22. *Los Angeles Times*, 20 mars 2009, p. 3.
23. Antonio Giustozzi, *Koran, Kalachnikov and Laptop : The Neo-Taliban Insurgency in Afghanistan*, Londres, Columbia University Press, 2007.

des adversaires pratiquant le harcèlement et l'embuscade... On retrouve des similitudes dans l'aspect montagneux, difficile d'accès, et dans la complicité de la population envers les combattants. De même, les bases logistiques de l'ennemi sont en territoire étranger : en Tunisie et au Maroc pour l'ALN, au Pakistan pour les taliban.

Mais, à l'inverse d'un poncif repris par les médias, en Afghanistan, il s'agit d'une guérilla et non d'une insurrection : les taliban n'ont pas repris le combat, ils ont été attaqués et n'ont pas tous rendu les armes en 2001. Sur le plan sémantique, il est intéressant d'analyser le mot « contre-insurrection[24] », déjà employé par les Israéliens dans les territoires occupés[25]. Cette expression tendrait à reconnaître qu'il existe en Afghanistan une insurrection, soit une volonté populaire de rejet de l'étranger armé. Il est donc aléatoire de vouloir « diaboliser » le *taleb*, d'autant qu'il sait parfois se montrer habile, courtois envers ses hôtes journalistes ou même des ennemis blessés, au nom du code de l'honneur pachtoun qui lui enjoint de protéger tout invité, et ce d'autant que celui-ci peut servir sa propagande[26].

Cet aspect patriotique du combat, hors des considérations et de la caisse de résonance de la mondialisation, évoque celui des *djounoud* de l'ALN. En effet, à l'instar de Christian Makarian dans sa chronique de *L'Express* du 28 août 2008, on peut se demander si les taliban ne forment pas désormais une force politique nationale, une contre-société engoncée dans ses traditions, qui s'affirme dans le combat, et non pas seulement une nébuleuse terroriste[27].

Des ennemis ressemblants

Sur le plan tactique, redevenus insaisissables après les leçons de la grande opération dans le massif de Tora Bora, fin 2001, les taliban illustrent ce

24. Traduction de *Counter-Insurgency*, titre original de l'ouvrage du lieutenant-colonel David Galula publié en 1963.

25. La méthode israélienne n'est que partiellement appliquée en Afghanistan puisqu'elle est fondée sur le non-droit en dépit de la division « droit international » des forces armées israéliennes, qui sert surtout à communiquer en ignorant l'avis de ses conseillers juridiques : assassinats ciblés, destructions de maisons à l'aide de bulldozers... Ces derniers sont intervenus notamment à Jénine, lors de la seconde Intifada, où des gens ont été enterrés vivant sous les décombres, puis à compter du 4 janvier 2009, aux portes de Gaza.

26. Ce que note Paul Watson, reporter du *Los Angeles Times*, lorsqu'il est accueilli par les 400 taliban de la région de Ghazni qui se montrent des hôtes particulièrement attentionnés, *Los Angeles Times*, 11 janvier 2009, *op. cit.*, p. 1.

27. Christian Makarian, *L'Express*, 28 août 2008, p. 64.

principe édicté par le commandant Si Azzedine (wilaya 4) lors de la guerre d'Algérie : il s'agit avant tout de durer en se servant du terrain et des complicités dans la population. « Rien ne sert de mourir, il faut vaincre ou courir[28] », n'engager d'action qu'à la suite d'un renseignement sûr et, après l'embuscade, se disperser pour éviter la poursuite par artillerie, hélicoptère, drone armé ou avion d'appui au sol.

Au vu des images que nous en avons, l'entraînement des taliban et des mercenaires d'Al-Qaida, comme pour l'ALN, traduit un conditionnement communautaire et idéologique, une stricte discipline et l'acquisition de réflexes communs dans l'art du camouflage (y compris dans le non-respect du port de la barbe). La rusticité et l'endurance sont les vertus tactiques nécessaires à toute guérilla. Il faut apprendre à boire et à manger en se contentant de peu et vivre le plus souvent caché, tout en se déplaçant sans cesse. Comme le *djouni*, son équivalent algérien de l'ALN qui savait devenir pierre lors d'une reconnaissance aérienne en se recouvrant de sa *djellaba*, le *taleb* porte le *patou* qui le rend, lui aussi, difficilement détectable. Cet ennemi invisible appelé *dukhi* (fantôme) par les Soviétiques est évoqué par le lieutenant-colonel Bruno Troussard, de l'arme des transmissions, en poste à Kaboul en 2008 dans le cadre de la mission « Épidote » pour la formation des officiers de l'ANA : « Il était indécelable, notamment en ville. Et c'est là qu'est la difficulté : il est impossible de faire la différence entre un *bad guy* et un habitant "normal"[29]. » Tireur de précision dans le commando de montagne du 27ᵉ BCA en 2008-2009, le caporal F. M. n'a jamais vu de l'adversaire qu'une ombre furtive sachant se servir du moindre couvert et se fondant dans la population[30]. Comme le notait déjà David Galula, « le seul à pouvoir exercer un harcèlement continu sous forme de coups de main dans une guerre révolutionnaire est l'insurgé, puisque seul le loyaliste offre des cibles fixes à son adversaire[31] ». Soviétiques puis Occidentaux, en s'efforçant de maintenir ouverts les axes de communication, offrent autant de cibles. On peut prendre pour exemple de harcèlement Fort Salerno, base américaine de la province de Khost jouxtant le Pakistan, qui évoque les postes frontières de la ligne Morice tournée contre la Tunisie pendant la guerre d'Algérie. Toutes les nuits, en 2008, Fort

28. Si Azzedine, *On nous appelait fellaghas*, Paris, Stock, 1976, 346 p., p. 119.
29. Témoignage écrit du 6 juin 2009.
30. Entretien du 2 août 2009.
31. David Galula, *op. cit.*, p. 23.

Salerno est plongé dans l'obscurité, mais la garnison des coalisés n'est pas pour autant à l'abri. Ainsi, dans la nuit du 22 juin, une vingtaine de roquettes sont tirées depuis le Pakistan et les collines afghanes avoisinantes. Quatre civils sont tués parmi la population vivant aux abords du camp. La garnison réplique par l'artillerie, y compris en territoire pakistanais[32].

Tout comme les « Viets » ou les « Fells[33] », les taliban investissent la nuit ce que les coalisés pensent tenir le jour. Accompagnant le ministre de la Défense, Hervé Morin, dans sa tournée autour de Kaboul auprès des soldats français fin décembre 2008, Isabelle Lasserre, grand reporter au *Figaro*, note : « La nuit, les taliban passent la crête et descendent de la colline. Ils font pression sur les habitants pour qu'ils s'arrêtent de coopérer avec les militaires français[34]. »

Autre point commun avec les combattants vietnamiens ou algériens, les habitants, soit spontanément, soit encouragés ou payés par les taliban, font disparaître les corps, de sorte qu'il est difficile pour la coalition de faire un état des pertes de l'adversaire. S'esquisse à ce propos une autre redondance avec le conflit algérien : pour les forces de la coalition, la distinction entre le terroriste, que l'on veut généralement djihadiste (étranger à la solde d'Al-Qaida), et le maquisard afghan qui vit dans la montagne est pertinente. En outre, si le *taleb* est tué les armes à la main, il doit être rendu dignement à sa famille afin qu'il soit enterré selon la tradition. S'il se rend, il devrait bénéficier, comme le proposait déjà le général de Gaulle en 1958, de la « paix des braves[35] ». On conçoit que les vrais combattants, ceux qui sont au contact et savent distinguer le terroriste de l'ennemi qui prend les armes pour défendre son sol, aient pour les Afghans une certaine estime. Quels que soient les moyens technologiques employés pour le débusquer par drones ou écoutes électroniques, comme le fait observer le général Jean-Louis Georgelin, « nous ne devons pas sous-estimer l'adversaire ! Il trouvera des parades[36] ».

---

32. Le Monde.fr, 25 juin 2008, p. 1.
33. Fells vient de « fellouzes », surnom que les Français donnaient aux fellaghas, ou « coupeurs de route », pendant la guerre d'Algérie.
34. Isabelle Lasserre, « Dans la plaine afghane avec les soldats français », *Le Figaro*, 2 janvier 2009, p. 4.
35. Expression rencontrée dans le numéro spécial intitulé « Paras-colos en Afghanistan », de la revue *Assaut*, sous la direction d'Yves Debay, n° 36, janvier 2009, p. 27.
36. *Bulletin de la Réunion des officiers de réserve du service d'état-major, op. cit.*, p. 30.

Au combat, l'Afghan pratique une vieille tactique de guérilla, similaire à celle de son prédécesseur algérien ; une tactique remise à l'honneur par le Hezbollah au Liban contre Tsahal à l'été 2006. Il s'agit de n'ouvrir le feu qu'à coup sûr, très près de l'adversaire, pour l'empêcher de se déployer et de se servir de ses armes de soutien type mortiers. Que de points communs entre l'embuscade à courte distance pratiquée par les *djounoud* de l'ALN et les taliban : même dispositif resserré, même volonté d'imbrication avant que l'adversaire n'ait eu le temps de réagir. Parce que ces deux types de guérilleros savent que le ciel a des yeux (Piper d'observation pendant la guerre d'Algérie, drones en Afghanistan), ils se déplacent en petits groupes discrets, souvent de nuit, et se rassemblent au dernier moment pour l'attaque. Comme les *djounoud*, les taliban affectionnent le temps du démontage d'une opération, lorsque, sous le poids de la fatigue, la tension se relâche. La seule solution pour éviter le pire, traditionnellement employée par les troupes françaises, est alors de répliquer par la vieille technique de la « boule de feu », à l'aide de toutes les armes disponibles.

Résistant à la soif, utilisant les faibles ressources qu'ils rencontrent, les taliban font dire à un officier français, au lendemain du combat meurtrier d'Uzbin, le 18 août 2008 : « Nous avons touché du doigt une nouvelle réalité. Il est difficile de lutter contre des gens qui mangent des cailloux[37]. » L'histoire se répète. Que de fois avons-nous entendu de la part d'anciens combattants d'Indochine et d'Algérie ce genre de réflexion : « Un Viet se contente par jour d'un bol de riz. Comment voulez-vous lutter contre ces gens-là ! » Même réflexion d'un baroudeur américain, le commandant de l'US Army Jay Smith (qui fut en 2007-2008 un brillant étudiant du master recherche « Histoire militaire comparée, géostratégie, défense et sécurité » de Sciences-Po Aix-en-Provence[38]), qui mena en Afghanistan des opérations « spéciales » de poursuite nocturne. Il reste admiratif de l'« inventivité » et de la force morale et physique de ses adversaires qu'il traquait avec les hommes de sa compagnie, des rangers d'une division reconstituée pour ce temps de guerre. Dans les deux cas, algérien et afghan, il s'agit du combat du pauvre (qui choisit la lutte à moindre coût) contre le riche bardé de technologies, du combat d'un autochtone qui défend son sol natal, bien qu'il y ait une différence : le patriotisme algérien ne s'encombre pas de luttes tribales ou de

37. *Le Figaro*, 21 août 2008, p. 2.

38. Master dirigé par Jean-Charles Jauffret, héritier du DEA créé par André Martel en 1968.

différences ethniques une fois éliminés les concurrents messalistes du FLN et mis en avant les redoutables guerriers kabyles.

Autre point commun entre *djounoud* et taliban : le sabotage, à distinguer des attentats sanglants. Un des surcoûts de la guerre en Afghanistan provient de l'utilisation de groupes électrogènes pour les bases des coalisés, souvent privés des lignes électriques, mais aussi du téléphone filaire régulièrement saboté. L'image du fellagha (combattant algérien) coupeur de poteaux électriques et télégraphiques trouve donc une correspondance en terre afghane. Mais les taliban se gardent bien de détruire les pylônes servant aux téléphones portables parce qu'ils sont eux-mêmes dépendants de ce type de matériel comme moyen de renseignement, de communication et de sabotage.

Toutefois, à la différence de l'ALN de l'époque, les taliban et les djihadistes ne sont plus constitués en unités pérennes depuis leur défaite de 2001. Cette forme particulière de la guérilla est résumée en ces termes par le lieutenant-colonel Jean-Bruno Despouy, de l'infanterie de marine, qui a passé six mois dans l'est de l'Afghanistan, de fin 2008 à mai 2009 : « Vous pouvez avoir une cinquantaine d'hommes qui arrivent de l'étranger et qui prennent contact pour une opération avec une cellule locale talibane ou du parti d'Hekmatyar. Les insurgés circulent beaucoup. Il n'y a pas d'organisation structurée qui reste en permanence. Les insurgés entretiennent l'insécurité par des opérations de harcèlement, la pose d'engins explosifs, des tirs. Et par une pression sur la population, par la peur, l'interdiction des contacts avec la coalition[39]. »

En effet, la grande différence avec le FLN-ALN est qu'il n'y a pas, semble-t-il, de commandement structuré et permanent, quoique l'hebdomadaire *Newsweek* prête au mollah Abdul Ghani Baradar, un *taleb* pachtoun de la première heure, une stature de commandant en chef entouré d'un conseil à partir de la fin 2007[40]. L'articulation des divers groupes et la concentration des hommes et des moyens pour une attaque ciblée ou une succession d'attentats échappent encore à la logique des organigrammes de commandement d'une guérilla traditionnelle. S'il existe quelques chefs locaux ainsi qu'un représentant du Comité politique des taliban d'Afghanistan en la personne d'Aga Jan Mutasim, les taliban n'ont pas encore de figure équivalente à celle

39. *Le Figaro*, 14 mai 2009, p. 6 (édition Bretagne).
40. *Newsweek*, 25 juillet 2009, sur Internet, p. 1-5.

qu'était le commandant Massoud pour l'Alliance du Nord lors de la guerre contre les Soviétiques. Depuis son repaire de Quetta, dans le sud-est du Pakistan, où il est supposé se cacher, sans doute protégé par les services secrets pakistanais passés maîtres dans l'art du double jeu, le mollah Omar veut coordonner en 2009 les actions des taliban – attentats suicides et assassinats surtout –, mais il semble n'être suivi que par le commandant du sud et de l'est de l'Afghanistan, le mollah Zakir. Ce dernier fut un temps détenu à Guantanamo avant d'être relâché à Kaboul en 2007 par le gouvernement Karzaï pour de mystérieuses raisons[41].

L'équipement, l'endurance et l'entraînement des troupes

Tout comme le peuple maigre des djebels algériens, son alter ego afghan sait épier et agir. Il est berger ou paysan le jour, combattant la nuit, aguerri par plus de trente ans de luttes. Il se contente d'un RPG-7 antichar ou d'une Kalachnikov. À la différence d'autres guérilleros, les taliban disposent d'un stock d'armes impressionnant datant de l'ère soviétique. Les coalisés détruisent pourtant un grand nombre de caches d'armes contenant munitions de toutes sortes, mines, roquettes... Un autre type de cache est spécifique à ce pays, les *karez* ou canaux d'irrigation dans les vertes vallées de la province de Kapisa. Il s'agit de canaux souterrains qui suppriment les effets de l'évaporation ; on en trouve des semblables en Chine du Nord. Depuis les guerres anglo-afghanes, ces *karez* servent aussi de refuge et de chemin de fuite. Redevenu fantassin très endurant, le *taleb* ne se sert plus des chevaux aptes au *bouzkachi*, le jeu pratiqué par les Ouzbeks qui se disent descendants des hordes de Gengis Khan. En dehors des caravanes de mules utilisées par les seigneurs de guerre pour écouler leur opium, notamment à travers la montagne vers le Tadjikistan, le *taleb* a oublié les « mules américaines[42] ». Il utilise souvent des mobylettes, parfois aussi des pick-up double cabine qui sont la version locale des Mad Max somaliens, pour monter des

41. *The Wall Street Journal*, 22 juin 2009, p. 1-3.

42. Les « mules américaines » sont un aspect oublié de l'aide américaine apportée aux maquisards afghans luttant contre l'Armée rouge. En septembre 1987 et avril 1988, 600 mules du Tennessee furent expédiées par Boeing cargo 747 depuis Fort Campbell, dans le Kentucky, jusqu'à une base militaire du Pakistan. Moins capricieuses que les chevaux, solides, le pied sûr en montagne, elles transportaient missiles, vivres, essence et autres produits vitaux pour la résistance en Afghanistan, *The Wall Street Journal* cité par *Le Point*, n° 817, 16 mai 1988, p. 86.

coups de main (actions rapides), la nuit, contre des postes tenus par l'armée afghane.

Ce sens de l'à-propos – une adaptation constante aux modes de recherche et de combat de la coalition – et cette rusticité contrastent avec les unités de l'OTAN-FIAS. Dans des camps protégés par des *bastion walls* (sacs de sable et de pierres), les troupes européennes et américaines ne peuvent pas vivre sous les tentes (il peut faire, en plaine, jusqu'à 50 °C) ni dans des éléments préfabriqués sans climatiseur. Il leur faut un minimum de confort (salle de musculation, postes Internet et télévisions, jeux vidéo, bars offrant parfois alcools forts et bières...). Le capitaine Romain, de l'armée de l'air, décrit la Kandahar Air Field (KAF), une véritable ville multinationale de 13 000 habitants, où sont stationnés les avions français. Une cité très américaine, avec ses multiples restaurants (pizzas, hamburgers, glaces...), ses salles de sport, ses masseuses kirghizes, ses magasins, sa police militaire qui vérifie à l'aide de radars que les véhicules ne roulent pas à plus de 16 km/h... Mais, en guise de rappels de la réalité afghane : les tirs de roquettes et parfois, en geste de défi, de RPG-7 partis de la montagne, qui saluent, bien que hors de portée, maints décollages...

Le *taleb*, lui, est aux antipodes de la guerre version *American way of life*. Un soldat français témoigne : « Ce sont d'excellents combattants qui maîtrisent le terrain. Ils sont maigres, affûtés, rapides, capables de monter un col de 3 000 mètres à sept kilomètres à l'heure en traînant un blessé[43]. » Ce sont les vertus de tout guérillero montagnard dont les Kabyles étaient l'archétype. En Algérie, combattants au jarret sec, les *djounoud*, habitués dès leur jeune âge à « crapahuter » dans la montagne, avaient une endurance à toute épreuve, susceptibles d'en remontrer aux meilleurs des commandos et des bataillons de parachutistes de l'armée française. En mettant en place un bouclage afin de capturer les auteurs d'une embuscade, les « forces de l'ordre » partaient du principe qu'en relief accidenté une troupe armée qui se repliait pouvait tout au plus effectuer, à marche forcée, un parcours d'une vingtaine de kilomètres en quelques heures. À plusieurs reprises dans son témoignage clé, le commandant Si Azzedine – il est vrai à la tête d'une unité d'élite – explique que s'il a pu tant de fois échapper aux pinces qui se refermaient sur sa route de repli supposé, c'est que ses hommes étaient capables

43. *L'Express*, reportage de Romain Rosso, 20 novembre 2008.

d'effectuer cinq à dix kilomètres de plus par jour qu'une troupe européenne[44].

En Afghanistan, les troupes de la coalition sont incapables de relever un tel défi. Chaque combattant supporte en effet une charge, arme comprise, de 30 à 50 kg[45], ce qui donne une vitesse, au mieux, de 4 km/h en terrain plat sur de faibles distances sitôt le VAB (véhicule de l'avant-blindé) de protection quitté. Les paras colos, marsouins (fantassins de marine) et chasseurs alpins engagés en Kapisa en 2008-2009 portent 30 à 40 kg en moyenne, dont 17 pour le seul gilet pare-éclats. En outre, afin d'assurer leur autonomie en « reco » (reconnaissance), les membres des commandos de ces unités sont encore alourdis par un sac à dos contenant de l'eau potable, un équipement d'observation et des suppléments en rations et en munitions.

Cette course à la multifonction et à la précision des armes, ainsi qu'à la protection, a des effets pervers et porte atteinte à l'efficacité du combattant occidental dans la poursuite. Des soldats chargés comme des mulets ont les plus grandes difficultés à inscrire leur action dans la durée car celle-ci implique vélocité, discrétion et endurance. Comme dans bien d'autres conflits, quand on refuse de s'adapter aux rudes contingences du terrain en négligeant l'adversaire, sans l'aide des véhicules blindés d'infanterie et des hélicoptères, tout en redoutant les pertes, la manœuvre devient trop lente sur le plan tactique. Ce qui laisse tout le temps à l'ennemi de s'égayer dans la nature.

Pachydermes trop lourds, du fait de la multiplication des protections corporelles et parce que le prix de la vie le réclame de nos jours, les fantassins modernes évoquent, sans la monture, les forteresses qu'étaient les chevaliers de la fin du Moyen Âge. Les règlements concernant l'équipement des fantassins, les rajouts individuels qui aident aussi à lutter contre le stress, sont en contradiction avec la sacro-sainte règle de la charge qui ne doit pas être supérieure à plus du tiers du poids de l'homme. Et ce depuis les acquis de la légion romaine jusqu'à la guerre d'Algérie. Les premiers renforts de troupes venus des forces françaises d'occupation en Allemagne ou de métropole, y arrivèrent avec casques lourds et guêtres blanches, et divers *impedimenta* qui les rendaient peu

44. Si Azzedine, *op. cit.*, p. 115-119 et 141.

45. Ce poids a pour origine la protection en Kevlar du gilet pare-balles, du casque avec son dispositif de visée nocturne, de l'emport, pour un soldat français, outre le minimum de deux boîtes de ration et des gourdes d'eau, d'un Famas passablement alourdi par la visée infrarouge de l'amplificateur de luminescence et 4 à 5,5 kg de munitions.

mobiles et fort peu discrètes. Au fur et à mesure que dura le conflit, les troupes dites de réserve générale, dont les 10e et 25e divisions parachutistes, furent de plus en plus légères dans leurs équipements au moment du combat. Que l'on se souvienne des ordres du colonel Bigeard à ses hommes du 3e régiment de parachutistes coloniaux dans la poursuite : être le plus véloce possible pour rattraper l'adversaire, en laissant sacs et rations sur place.

Légèreté ne veut pas dire vulnérabilité. L'art du camouflage, la pratique de l'embuscade de nuit sont des garanties de survie. La rusticité de petites troupes, capables de vivre plusieurs jours en « nomadisant » sur les arrières ennemis, de monter des embuscades et de suivre à la trace l'adversaire dans la plus grande discrétion, a aussi été illustrée par les célèbres commandos de chasse de la guerre d'Algérie qui connurent leur apogée entre 1959 et 1961, à la suite du plan Challe. La troupe sans doute la plus performante de cette guerre parmi les unités de réserve générale toujours au contact de l'ennemi, quand on fait le ratio effectifs/engagement sur le long terme/nombre de tués, est représentée par les cinq commandos parachutistes de l'air, soit 1 300 hommes à effectif constant déployés pendant cinq ans et déplorant seulement 80 tués[46]. L'entraînement intensif de ces appelés volontaires pour les paras était des plus draconiens. Comme dans les forces spéciales actuelles, il transformait les hommes en machines de guerre d'une même famille militaire, où chacun était sûr des réflexes de son voisin, tout en maîtrisant la discipline de feu, le manque de sommeil, sans oublier la pratique du combat de nuit, les épuisantes marches commando en étant le plus léger possible, l'habitude de vivre dans ce pays en buvant la même eau que les Fells (ou en la désinfectant à l'aide d'une pastille spéciale) et en sachant se contenter de quelques boîtes de conserve, figues ou dates... Il faut dire que le lieutenant-colonel Coulet, héros de la France libre, commandant du groupement des commandos parachutistes de l'air, s'inspirait du modèle britannique des SAS (Special Air Service).

C'est en ce sens que se pose le problème récurrent du manque de transmissions des savoir-faire, dès lors que dans la formation des cadres on méprise l'histoire militaire parce que l'on croit que de nouveaux matériels résolvent tout et que l'on est plus intelligent que la génération qui a précédé. De nos jours, il est par exemple surprenant de constater

46. Jean-Charles Jauffret, *Soldats en Algérie, 1954-1962. Expériences contrastées des hommes du contingent*, Paris, Autrement, 2000, 370 p., p. 24-25.

que les armées modernes reconduisent le modèle antique de l'infanterie lourde sur le type des phalanges grecques. Et ce, en oubliant l'histoire des troupes légèrement équipées comme les hypaspistes, fantassins légers d'Alexandre le Grand. Ces derniers étaient capables de se transformer, dans ces mêmes reliefs afghans, en troupes de montagne aptes à l'escalade, comme lors de la prise du nid d'aigle tenu par les derniers fidèles du satrape Arimazès, en 328 avant J.-C.[47]. Cette nécessité d'adaptation devrait être la règle commune en Afghanistan, comme le fait remarquer un spécialiste de la guerre psychologique, François Géré, président de l'Institut français d'analyse stratégique : « Il serait pertinent d'"afghaniser" la sécurité du pays, en créant des forces entraînées conformément au savoir des combattants afghans[48]. » Là encore, l'histoire militaire pourrait rappeler le sens de l'humilité aux armées modernes qui croient avoir tout inventé, en méditant cette maxime du colonel Thomas Edward Lawrence extraite des *Sept Piliers de la sagesse* : « Avec deux mille ans d'expériences derrière nous, nous n'avons pas d'excuse, quand nous nous battons, si nous nous battons mal. » Ce maître de l'action indirecte, des raids en profondeur, qui comparait la guérilla aux opérations navales fondées sur la vitesse, le don d'ubiquité et l'autonomie d'unités sachant se servir de l'espace, insistait sur l'impératif de mobilité, garant de l'initiative sur le terrain.

L'insurgé innovant

Ce combattant qui défie des troupes d'élite sait se servir des difficultés du terrain. La guerre en montagne annule en partie la supériorité technologique du fort. Comme en Irak ou au Liban[49], selon Jean-Marc

---

47. Lors de la campagne de Sogdiane, pour prendre le massif rocheux tenu par le Sogdien Arimazès et ses 30 000 hommes disposant d'une logistique leur permettant de tenir deux ans, Alexandre applique un des principes de la guerre en montagne : la surprise en passant par les hauts, par l'endroit le plus difficile et le moins gardé – la même tactique est employée le 15 septembre 1918, lorsque l'armée d'Orient de Franchet d'Esperey perce au Dobropoljé, sur le front de Salonique. Pour ce faire, Alexandre donne deux jours de vivres et un équipement léger (épées et lances courtes) à des hoplites aptes à l'escalade et prend la tête des troupes durant l'ascension (qui a fait 32 morts). La surprise est telle pour l'ennemi qu'il croit que les Macédoniens ont des ailes et qu'il se rend sans conditions. Voir à ce sujet O. Battistini et P. Charvet, *op. cit.*, p. 190-192.

48. *Le Figaro*, 23 septembre 2008, p. 8.

49. À l'été 2006, rappelons-le, Tsahal est tenue en échec par le Hezbollah.

Balencie et Arnaud de La Grange, le faible ne cesse d'abuser son puissant adversaire, en refusant ses méthodes de combat par une « résistance molle » aux multiples facettes [50]. Cette absence de front est une variante des petites guerres. Celle de la quatrième génération des combats asymétriques en est le dernier avatar.

Les armes

Le faible dispose de moyens technologiques qui diminuent en partie l'écrasante supériorité adverse. Lors de la lutte contre les Soviétiques, la CIA avait fourni aux moudjahidin environ 2 500 missiles portables Stinger sol-air [51] contre les hélicoptères et les avions volant à basse altitude. Rachetés ensuite par les services secrets américains aux moudjahidin, 200 à 300 Stinger seraient peut-être restés en Afghanistan.

En Afghanistan, c'est aussi le temps du « bricolage explosif », comme ces roquettes rustiques tirées sur des camps de la FIAS. Dans son combat asymétrique, le combattant afghan utilise des armes peu onéreuses. Une simple balle d'AK-47 coûtant quelques cents élimine en une fraction de seconde un officier américain dont la formation sur dix ou quinze ans représente un coût d'environ 500 000 dollars... L'équipement et l'armement standard d'un GI ou d'un marine sont estimés, en 2007, à 25 000 dollars, soit quatre fois plus qu'en 2000, indication de la croissance exponentielle des coûts d'équipement et de maintenance des armées occidentales [52] ! En 2009, un GI en Afghanistan coûte annuellement entre 500 000 à 1 000 000 de dollars et, selon le ministère de la Défense, un soldat français environ 140 000 euros par an.

La guerre de l'information

Rarement évoqué par les médias, un autre aspect de ce combattant inattendu concerne non seulement l'arme de la propagande, mais aussi la maîtrise et la manipulation de l'information. Mondialisation oblige, toutes les sources sont utilisées pour transmettre un message du mollah Omar ou du chef d'Al-Qaida, dénoncer les bavures et « dommages

---

50. Arnaud de La Grange, Jean-Marc Balencie, *Les Guerres bâtardes. Comment l'Occident perd les batailles du XXIe siècle*, Paris, Perrin, 2008, 174 p., p. 28.
51. En 1993, la CIA débloque 55 millions de dollars pour récupérer ces missiles si efficaces aux mains des moudjahidin. Elle en rachète plusieurs à Gulbuddin Hekmatyar. Voir Thomas Diedrich, *op. cit.*, p. 48, qui a interrogé un officier supérieur du renseignement désirant conserver l'anonymat.
52. J.-M. Balencie et A. de La Grange, *op. cit.*, p. 85-87.

collatéraux » dus aux coalisés et accuser de traîtrise et d'impiété les forces afghanes. Taliban et djihadistes savent se servir des médias pour leurs actions spectaculaires, comme les attaques de convois de l'OTAN. Cette médiatisation est aussi illustrée par des sociétés de production d'images, telle As-Shaba, qui dépend d'Al-Qaida et approvisionne les grands *networks* occidentaux[53]. Sur le net, Al-Qaida dispose d'un « e-journal », *Sada al-Mahim*, qui donne toutes sortes de conseils, notamment sur les techniques d'interrogation des détenus par les services spéciaux américains.

Si tous les « insurgés », dans un pays pauvre comme l'Afghanistan, n'ont pas d'ordinateur portable et d'appareils numériques avec lesquels ils pourraient communiquer en temps réel, la multiplication des attentats sert leur cause par journaux, télévisions ou radios interposés. En ce sens, la surinformation délivrée par les médias occidentaux (pour cause de censure et de difficultés d'accès) concernant ce qui se produit à Kaboul où se trouvent les envoyés spéciaux des télévisions et des périodiques fait oublier ce qui se passe réellement dans la montagne afghane. Pour des raisons évidentes de sécurité, la guerre de l'information est une réalité et les nouvelles du *bled* parviennent de façon décalée. Autre preuve qu'il s'agit bien d'un conflit majeur, la guerre psychologique des communiqués reprend ses droits. De sorte que l'on sait à la fois beaucoup et très peu de la réalité du conflit sur le terrain. C'est par exemple le black-out complet sur l'offensive que mènent, en décembre 2009, 800 légionnaires, des Américains et des hommes de l'ANA dans la région d'Uzbin. Pour cacher à l'opinion qu'à l'inverse des hivers précédents la guerre continue, celle-ci devient souterraine, sans images, sans témoins.

Pour le commandement américain, puis l'OTAN, il s'agit d'éviter les erreurs du Vietnam où la guerre était vécue au quotidien, tous les soirs au journal télévisé de 20 heures, ou le phénomène CNN, lors du premier conflit du Golfe de janvier à mars 1991, montrant la guerre en direct. Autre leçon des deux guerres du Golfe : verrouiller l'information en accréditant des journalistes à qui l'on montre ce qu'on veut. Les coalisés ont rapidement compris la logique de la guerre de la quatrième génération, où il s'agit avant tout pour l'adversaire d'être vu, car le dernier quart d'heure appartiendra à celui qui aura le mieux utilisé les médias afin de fortifier la légitimité de son combat auprès de l'enjeu

---

53. *Ibid.*, p. 38.

majeur du conflit : la population. Cette guerre marque la volonté de chaperonner les journalistes accrédités à suivre les opérations, ce qui est précisément le rôle d'une demi-douzaine d'officiers français de la cellule communication de l'armée de terre française depuis avril 2009[54].

Mais les médias occidentaux eux-mêmes, qui donnent de l'écho aux cassettes pré-enregistrées de Ben Laden, font le jeu des terroristes en soulignant son impunité. Et ce d'autant plus facilement que, niant toute forme de démocratie, le *taleb* ou le djihadiste n'a de compte à rendre ni devant un parlement ni devant une opinion publique. L'écran de l'ordinateur portable est presque un nouveau front, comme celui du blogueur en treillis qui donne de ses nouvelles à ses amis sur le réseau Facebook, sans se rendre compte que l'ennemi peut se servir de ces informations. Comme le note le stratège d'origine australienne David Kilcullen, « en termes militaires, l'information est pour Al-Qaida le principal effort et pour nous un effort d'appui[55] ». Les réseaux d'Internet donnent quasiment en temps réel les nouvelles du « front » lorsque l'adversaire islamique dispose de films vidéo à la suite d'un combat ou lors d'attentats spectaculaires, selon le principe nouveau du « combat caméra » destiné à donner la preuve par l'image. C'est l'application de la révolution d'Internet, et surtout de la version Web 2.0 et ses immenses capacités de communication, qui permet à tout groupe terroriste de disposer de blogs, parfois même individuels, de multiplier les sources d'information dans un environnement chaotique[56]. Ces sources sont aussi un enjeu au sens où l'on cherche à se servir des témoignages et des images pour dénigrer l'adversaire et l'intoxiquer.

De plus, par médias interposés, l'ennemi sait se poser en victime. Il motive ses combattants par le passage en boucle d'images significatives, en se servant par exemple des exactions israéliennes en Palestine ou du scandale d'Abou Ghraib en Irak... Les enlèvements, les méthodes de la CIA et la torture exercée sur des ennemis non reconnus (prétendument affiliés à des « terroristes ») dans diverses prisons (dont celle de Bagram, en Afghanistan) conduisent au syndrome de Guantanamo. Un

---

54. Lieutenant-colonel Jérôme Sallé, « La communication en Afghanistan : relever le défi de la "guerre" de la communication ? », *Doctrine, revue d'études générales*, n° 17, juillet 2009, p. 69.
55. David Kilcullen, cité par P. Servent, *op. cit.*, p. 94.
56. Ce que montrent deux chercheurs de l'Ifri, Marc Hecker et Thomas Rid, *War 2.0. Irregular Warfare in the Information Age*, Wesport, Praeger, 2009, 290 p.

syndrome qui a mis les États-Unis de George Bush au ban des nations. Les révélations se succèdent quant aux méthodes employées par la CIA. Outre le *waterboarding*, version américaine du supplice de la baignoire révélée en décembre 2008, une autre forme de torture a été pratiquée, inspirée indirectement par *L'Aveu* d'Artur London [57] : soumettre à une très vive lumière et à du hard-rock poussé à fond pendant seize ou vingt heures des détenus dans diverses prisons hors du territoire américain.

À l'inverse de ce que l'opération « Tempête du désert » avait pu faire en janvier-avril 1991, lors de la guerre du Golfe, sur fond de mondialisation, il n'a jamais été possible pour l'OTAN de rendre sourd et aveugle son adversaire à l'heure du portable, d'Internet et des micro-ordinateurs. Les taliban de la région de Ghazni sont équipés de télévisions satellites et commentent l'actualité, trouvant, par exemple, dans l'offensive de Tsahal dans Gaza, en janvier 2009, une nouvelle occasion de renforcer la guerre sainte contre les États-Unis, soutien traditionnel des Israéliens [58]. Le faible dispose en Afghanistan de matériels sophistiqués capables de mettre sous écoute des conversations des téléphones portables ou satellitaires. D'où le programme lancé par l'US Air Force depuis novembre 2008, le « Champ » (*counter-electronic high power microwave advanced missile project*), à partir d'un missile capable de « griller » les circuits électroniques adverses [59]. Une des supériorités du fort (Américains et Français étant seuls capables de maîtriser de telles techniques) demeure aussi le renseignement donné par des satellites à très haute résolution. Ils permettent de localiser une cache d'armes ou le repaire d'un chef d'Al-Qaida et de guider ensuite le missile tiré d'un drone ou la bombe larguée d'un avion, tout en donnant aux troupes au sol, avant une opération, l'image en trois dimensions du relief et l'emplacement supposé d'une arme automatique, d'un mortier ou d'un lieu propice à l'embuscade.

Les attentats-suicides

Si cette guerre souterraine est peu évoquée – tout comme les cyberattaques dont on ne sait encore rien –, c'est qu'une autre forme de lutte étonne davantage le marine ou le légionnaire français débarquant en Afghanistan. Il s'agit d'une arme imprévisible et meurtrière que le conflit algérien ignorait : les « bombes humaines ». Elles entretiennent une

57. Artur London, *L'Aveu. Dans l'engrenage du procès de Prague*, Paris, Gallimard, 1968.
58. Enquête sur place de Paul Watson, *Los Angeles Times*, 11 janvier 2009, *op. cit.*, p. 2.
59. *Assaut*, n° 36, *op. cit.*, p. 14.

peur endémique parmi les troupes de la coalition. Que peut cacher une burqa ? Comme il est interdit de fouiller les femmes, combien de ces silhouettes courbées et grillagées qui traversent Kaboul ou Kalat sont-elles réellement féminines ?

En fait, cette arme n'est pas si nouvelle que cela : en mars 1968, pour la première fois, en Jordanie, l'armée israélienne fut mise en échec lors de la bataille de Karameh où des Palestiniens du Fatah se précipitèrent contre des blindés, la ceinture bourrée d'explosifs. Mais cette bravoure désespérée, auréolée du sceau du martyre, utilisée aussi par les Iraniens lors de la guerre Irak-Iran entre 1980 et 1988, est inconnue en Afghanistan jusqu'aux années 2000. Elle y est importée à la fois de Tchétchénie, de Palestine et d'Irak par l'entremise d'Al-Qaida, qui joue à ce propos son rôle d'école du terrorisme. Qu'en est-il de la nouvelle menace des suppositoires explosifs expérimentés en Arabie saoudite en octobre 2009 par Al-Qaida ? Sera-t-elle effective en Afghanistan et en d'autres lieux en déjouant les portiques de sécurité des aéroports[60] ?

La multiplication des attentats dont sont victimes les civils afghans a un effet pervers : s'ils existent, c'est à cause de la présence d'occupants étrangers, argument supplémentaire pour éloigner la population de tout contact avec les soldats de la FIAS. À l'inverse de ses prédécesseurs et sur le modèle irakien, le guerrier de l'Apocalypse considère le terrorisme non comme un accessoire, mais comme le cœur même de la guerre. Il faut dire que l'islam, depuis le 11 septembre 2001, est traversé par un courant millénariste, antisioniste et anti-occidental annonçant la fin des temps et la venue de l'Antéchrist, de l'Imam caché et autre Mahdi[61]. Hors de toute norme occidentale, comme le montre Hélène L'Heuillet dans un essai récent, le kamikaze défie par les moyens les plus radicaux l'ordre politique, social et économique mondial défendu par les États-Unis[62], au mépris absolu de la vie, même celle des innocents. Le 7 novembre 2007, dans la province de Baghlan, au cœur de l'Hindou Kouch, un attentat-suicide dans une raffinerie de sucre fait 80 morts, dont 59 enfants. L'autre n'est plus qu'un objet à détruire, au nom de la guerre sainte contre les impies occupant le sol sacré de l'islam. C'est la version religieuse du totalitarisme dans sa forme la plus extrême.

60. *Le Figaro*, 5 octobre 2009, p. 9.

61. Jean-Pierre Filiu, *L'Apocalypse dans l'islam*, Fayard, 2008, 275 p.

62. Hélène L'Heuillet, *Aux sources du terrorisme. De la petite guerre aux attentats-suicides*, Fayard, 2009, 342 p.

Comme dans les territoires occupés par Israël ou en Irak, les candidats à ce type d'action extrême, l'attentat-suicide, sont de diverses origines : élèves d'une école coranique soumis à une propagande intense ; cadets de familles miséreuses qui désirent offrir, par leur sacrifice, un petit pécule à leurs proches ; membres de professions diverses voulant laver une humiliation par la vengeance aveugle, comme le montrent l'héroïne arabe israélienne de *L'Attentat*, de Yasmina Khadra, et les jeunes bédouins de son autre roman à succès, *Les Sirènes de Bagdad*... Selon une source américaine qui fait référence à des écoutes radio, une somme de 11 000 dollars serait versée par Al-Qaida à toute famille afghane ou pakistanaise ayant un candidat à ce type d'action. On compterait parmi eux des cancéreux, des malades ou des accrocs à l'héroïne[63].

Une autre attitude est liée à ce désir de défendre l'islam jusqu'au sacrifice de sa vie. Depuis que George W. Bush a évoqué l'esprit de « croisade », la guerre sainte contre les chrétiens a trouvé une nouvelle légitimité en raison d'une faute majeure commise par des ignares. Le 5 mai 2009, la chaîne arabe Al-Jazeera, réseau en langue anglaise, diffuse un reportage de sept minutes d'un journaliste indépendant américain sur la base de Bagram. En dépit des démentis du Pentagone, on y voit et entend clairement l'aumônier de la base exhorter des GI au prosélytisme. Le 23 juin 2009, les députés français Jean Glavany et Henri Plagnol jugent « très regrettable » la diffusion de bibles par les troupes américaines[64]. Malgré les ordres formels de la hiérarchie qui entend ne pas se laisser déborder par les mouvements des chrétiens intégristes très actifs dans les troupes américaines, les Américains répètent la même erreur que celle commise au printemps 2008 par des marines à Falloujah, en Irak, et dont la propagande d'Al-Qaida s'était abondamment servie. Les marines avaient distribué des médailles dont le recto portait une inscription en arabe fort désobligeante envers l'islam et, au verso, une phrase de l'Évangile selon saint Jean à propos de la vie éternelle. À ces provocations s'ajoutent les injures à l'islam. Un des premiers à raconter les incroyables sévices au camp Delta à Guantanamo fut Nizar Sassi. Entre avril 2002 et juillet 2004, il a été victime et témoin de l'enfermement des prisonniers dans des cages, des visages de détenus passés au sang menstruel d'une geôlière, d'urine et

63. Philip Smucker, « Al-Qaida plays key role on both sides of Pakistan-Afghan border », McClatchy Washington Bureau, *McClatchy Newspapers*, 8 juin 2009, p. 1-2.
64. J. Glavany et H. Plagnol, rapport parlementaire, *op. cit.*, p. 12.

d'excréments souillant un coran ouvert… De telles images renvoient aussi à celles de ces détenus entravés, encagoulés et vêtus de combinaison orange. Elles sont utilisées par des blogs islamistes et des chaînes arabophones. Les fautes commises par des démocraties censées défendre les droits de la personne humaine aident au recrutement des amateurs de guerre sainte…

Ces kamikazes sont parfois victimes de leur jeunesse et de leur inexpérience, malgré un entraînement sommaire et un bourrage de crâne nécessaire à ce genre d'action devant conduire directement au paradis d'Allah. Parfois, des enfants sont recrutés[65]. Le lieutenant-colonel Gérald Lacoste a été témoin, en mars 2007, du décès d'un jeune Afghan sur l'esplanade de la grande mosquée de Mazar-e Charif : il est mort seul, sans faire de victime ; sans doute a-t-il déclenché trop tôt le dispositif de mise à feu de sa ceinture explosive.

Depuis les six premiers attentats en 2004 et la centaine perpétrée en 2006 (faisant 210 victimes civiles et militaires), ces *suicide bombers* intervenant en plein jour et en ville témoignent d'une des spécificités de l'Afghanistan après l'Irak. Le nombre des attentats-suicides ne cesse d'augmenter : 160 en 2007 (pour 1 730 tués[66]), 12 attaques majeures dans et autour de Kaboul en 2008, et 4 000 personnes tuées. Soit une augmentation d'environ 30 % sur un an.

En réponse à la volonté de l'administration Obama de renforcer la coalition, les attaques coordonnées du 11 février 2009 dans la capitale afghane montrent à la fois l'impunité des taliban faisant régner la terreur – comme à Alger pour le FLN, fin 1956, ou le Viêt-minh lors de l'offensive du Têt en janvier 1968 – mais aussi leur capacité à innover. En effet, ce jour-là, sur le type des attentats de Mumbai, en Inde, un commando de huit hommes investit la ville forteresse pourtant placée sous haute sécurité. Ils sont dotés d'armes automatiques et de ceintures individuelles bourrées d'explosifs. Symboles du rejet de toute modernité, les ministères de la Justice et de l'Éducation sont visés, tout comme l'immeuble de l'administration pénitentiaire afin de protester contre les rudes conditions de détention de taliban faits prisonniers. Le bilan évoque Bagdad aux pires moments des

65. Début décembre 2008, quatre militaires britanniques sont tués dans la province d'Helmand après qu'un enfant de 13 ans s'est fait exploser, *The Guardian*, 14 décembre 2008, p. 1.
66. Pascal Le Pautremat, *Les Guerriers de la république. Forces spéciales et services secrets français, 1970-2009*, Paris, Choiseul, 2009, 288 p., p. 227.

attaques-suicides : 26 tués et 54 blessés, tous afghans. Un des attaquants parlait ourdou, une des langues du Pakistan, sans doute une nouvelle preuve que les taliban reçoivent un soutien actif d'Al-Qaida[67]. Si les taliban revendiquent ces attentats, les réseaux de cette organisation terroriste semblent toujours en place à Kaboul. En janvier 2008, le sanglant attentat de l'hôtel cinq étoiles Serena (8 tués, dont 3 étrangers) avait été imputé à Al-Qaida[68].

En fait, au-delà des considérations propres au « choc des civilisations » cher à Samuel Huntington, on peut se demander, sur le plan philosophique, si l'incompréhension totale entre « nous » et « eux » ne provient pas de la négation de la condition humaine et de sa dignité. Le combattant islamiste exprime un rejet viscéral des valeurs universelles, kantiennes, proposées par l'Occident. Il incarne une société fermée qui pratique la politique de l'autruche face à la modernité, en puisant sa légitimité dans un « grand bond en arrière » culturel – démarche inverse de la Nahda ou renaissance de l'islam prônée par une grande figure comme celle de l'émir Abd el-Kader. Homme de progrès à vocation universelle, saint-simonien de cœur, il rejetait le repli identitaire sans pour autant renoncer à une éthique religieuse qui le conduisit à l'écoute de l'autre, du chrétien[69]. À l'inverse, les taliban obéissent à des mots d'ordre simples venus d'un passé « mythifié » issu d'une Révélation absolue, sur les modèles des sicaires de la secte chiite des Assassins fondée à la fin du XIe siècle par Hassan ibn al-Sabbah. Ils ont le sentiment d'être les acteurs d'une épopée à la fois religieuse et nationale, loin de la « fragilité métaphysique[70] » des Occidentaux engagés dans une opération de la paix, sans patrie en danger, sans idéal, sans doctrine, dans un champ de bataille où l'on cherche le champ d'honneur dans la dilatation d'un espace aux valeurs et aux limites mal définies. De sorte qu'un des moteurs de la guerre, la force morale, est du côté de ces extrémistes passéistes qui luttent pour leur survie.

67. *The Washington Post*, 12 février 2009, p. 1-2.

68. *Le Figaro*, 12 février 2009, p. 4.

69. Outre les nombreux travaux de notre collègue et ami Bruno Étienne sur l'émir Abd el-Kader, voir la dernière synthèse d'Ahmed Bouyerdene, *Abd el-Kader ou l'harmonie des contraires*, Paris, Seuil, 2008, 360 p.

70. Expression du philosophe André Grjebine, *La Guerre du doute et de la certitude*, Berg International, 2008, 176 p.

Une insécurité permanente

Comme en Irak, au Liban, au Pakistan ou dans la bande de Gaza, cet « insurgé innovant », pour reprendre l'expression de Jean-Marc Balencie et Arnaud de La Grange, pratique la technique des enlèvements médiatisés. Sur le modèle du Hamas envers un soldat israélien, les taliban enlèvent un GI dans l'est du pays le 30 juin 2009. Le 18 juillet, ils diffusent une vidéo sur Internet montrant cet homme de 23 ans, originaire de l'Idaho, déprimé, appelant au retrait d'Afghanistan. Il affirme que les soldats américains se suicident ou désertent et il se dit prêt à se convertir à l'islam[71]. Nul n'est à l'abri de ce genre de mésaventure depuis le coup de force spectaculaire du 19 juillet 2007 dont sont victimes 19 Sud-Coréens évangélistes travaillant sur une grande route ; deux sont tués, les autres libérés. Les humanitaires sont plus particulièrement visés, du fait de la caisse de résonance mondiale qu'ils représentent. En 2007, 89 d'entre eux sont kidnappés, 40 sont tués et 40 convois humanitaires sont attaqués[72]. Fin 2008, un humanitaire français est à son tour enlevé.

Ce fonds de commerce du terrorisme, dont sont aussi victimes les journalistes, a pour résultat l'arrivée à Kaboul de sociétés de mercenaires déjà présentes à Bagdad. Paravant – filiale de la grande firme américano-sud-africaine Blackwater – protège les personnalités, tout comme Armor Group et la Britannique Aegis qui emploie elle aussi des paramilitaires[73]. À en croire l'envoyé spécial du *Figaro*, François Hauter, en avril 2009, Kaboul prend l'allure d'un camp retranché où les communautés s'ignorent. Les étrangers, invisibles derrière leurs murs de béton, n'ont que de très rares contacts avec la population. Les ambassades disparaissent derrière de hautes murailles aux murs épais. Les villas « sécurisées » de Wazir Akbar Khan Areer, le quartier des VIP, sont protégées par des milliers de policiers et de soldats afghans, mais aussi par 15 000 mercenaires. L'insécurité se généralise dans la capitale : pour la seule journée du 31 mars 2009, il n'y eut pas moins de 77 morts[74].

En fait, on est passé d'une guerre sur un terrain difficile d'accès à un combat « en réseau[75] » dont le centre de gravité est flou, pouvant se reconstituer après des frappes massives, comme le montre la renaissance

71. Enregistrement de 28 minutes.

72. Bulletin de l'Iris, *Actualité stratégique en Asie*, n° 28, 15 avril 2008, p. 2.

73. Le Monde.fr, 11 juin 2009, p. 1.

74. « Dans Kaboul retranchée, deux mondes s'ignorent », *Le Figaro*, 1er avril 2009, p. 2. Selon *Le Canard enchaîné* du 16 septembre 2009, p. 3, il y aurait 68 200 mercenaires en Afghanistan.

75. J.-M. Balencie et A. de La Grange, *op. cit.*, p. 44-47.

du Hezbollah au Liban après la vaine offensive de Tsahal en août 2006. Telle une hydre, la nébuleuse Al-Qaida, qui fonctionne comme une holding, réapparaît à chaque fois que les Occidentaux pensent l'avoir neutralisée. Ainsi, en juillet 2005, quinze jours après les attentats de Londres, alors que leurs responsables sont passés aux aveux, un hôtel de luxe de Charm el-Cheikh, en Égypte, subit une attaque meurtrière.

Sans organisation intégrée, l'entreprise de Ben Laden se sert de réseaux dormants et enregistre sous son « label » d'autres groupes, comme les salafistes algériens. On peut citer également ces sept islamistes allemands, jugés à partir du 22 avril 2009 pour tentative d'attentats contre la base américaine de Ramstadt et les installations de la Bundeswehr. Il faudrait aussi évoquer ces groupuscules terroristes dénoncés par le juge Jean-Louis Bruguière[76], que les services secrets français doivent combattre sur le sol national avant qu'ils ne passent à l'action, comme l'a dépeint le film *Secret Défense* de Philippe Haïm en 2008. Il montre comment la DGSE recrute ses agents et infiltre les réseaux terroristes avant de les neutraliser.

L'objectif des combattants

Pour les islamistes, c'est moins la victoire par les armes qui est recherchée que la volonté d'humilier l'adversaire occidental impie, comme si la guerre était le prolongement de la religion par d'autres moyens. Un succès moral devant conduire au triomphe de la vraie foi et, pour les taliban, à la reconquête de l'Afghanistan face à une coalition découragée. Il s'agit bien d'un combat asymétrique sur le long terme, sans victoire militaire à la Diên Biên Phu. C'est une nouvelle forme d'opération de déception : épuiser l'adversaire par une lutte longue qui le ruine financièrement pour des résultats aléatoires.

En bref, en se servant de la mondialisation, les combattants islamistes font comprendre au bout du compte que la poursuite d'une guerre, vaine et trop coûteuse, contraindra l'Occident à jeter l'éponge, comme les Israéliens sont repartis chez eux, têtes basses, sans avoir détruit le Hezbollah en août 2006. Que peut donc faire la puissance militaire seule devant ce conflit de quatrième génération ? Déjà, les tenants du rejet du modèle occidental, telles les figures de proue du

76. Ouvrage riche sur Al-Qaida et le double jeu du Pakistan et ses services secrets : Jean-Louis Bruguière, *Ce que je n'ai pas dit. Trente ans de lutte contre le terrorisme*, Paris, Robert Laffont, 2009, 492 p.

président iranien Ahmadinejad ou du chef du Hezbollah Hassan Nasrallah, se sont engouffrés dans les champs laissés en friche par la fin de la guerre froide en prônant l'anti-impérialisme, l'anticolonialisme, tout en soulignant le clivage Nord-Sud[77]. Comble d'ironie, sans le savoir, l'« insurgé innovant » applique un des préceptes de Clausewitz : la stratégie de contournement des moyens de l'adversaire qui pensait, par la technologie, mener une guerre courte. Comme le note le directeur du Collège interarmées de défense, le général Vincent Desportes, face aux nouveaux enjeux, « les crises d'aujourd'hui nous font prendre conscience qu'une accumulation de puissance technique peut bien n'être qu'une accumulation d'impuissance politique si l'on ne perçoit pas que les conditions d'emploi de la force militaire ont évolué[78] ». Et de rappeler qu'en ce sens le conflit asymétrique demeure le fait majeur de ce début du XXIe siècle. Le général Jean-Louis Georgelin perçoit cette montée en puissance : « La réalité des conflits asymétriques, c'est qu'on bascule désormais instantanément de la basse intensité à la haute intensité, et à l'extrême violence[79]. » Le défi des taliban n'est plus de vaincre, mais de faire comprendre aux coalisés en Afghanistan l'inutilité de la poursuite de leur combat. Possédant toujours un temps d'avance sur le fort, s'adaptant aux circonstances, le faible ne cherche plus alors à détruire son ennemi par les armes seules. Se jouant de la haute technologie occidentale, il use de sa capacité de nuisance sans cesse renouvelée pour obliger son adversaire à s'avouer vaincu.

Pour le lieutenant-colonel Michel Goya, tirant les sévères leçons du conflit irakien, il est temps en Afghanistan que les armées occidentales repensent leur efficacité militaire[80]. Et ce d'autant qu'une autre menace croît, preuve de l'« irakisation » du conflit.

L'arme des IED, ou la guerre des mines

Cette nouvelle menace est incarnée par les IED (*improvised explosive devices*) ou engins explosifs improvisés (EEI). En fait, l'acronyme IED,

---

77. J.-M. Balencie et A. de La Grange, *op. cit.*, p. 11.
78. Général Vincent Desportes, *La Guerre probable. Penser autrement*, Paris, Economica, 2007, 216 p., p. 6.
79. *Bulletin de la Réunion des officiers de réserve du service d'état-major*, *op. cit.*, p. 17.
80. Michel Goya, *Irak, les armées du chaos*, Paris, Economica, 2008, 272 p.

plus facile à prononcer, l'emporte dans le langage courant sur celui d'EEI. Née en Irak, une autre appellation, *road bombs*, illustre « l'asymétrie qui fait de l'insurgé en guenilles le *challenger* du soldat moderne[81] ».

Cette arme est bien la dissuasion du pauvre. Ses effets sont dévastateurs : polycriblage du visage, organes internes détruits par l'effet de blast (souffle de l'explosion), état de choc... Le colonel de réserve François Schwemin, chirurgien-dentiste en poste au groupe médico-chirurgical du camp de Warehouse en mai-juin 2009, possède des photos de corps amputés (Afghans et soldats de l'OTAN), de mâchoires fracassées, de soldats aux « gueules cassées » par les IED, qui reçoivent en Afghanistan les premiers soins avant d'être évacués par avions Falcon vers les hôpitaux militaires européens[82]. Cette guerre sans nom prend parfois des allures de 14-18 quant aux terribles blessures des corps...

Un exemple significatif illustre ce retour de la guerre des mines sur le modèle algérien[83], où l'ennemi est capable de surprendre des spécialistes du déminage. Le jeudi 20 novembre 2008, à Darulaman, à une dizaine de kilomètres au sud de Kaboul, deux adjudants du 3e régiment du génie, de Charleville-Mézières, membres d'une OMLT (*operational mentoring liaison team* ou « équipe opérationnelle principale de liaison ») se rendent sur un terrain de manœuvre pour former des hommes du 2e kandak (bataillon) de la 1re division afghane. Un IED saute : l'un est tué, l'autre est grièvement blessé aux jambes[84]. Comme toutes les guerres, le conflit afghan génère des blessures morales et psychiques. Le sergent-chef des forces spéciales américaines, Adam R., précise : « Maintenant, je comprends la guerre. C'est effrayant. Le stress vous enveloppe comme une couverture[85]. » Pour l'heure, seul le ministère de la Défense allemand donne des chiffres concernant des soldats atteints de traumatismes post-combat : 55 en 2006, 130 l'année suivante et 230 en 2008[86]. Certes, la Bundeswehr découvre pour la première fois le feu, mais ce dernier nombre a de quoi inquiéter : pour un contingent d'environ 3 500 hommes, il représente 6,57 % de l'effectif engagé, traduisant par

81. P. Servent, *op. cit.*, p. 19.

82. Témoignage oral, 24 novembre 2009.

83. Sur cet aspect méconnu de la guerre d'Algérie, voir Jean-Charles Jauffret, « La guerre des mines en Algérie », *Guerre d'Algérie Magazine*, n° 13, septembre-novembre 2008, p. 50-61.

84. *Libération*, « secretdefense », 22 novembre 2008.

85. « Guerrier de l'élite », entretien accordé au *Figaro* lors de la parution en français de l'ouvrage, cosigné avec le capitaine Alan H., 10 novembre 2004, *Sur les traces d'Al-Qaida. Témoignage des forces spéciales*, Paris, Alban Éditions, 2004, p. 32.

86. *ISN*, Swiss Federal Institute of Technology Zurich, 14 juillet 2009, p. 1.

là même la fragilité du combattant occidental dans ce conflit hors normes. Les Français, depuis 2004, ont cependant pris les devants en créant la Cellule d'intervention et de soutien psychologique de l'armée de terre (Cispat), prenant en charge les soldats dès leur retour en métropole, comme c'est le cas après les rudes combats de 2008 pour les personnels atteints de troubles psychiques[87].

Les outils de la guerre psychologique du « pauvre »

Dans un premier temps, les IED afghans relèvent de l'artisanat, comme ces plateaux à pression explosifs dont le dessus est composé de lames de scie enfouies à cinq centimètres dans le sol d'une piste. On trouve également des poubelles ou des cocottes-minute, des marmites remplies de poudre, de clous, de vis... Contre les Soviétiques déjà, les moudjahidin confectionnaient des mines avec des planchettes, des petites piles et des explosifs achetés au Pakistan ; certaines étaient posées sur des branches basses pour décapiter, d'autres, sur le modèle russe, mutilaient[88].

Des engins plus élaborés apparaissent ensuite, de la pince à linge reliée à une pile électrique déclenchant une explosion à des objets de plus en plus gros. Il s'agit de bouteilles de gaz couplées à des boîtes de clous ou de morceaux de ferraille, d'obus de mortier ou d'obus de 75 à 155 mm attachés et reliés à un détonateur. Les IED peuvent être déclenchés soit par un système de pression, au passage d'un véhicule (sur le modèle irakien), soit par la vieille méthode de l'impulseur électrique (fil et interrupteur), soit par télécommande. Ces engins sont enfouis et sont armés à distance par téléphone portable, dont la petite antenne est le seul élément qui dépasse du bord de la route. Il suffit de faire un numéro correspondant à la mise à feu pour que l'engin explose.

Les IED obligent le fort de craindre de s'aventurer en rase campagne ou sur les routes, hors de véhicules protégés. De sorte que les Occidentaux ressemblent à des martiens débarquant de leurs soucoupes dès qu'ils sortent armés et casqués de leurs engins. C'est le meilleur moyen pour éviter une présence permanente des coalisés sur le terrain.

---

87. Chef de bataillon Karim Saa, *Afghanistan 2009 : enjeux et perspectives pour l'armée de terre française*, mémoire de master de l'IEP d'Aix-en-Provence, sous la direction de J.-C. Jauffret, septembre 2009, 134 p., p. 102-103.
88. Olivier Weber, *op. cit.*, 266 p., p. 62.

Dans son témoignage de mars 2009, le chef d'escadron Jean-François Legrier précise : « Les IED, très médiatisés, focalisent parfois de façon excessive l'attention : ils conduisent à une surprotection de la force. Or, c'est justement ce que recherchent les rebelles : nous couper de la population. Des patrouilles en véhicules blindés à toute vitesse sont, certes, efficaces contre les IED, mais ont un impact négatif sur la population. Dans ce domaine, les comportements sont très variés. Comment interpréter les IED ? Paradoxalement, les IED sont plutôt un indicateur positif dans le sens où ils traduisent l'incapacité de la rébellion à conduire des opérations d'envergure. Les embuscades du type Uzbin ou la destruction des convois logistiques de l'OTAN sont beaucoup plus inquiétantes. »

Cette pression psychologique sur le combattant a aussi pour but d'entretenir sa nervosité, donc les risques de « bavure » dont les civils peuvent faire les frais, et ce au plus grand bénéfice de la propagande d'Al-Qaida. Cette menace indirecte omniprésente, qui entretient la peur, n'a rien du « désert des Tartares » cher à Buzzati[89]. Les taliban se servent de la présence supposée ou effective des IED pour fortifier la crainte viscérale des pertes propre aux armées occidentales, tout comme les djihadistes en Irak, où l'essentiel des militaires américains tués (plus de 70 %) l'ont été par explosion de ces engins – explosions parfois filmées par des vidéastes amateurs dont les images sont diffusées sur Internet.

Un de nos témoins, officier de l'armée de l'air, qui souhaite garder l'anonymat, se souvient des missions, en 2006 et 2007, réalisées par l'escadron Poitou en C-160, de nuit, à vitesse faible et constante pour réduire le bruit des moteurs, et au ras des arbres (moins de 50 pieds) afin d'être discret dans les vallées des contreforts de l'Hindou Kouch : les équipements embarqués permettaient de détecter les zones où les téléphones portables passaient. L'objectif d'une telle mission risquée mais nécessaire, que seuls quelques équipages au monde étaient capables de faire, était de marquer les zones où les portables pouvaient déclencher la mise à feu des IED. Des hélicoptères sont à présents chargés de missions semblables. Signe des temps, en janvier 2009, une équipe de fouille opérationnelle de 30 spécialistes du 17e RGP (régiment du génie parachutiste), comprenant des plongeurs démineurs et des commandos de l'air, est chargée de récupérer sur le terrain afghan téléphones portables, disques durs, appareils numériques et documents divers destinés à être

89. Dino Buzzati, *Le Désert des Tartares*, 1940, traduit en français aux éditions Robert Laffont en 1949. Ce roman est adapté au cinéma en 1976 par Valerio Zurlini.

exploités par le renseignement[90]. Très récemment, en Irak – et le modèle pourrait s'exporter en Afghanistan –, apparaît un nouveau type d'IED, les *sticky bombs* ou « bombes collantes » : grosses comme le poing, elles peuvent être fixées par un aimant ou une bande adhésive, par exemple sous le pare-chocs d'un véhicule. Remplies de morceaux de verre, de clous ou de billes, elles sont déclenchées par téléphone portable[91].

Les IED servent également à désigner tout autre piège qui explose au passage d'un convoi militaire. Cette arme mortelle à l'effet *action flash* immédiat, pour employer le sabir « otanien », a un mode opératoire plus élaboré sur le plan technique. Pierre Servent note la soudaine importation de fours à micro-ondes en Afghanistan afin d'en extraire les minuteurs ensuite remontés sur les dispositifs de mise à feu[92]. Ces armes sournoises ont tendance à gagner en puissance. On les trouve, par exemple, dans ces carcasses de véhicules abandonnées le long d'une piste, ce sont des VB-IED (ou *vehicle-borne-IED*), soit un véhicule bourré d'explosifs. Ce dernier peut être aussi un taxi ou un Toyota pick-up conduit par un candidat au suicide contre l'occupant occidental ou un poste de l'ANA. Récemment, un dispositif a été importé d'Irak : des obus à charge creuse actionnés par un capteur infrarouge placé en bord de route et relié à une charge explosive par un petit émetteur radio qu'il suffit d'actionner au passage d'un convoi.

Déminage et camouflage

L'Afghanistan a redonné toute son importance aux sapeurs-démineurs qui ouvrent des pistes ou déjouent les pièges pouvant combiner plusieurs systèmes. Depuis 2001, 7,7 millions d'IED, mines et munitions non explosées, ont été neutralisés[93]. On conçoit que les sapeurs spécialistes de la Nedex (neutralisation, enlèvement et destruction d'explosifs) et leurs chiens dressés à la détection soient des plus appréciés parmi les troupes françaises, tout comme les légionnaires des 1er et 2e REG (régiment étranger du génie).

En effet, l'imagination des artificiers est grande dans la guerre des mines, notamment pour le camouflage de l'engin. Pendant la guerre d'Algérie, l'ALN se servait de tout : anodine boîte de conserve ouverte

90. *Le Figaro Magazine*, 22 novembre 2008, p. 24.
91. *L'Express*, 12 février 2009, p. 22.
92. P. Servent, *op. cit.*, p. 47.
93. J. Glavany et H. Plagnol, rapport parlementaire, *op. cit.*, p. 20.

abandonnée sur une piste et cachant un piège mortel, pédalier et tubes de bicyclette bourrés d'explosif... L'enfouissement dans le sol n'est pas la seule solution, l'IED peut se cacher, par exemple, dans un faux rocher. Comme dans toute guerre depuis l'invention médiévale des chausse-trappes[94], le camouflage fait partie de la guerre des nerfs et des opérations de déception quand il s'agit de duper la cible ou de donner le change. Par exemple, la tactique peut être de laisser une trace visible sur une piste afin de faire croire qu'il y a une mine cachée et, dès lors que des démineurs ou des militaires sortent de leurs blindés pour vérifier et neutraliser, c'est l'anodine carcasse d'un animal domestique ou d'une voiture incendiée en épave sur le bas-côté qui explose. L'autre tactique est d'exposer à tous une charge dépourvue de détonateur, comme si les artificiers ennemis avaient été dérangés dans la mise en place de leur piège, puis de déclencher la véritable charge à quelques dizaines de mètres, bien camouflée, lorsque la patrouille ou le convoi, rassuré, reprend sa marche. On imagine aisément que les savoir-faire du Hezbollah, du Hamas et des terroristes irakiens n'ont aucun mal, *via* Internet et Al-Qaida, à susciter des vocations en Afghanistan...

Ces armes sournoises ont tendance à gagner en puissance, les charges pouvant atteindre plus de 100 kg, de quoi retourner un 6 x 6 Puma italien ou un Chevrolet américain. Il s'agit alors d'une *road side bomb* (RSB) ou « bombe placée sur le côté de la route ». En deux ans, depuis 2007, si l'Irak a compté 36 000 explosions de ce nouveau type de mines, on en a dénombré 1 300 en Afghanistan[95]. Ces innovations constantes, dont le détecteur de mouvement, sont devenues la hantise des coalisés. En réponse, les États-Unis et leurs alliés déploient les camions d'intervention Buffalo-MRAP. Les premiers éléments sont arrivés début 2009, notamment au bénéfice du 26e RI américain – dont la compagnie C du 1er bataillon avait participé au sanglant combat de Wanat en juillet 2008. Fort coûteux, proches de ceux de la gamme de véhicule Dingo II développée par l'Allemagne, ces engins de 20 tonnes sur roues interviennent à l'aide d'un bras articulé sur des IED présumés à 8,80 mètres en avant du véhicule. Leur caméra gyroscopique et thermique leur permet d'inspecter le sol à distance. Ces engins de quatre mètres de haut à la caisse blindée indéformable sont destinés à ouvrir

94. La chausse-trappe est un piège acéré de petite forme à pointes multiples destiné à blesser les chevaux et les fantassins. On les répandait au sol avant une charge.
95. *Armées d'aujourd'hui*, n° 337, février 2009, p. 50.

les itinéraires des convois. MRAP signifie *mine resistant ambush protection* ; c'est un système américain déployé en Irak et qui fait partie du plan Obama pour l'Afghanistan. L'armée américaine obtient à ce propos une substantielle rallonge budgétaire afin de disposer sur tous les théâtres d'opérations d'un total de 1 520 véhicules MRAP[96]. D'où, également, l'installation, sur la plupart des véhicules militaires de brouilleurs d'ondes en forme de corolle aux tiges d'acier censés parer une mise à feu à distance par téléphone portable, mais aussi, comme sur les VAB français, de kits de surprotection.

Toutefois, éternelle course entre le bouclier et l'épée, outre la continuelle augmentation des charges explosives sur le modèle irakien, l'ennemi contourne en partie le défi technologique par le retour de mise à feu par pression ou par fil... Indétectable car sans ferraille, une simple caisse à eau en plastique bleu remplie d'explosif et bien camouflée au milieu d'une piste peut avoir raison des meilleures protections. On conçoit que les véhicules de la guerre électronique, introduits depuis peu en Afghanistan et qui ouvrent la route des convois en étant susceptibles de détecter tout téléphone portable, même éteint, soient inefficaces contre des dispositifs aussi simples. Reprennent aussi du service des engins rustiques puissants, telles les mines soviétiques antichars sorties de leurs cachettes. L'arme des IED est devenue la principale menace : en août 2009, 90 % des pertes des coalisés lui sont dues.

96. *The New York Times*, 13 avril 2009, p. 1.

III. LES DIFFICULTÉS DE LA COALITION

À Cracovie, les 19 et 20 février 2009, les ministres de l'Alliance atlantique examinent une note de l'OTAN faisant le bilan de 2008 : les assassinats et les enlèvements ont augmenté de 50 %, les pertes alliées de 36 %, et les civils afghans tués de 46 %. En mars suivant est publié « *Unfolding the Future of the Long War* », rapport destiné à l'armée de terre américaine[1]. Il envisage le pire : un affrontement sur le long terme, jusque dans les années 2020, avec la nébuleuse islamique et ses dérivés terroristes. Ces derniers seraient relayés par l'idéologie de groupes non violents, en usant de tous les moyens modernes de communication, en référence au droit des peuples, afin d'entraîner dans la lutte contre l'Amérique les États-nations à dominante musulmane.

Mais quelle que soit la pugnacité de l'adversaire, celui-ci n'a pas encore remporté de victoire stratégique, voire tactique. Faite de multiples actions, surtout dans l'est, le sud et le sud-ouest du pays, la guerre en Afghanistan est aussi celle des communiqués, et les taliban savent se servir des faiblesses et des difficultés de la coalition. Elles sont multiples, d'un environnement géostratégique complexe aux structures du commandement et à la non-reconnaissance de l'état de guerre et de ses conséquences pour l'opinion.

1. Dû aux experts militaires Christopher G. Pernin, Brian Nichiporuk, Dale Stahl, Justin Beck et Ricky Radaelli-Sanchez, ce rapport de 240 pages, édité par le RAND Arroyo Center, porte le titre complet de *Unfolding the Future of the Long War. Motivations, Prospects, and Implications for the US Army*, mars 2009.

Un environnement géostratégique complexe

Dépourvu de port maritime et donc d'accès direct, le château fort afghan est au cœur d'un complexe géostratégique qui commande la logistique des coalisés. Des puissances nucléaires, ou sur le point de le devenir, l'entourent. Tout débordement menace la sécurité du monde.

Vieille puissance coloniale, en plein réarmement, le matou chinois veille à la question irrésolue du Cachemire. Il s'inquiète du risque d'effondrement du Pakistan qui renforcerait les revendications de ses minorités musulmanes, dont les Ouïgours en insurrection en juillet 2009 dans le Xinjiang. Désormais la Chine est présente en Afghanistan. En effet, Pékin devient le premier investisseur, avec l'aval des États-Unis, en exploitant la seconde réserve de cuivre du monde à Aynak à l'été 2009. Trente-trois projets de sociétés chinoises représentent un total de 480 millions de dollars[2]. De même, l'autre très grande puissance du XXIe siècle, l'Inde, est elle aussi préoccupée par ses minorités musulmanes agitées par le terrorisme. Mais trois puissances sont plus directement concernées par le drame afghan.

La Russie

L'empire russe a de nouveau les yeux tournés vers Kaboul. Rien de ce qui concerne ce pays ne pourra se décider sans lui. Veillant à éviter toute renaissance du nationalisme musulman tchétchène, qu'une défaite de la coalition en Afghanistan pourrait ranimer, la Russie est redevenue ombrageuse depuis les critiques occidentales à son égard lors de l'invasion de la Géorgie, en août 2008, alors que cette dernière souhaitait intégrer l'OTAN dont Moscou est un partenaire privilégié. Or, malgré sa politique caucasienne qui évoque l'héritage des tsars et de Staline, la Russie est courtisée, car nécessaire. Dès janvier 2009, le général Petraeus annonce, d'Islamabad, que les États-Unis ont obtenu la permission de faire passer une partie de la logistique otanienne par la Russie et les républiques asiatiques de l'ex-URSS[3]. Cela traduit un net réchauffement des relations depuis l'arrivée aux affaires de Barack Obama. Il est vrai que les Russes, premiers producteurs mondiaux d'hydrocarbures, en crise économique eux aussi, ont besoin de vendre leur gaz à l'Occident et leur pétrole au Japon, mais sans renoncer à réarmer à grande échelle,

2. *Le Temps*, 19 août 2009, p. 1-2.
3. *Le Temps*, 21 janvier 2009, p. 1.

en remplaçant des matériels vétustes. En outre, le général Petraeus confirme que désormais le pétrole des troupes coalisées en Afghanistan est en grande partie d'origine russe. Ce geste de bonne volonté s'accompagne du report, *sine die*, de l'installation de missiles russes à moyenne portée dans l'enclave de Kaliningrad, tandis qu'Obama, infirmant les décisions de son prédécesseur, finit par annuler le 17 septembre 2009 l'installation de puissants radars de surveillance et d'un bouclier antimissile en Pologne et dans les monts de Bohême. La gravité de ce qui se passe à Kaboul et à Islamabad calme les relents de guerre froide qui avaient accompagné la fin de la présidence de George W. Bush. En mars 2009, selon l'agence russe Interfax, une première livraison de matériels américains « non létal » (matériaux de construction, médicaments, vivres...) transite par voie de mer et chemin de fer en Russie, puis à travers le Kazakhstan, à destination de l'Afghanistan[4]. Très rapidement, 20 % de la logistique américaine dépend de cette route nordique qui oblige à un fort long détour depuis que le Pakistan n'est plus sûr.

Cependant la Russie entend bien marchander son soutien logistique. La tension remonte début mai 2009, lors d'exercices militaires de l'OTAN aux côtés des forces géorgiennes. Toutefois, la Maison Blanche calme le jeu au sommet de Moscou du 6 au 8 juillet suivant, en vue de l'âpre renégociation de limitation des armements stratégiques et de la perspective d'abaisser les arsenaux de part et d'autre jusqu'à 1 500 ogives[5]. N'ayant aucun mal à convaincre les Russes qu'il est de leur intérêt que les taliban ne reviennent pas au pouvoir, Barack Obama obtient un couloir aérien à destination de l'Afghanistan pour hommes et armements. En outre, si un petit nombre de containers commencent à passer par le Caucase du Sud, les États-Unis ne veulent pas froisser Moscou en ouvrant une base près de Tbilissi. Que des armes ou du matériel continuent de transiter par la Russie incite cependant Moscou à faire monter les enchères afin que les États-Unis acceptent la présence de soldats russes dans les républiques sécessionnistes d'Abkhazie et d'Ossétie du Sud. Le Kremlin est en position de force. La Russie n'a pas abandonné son rôle de « grand frère » et peut faire pression sur les républiques clientes d'Ouzbékistan et du Tadjikistan, autre route alternative

4. *The Washington Post*, 6 mars 2009, p. 1.

5. Le traité Start de limitation des armes stratégiques (signé en 1991) est arrivé à expiration le 5 décembre 2009. Russes et Américains peuvent faire sauter plusieurs fois la planète : 3 909 ogives pour les premiers et 5 951 pour les seconds.

au Pakistan par laquelle des containers américains transitent également. En fait, les deux grandes puissances ont compris l'intérêt de s'entendre, comme le montre le processus de reconnaissance mutuelle de leurs alliés respectifs en octobre 2009, l'Arménie et la Turquie.

L'Iran

Une autre inquiétude concerne le voisin occidental, un pays du « seuil nucléaire », l'Iran, qui partage 900 kilomètres de frontières avec l'Afghanistan. Le 24 février 2009, après trente-cinq ans de travaux et des partenaires divers, est achevée la centrale nucléaire de Bouchehr, sur le Golfe persique. La marche vers la maîtrise de l'arme nucléaire s'en trouve accélérée. Grâce à un accord avec la Corée du Nord (qui a procédé à un tir nucléaire souterrain le 25 mai 2009) – cet autre « État voyou » selon la nomenclature des néoconservateurs américains –, la Perse a déjà des fusées à moyenne portée (plus de 2 000 kilomètres) capables de frapper Israël ou le sud de l'Europe. Le pays des ayatollahs s'est doté, le 3 février 2009, d'une autre capacité de nuisance balistique à longue portée en lançant avec succès un satellite de communication. Mais l'attitude des Iraniens a évolué.

Dans un premier temps, l'Iran est accusé de laisser passer armes et combattants depuis l'Irak vers l'Afghanistan, selon le vieux précepte « l'ennemi de mon ennemi est mon ami ». L'argent, les manœuvres souterraines des services secrets et les armes de Téhéran suscitent de réelles inquiétudes autour de l'axe anti-américain et antisioniste Syrie-Hezbollah-Hamas. De plus, l'Iran intéresse la Russie pour le passage d'oléoducs de la Caspienne et de l'Asie centrale, de direction nord-sud. Ce qui permettrait d'éviter le verrou turc par un accès direct aux eaux du Golfe et à l'océan Indien. En outre, l'Iran se sait protégé par la Chine, autre membre influent du Conseil de sécurité (avec la Russie), et déjà partenaire pour le nucléaire civil et premier client pour l'achat du pétrole perse.

En fait, comptant près de 3 millions de réfugiés afghans sur son sol, l'Iran est déjà le protecteur de l'ouest de l'Afghanistan où il a investi, notamment pour lutter contre un fléau qui le frappe de plein fouet, le commerce de la drogue. Un Iranien sur dix est toxicomane, soit environ 4 à 5 millions de personnes. Le coût de l'opium afghan et de ses dérivés (héroïne, crack) ne cesse de baisser et contamine une partie de la jeunesse. Depuis la chute des taliban, l'Iran apprécie l'ordre que font régner, sur un modèle clanique, les milices du Tadjik Ismaël Khan à Herat. Après l'avoir chassé de sa ville en septembre 2004, puis l'avoir rappelé rapidement aux affaires, Hamid Karzaï l'a nommé gouverneur, souhaitant se servir de ses milices faute de troupes de l'ANA disponibles. Ismaël Khan garantit la construction d'un chemin de fer depuis le territoire perse vers Herat. Comme les Iraniens, ce seigneur de guerre à la tête du Jami'at-Islami n'aime pas les taliban. Depuis février 2007, le groupe terroriste Jundullah (soldats de Dieu), lié à Al-Qaida, fomente depuis le Baloutchistan pakistanais des attentats en territoire iranien. Le 18 octobre 2009, dans la ville de Pishin, proche de la frontière pakistano-afghane, un kamikaze se fait sauter en pleine réunion des Gardiens de la révolution, milice chiite du régime de Téhéran : 31 tués et 26 blessés.

L'Iran redoute le chaos dans les provinces des confins d'Herat, de Farah et de Nimroz. Fait ignoré en Occident, sur la frontière se déroulent de véritables opérations de guerre entre forces de sécurité iraniennes et trafiquants de drogue. Selon Jean Glavany et Henri Plagnol, 3 000 Iraniens y ont laissé la vie ces dernières années. Outre le creusement de tranchées, 120 kilomètres de mur ont déjà été construits le long de la frontière pour lutter contre les contrebandiers transportant l'héroïne. Ainsi, la sécurité de la frontière avec l'Afghanistan intéresse désormais à la fois Téhéran et Washington. À terme, si la question du nucléaire trouve une issue en Iran, un pays qui avait d'ailleurs signé le traité de non-prolifération, ce pays pourrait représenter une route alternative au goulet d'étranglement logistique pakistanais.

Faisant table rase des notions d'« axe du mal » et de « sponsor du terrorisme » de George W. Bush, son successeur, Barack Obama, le 20 mars 2009, par message Internet, évoque la haute civilisation perse et se dit prêt à renouer un dialogue interrompu depuis l'affaire des otages de l'ambassade de Téhéran en 1979-1981. Il souhaite même que l'Iran « reprenne sa place dans la communauté internationale », en espérant que ce pays se plie aux règlements internationaux pour la gestion du nucléaire. La conférence de La Haye, le 31 mars 2009, est une illustration de cette nouvelle politique. 90 pays, soit 700 délégués, sont réunis au chevet de l'Afghanistan, le Comité international de la Croix-Rouge (CICR) parlant de « situation critique » pour les civils. À cette occasion, la secrétaire d'État américaine, Hillary Clinton, et le vice-ministre des Affaires étrangères iranien, Mohammad Mehdi Akhondzadeh, se sont entrevus. À l'issue de ce bref échange, l'Iran estime que les renforts américains en Afghanistan ne font qu'attiser les feux de la guerre, mais se dit prêt à collaborer pour trouver une solution politique et surtout lutter contre le trafic de drogue qui transite sur son sol, dont 90 % sont à destination de l'Occident *via* la Turquie.

Cependant les massacres du 15 juin 2009 dans les villes iraniennes, à l'encontre des étudiants et des manifestants dénonçant la fraude électorale aux dernières présidentielles sont lourds de conséquences. Au sein de l'exécutif iranien, l'unanimité de façade cache un débat interne illustré par les tergiversations concernant le sort réservé à l'étudiante de Sciences-Po Lille, Clotilde Reiss, d'abord emprisonnée puis astreinte à résidence dans l'ambassade de France.

Quelle sera l'attitude des États-Unis envers ce peuple qui continue de manifester sous la botte du totalitarisme islamique ? Le président américain exprime tout d'abord sa « profonde inquiétude[6] », les événements compromettant ce « nouveau départ » qu'il avait proposé à l'Iran lors du discours du Caire, le 4 juin 2009. À la tribune des Nations unies, le 23 septembre, il hausse le ton à propos du nucléaire. Deux jours plus tard, au sommet du G20 à Pittsburgh, en compagnie de Gordon Brown et de Nicolas Sarkozy, à propos d'un nouveau site nucléaire iranien près de Qom, il évoque une éventuelle intervention militaire si la diplomatie échoue. Après celui de Natanz, près de Téhéran, c'est le second site capable de produire de l'uranium hautement enrichi à l'aide de milliers de centrifugeuses. De nouvelles sanctions économiques sont envisagées. Elles bénéficient du soutien russe depuis l'amélioration récente des relations entre Washington et Moscou. Refusant de dialoguer avec les grandes puissances, à compter d'octobre 2009, l'Iran choisit la marche en crabe en s'adressant directement à l'Agence internationale de l'énergie atomique : la Perse jure sa bonne foi qu'il ne s'agit de produire que de l'uranium faiblement enrichi à des fins civiles... L'Iran intégriste est en fait à la croisée des chemins. Sur le plan intérieur, depuis septembre 2009, culminant lors de la fête religieuse de l'Achoura en décembre suivant, ce pays est en état de guerre civile larvée depuis la répression sanglante des manifestations de rue et la vague d'arrestations d'intellectuels et d'opposants. Jusqu'à quand une dictature abjecte peut-elle comprimer un peuple de haute culture qui aspire à la liberté ?

De fait, ce pays continue d'inquiéter les États de la péninsule arabique. Le 26 mai 2009, l'ouverture en grande pompe par Nicolas Sarkozy de la base interarmées d'Abou Dhabi, payée par les États du Golfe,

---

6. *Le Figaro*, 22 juin 2009, p. 7.

renforce la présence de l'OTAN dans cette région. 250 hommes en tout, des Rafale en démonstration sur la base d'Al-Dhafra, des installations pour la maintenance des forces aériennes et navales intervenant en Afghanistan (plus pratiques à utiliser que celles de la base lointaine de Djibouti) constituent un geste de puissance. Pour la première fois hors de la Françafrique, en signant un accord de défense avec les Émirats arabes unis, les Français sont en position avancée dans la région ; ce qui n'est pas sans danger, dès lors que les Américains auront quitté l'Irak.

Si la tension reste élevée dans le Golfe tandis que piétine la relance du mécanisme de la paix entre Israël et ses voisins, la situation de la frontière orientale de l'Afghanistan, par où transitent 80 % de la logistique de la coalition, reste préoccupante[7].

Le Pakistan et la dialectique indienne

Le Pakistan est progressivement devenu le cauchemar des coalisés. Enjeu géopolitique considérable, cette puissance nucléaire depuis 1998, de 803 000 km^2 et 180 millions d'habitants est en fait le deuxième État musulman de la planète.

La première menace liée au Pakistan concerne l'insécurité de ses confins. La porosité des frontières afghanes qui sont « grandes ouvertes », comme le reconnaît en janvier 2009 le général John W. Nicholson (commandant des forces de l'OTAN dans le sud de l'Afghanistan), est le plus grand défi rencontré par les coalisés[8]. La frontière pakistano-afghane fait 2 500 kilomètres de long dans une zone très accidentée. Les faibles effectifs ne permettent pas de contrôler tous les passages. Des postes ont été installés au débouché des cols et, en janvier 2009, une commission tripartite (FIAS-ANA-Armée pakistanaise) s'est mise en place sur le modèle de la BCC (Border Coordination Centre) destinée à sécuriser l'issue afghane de la célèbre passe de Khyber[9].

Cette terre de non-droit qu'est la frontière est née d'un partage colonial établi à l'encontre de l'irrédentisme pachtoun, en 1893, entre le colonel britannique Mortimer Durand et l'émir pachtoun Abdu Rahman. Coupant le territoire pachtoun en deux, elle nie le souvenir de l'empire Durrani créé par le premier roi afghan, le Pachtoun Ahmad

---

7. *The Washington Post*, 21 décembre 2008, p. 2.
8. *The New York Times*, 22 janvier 2009, p. 1.
9. « Afghanistan Report 2009, avril 2009 », document imprimé OTAN-FIAS, Bruxelles, p. 10-11.

Chah Durrani, et illustre le principe cher aux Britanniques pour une zone échappant à leur contrôle : « diviser pour régner ». En 1946, lorsque l'Afghanistan devint membre de l'ONU, cette frontière internationale fut contestée par les Pachtouns. Ils réclamaient soit l'union, soit l'autonomie de tous les territoires de langue pachto dans une sorte de « Pachtouristan [10] ». D'où des incidents avec le Pakistan qui culminèrent entre 1961 et 1963, une période pendant laquelle la frontière fut fermée au détriment des Afghans...

Cette zone dite tribale n'est pas seulement un refuge, c'est aussi un tremplin pour mener des attaques contre les forces de l'OTAN, tout en préparant des attentats-suicides contre le Pakistan. Ainsi, ce territoire incontrôlé donne aux taliban et aux djihadistes la profondeur stratégique nécessaire pour refaire leurs forces et préparer leurs actions. On conçoit l'avertissement de David Kilcullen qui considère que « le front central de cette guerre contre Al-Qaida n'est ni en Afghanistan, ni en Irak, mais au Pakistan [11] ». Pour le stratège australien, une fois les populations afghanes détournées de la guérilla par un renfort occidental et la reconstruction entamée district par district, l'effort de guerre doit porter sur les deux côtés de la frontière. À ce propos, le Pakistan entreprend la levée de *lashkars*, milices tribales armées à majorité pachtoune, pour assurer la sécurité des confins – une vieille recette déjà employée par les Britanniques. Initialement, cette milice a recruté ses membres parmi les 10 000 personnes entassées dans le camp de Kacha Ghari, proche de Peshawar, comprenant des familles paysannes chassées de la zone tribale par la guerre [12]. Mais ces *lashkars* ne peuvent suffire à sécuriser la région.

Le niveau de violence au Pakistan ne cesse de progresser : 890 attaques en 2006, 1 839 l'année suivante, et une augmentation du nombre de tués, civils et militaires, passant de 1 340 en 2007 à 2 293 en 2008 [13]. Ce qui menace la transition démocratique depuis la fin du régime militaire du général-président Pervez Musharraf en août 2008. Dans une

10. Olivier Roy, « L'Afghanistan de 1919 à 1973 », dans André Brigot et Olivier Roy (dir.), *La Guerre d'Afghanistan. Intervention soviétique et résistance*, La Documentation française, n° 4785, 1985/10, 144 p., p. 21-22.

11. David Kilcullen, « L'Afghanistan nouvelle priorité », *in* André Brigot et Olivier Roy (dir.), *op. cit.*, p. 2.

12. *Le Figaro*, 17 novembre 2008, p. 4.

13. *The New York Times*, 1er mai 2009, p. 2.

étude de fond, *Le Pakistan : du désordre à la guerre civile ?*, Laurent Gayer en vient à s'interroger sur le risque d'implosion de ce pays qui est un État avant d'être une nation[14]. Le principal danger est bien sécuritaire. Pour la seule période du 12 juillet 2007 au 15 octobre 2008, le Pakistan a connu 139 attentats sanglants dont deux spectaculaires : l'explosion de l'hôtel Marriott avec 600 kg d'explosif le 20 septembre 2008 et celle du QG des forces antiterroristes, au cœur de la capitale, le 9 octobre 2008, attribuée aux taliban pakistanais membres du TTP. Devant l'Irak et l'Afghanistan, le Pakistan est devenu le premier État au monde en termes de victimes d'attentats-suicides. En outre, dans tout le pays, les revendications identitaires fortifient le communautarisme et donnent naissance à des milices armées face à un État impotent, sur fond de crise économique aiguë et de renaissance des violences urbaines liées aux conflits ethniques. Et Laurent Gayer de s'interroger sur l'« afghanisation » du pays. Cet État menacé de banqueroute illustre à la fois les luttes internes dont il est victime, mais aussi son propre processus de marginalisation. D'où un risque de guerre civile, une descente vers le chaos aux graves répercussions régionales car l'Inde pourrait se sentir menacée.

La zone tribale, où les taliban ont creusé des tunnels, est devenue le centre de gravité de la crise afghane. *Quid* de la combativité des 30 000 hommes des forces pakistanaises isolées dans leurs fortins du Waziristan, sachant que ces troupes sont aussi travaillées par le fondamentalisme islamique ? Qu'en est-il du double jeu de l'armée pakistanaise qui, après les attentats du 11 septembre 2001, a longtemps perduré ? Le Pakistan est une puissance militaire : 2 300 chars, 620 000 hommes pour l'armée de terre, 353 avions de combat. L'essentiel de ses forces prépositionnées se trouve face à l'ennemi désigné, l'Inde.

Si les intégristes l'emportaient, on se retrouverait dès lors dans une logique apocalyptique, une amplification des guerres de religion d'antan que les États européens avaient su juguler après les dernières horreurs de la guerre de Trente Ans, au XVIIe siècle, mais face à laquelle ils auraient aujourd'hui bien du mal à lutter, ainsi confrontés à une menace nucléaire fondée sur l'irrationnel. De fait, on conçoit l'inquiétude de

14. Spécialiste des milices armées d'Asie méridionale, Laurent Gayer est chargé de recherches au CNRS. Cette étude a été publiée en mars 2009 par le Centre des études de sécurité, dans la collection « Focus stratégique » de l'Ifri.

Washington à l'annonce de la libération, le 6 février 2009, du docteur Abdul Qadeer Khan, le père de la bombe atomique pakistanaise, qui avait, dans les années 1990, divulgué des informations dites sensibles à l'Iran, la Libye et la Corée du Nord. Le président Obama a même réclamé à Islamabad « des assurances que le docteur Khan n'est pas impliqué dans des activités de prolifération nucléaire[15] ». Cette inquiétude est d'autant plus grande que si les sites nucléaires semblent bien gardés par l'armée pakistanaise, on ne sait pas exactement de combien d'armes dispose ce pays (60 ou 80 ?), ni à partir de quelle chaîne de commandement et de décision politique elles peuvent être mises en œuvre.

Pour le Pakistan, depuis le 26 novembre 2008 et les attentats-suicides de Mumbai (188 morts et 300 blessés) perpétrés par des islamistes pakistanais d'un commando du Lashkar-e-Taiba (l'Armée des purs), il faut aussi tenir compte du désir d'Al-Qaida d'interrompre le processus de paix encouragé par Washington entre Islamabad et New Delhi. L'Inde déplore qu'Islamabad continue d'abriter des groupes terroristes. Comme le note un des spécialistes de la question, Jean-Luc Racine, directeur de recherche au CNRS, les filières utilisées aujourd'hui – ironie du sort – sont celles qui avaient été mises en place par les États-Unis à l'époque où le Pakistan servait de base arrière aux moudjahidin contre l'Armée rouge[16].

La situation devient paradoxale. Alors que les États-Unis voudraient que le gros de l'armée d'Islamabad se porte sur la frontière occidentale, face à l'Afghanistan, pour éviter tout risque d'escalade avec la Fédération indienne, d'importantes forces continuent d'être détachées sur la frontière orientale pour barrer la route à des commandos islamistes ayant l'hindouisme intransigeant pour cible[17]. Bernard Badie, spécialiste reconnu de l'islam, confie au journal *Le Monde* : « Avec la guerre en Afghanistan, il existe un risque d'effondrement indo-pakistanais[18]. » En cause, la normalisation des relations entre ces deux puissances

15. *Le Figaro*, 7-8 février 2009.
16. Jean-Luc Racine dirige le Centre d'étude de l'Inde et de l'Asie du Sud. Voir son article « Pakistan au centre du terrorisme mondial ? », *Le Figaro Magazine*, 6 décembre 2008, p. 40.
17. L'Inde est le deuxième pays au monde touché par le terrorisme. Près de 7 000 personnes y ont été tuées depuis juin 2004 par les mouvements islamistes, les séparatistes de la frontière birmane, du Cachemire et de la frontière du nord-est, sans compter une active guérilla maoïste qui fait, dans un tiers des États de l'Union indienne des centaines de victimes chaque année. Voir *L'Express*, 4 décembre 2008, p. 80.
18. *Le Monde*, 23 septembre 2009, p. 1.

nucléaires, elles-mêmes désormais menacées de l'intérieur par un terrorisme actif. On conçoit mieux, dès lors, l'appel du président pakistanais Asif Ali Zardari lancé aux grandes puissances. Il considère que son principal ennemi est bien la nébuleuse Al-Qaida – Taliban : « Aidez-nous, car nous sommes l'homme malade de l'Asie », tout en considérant que le Pakistan est « une nation qu'un cancer est en train de dévorer : le terrorisme[19] ». Sans doute, comme le suggère Laurent Gayer, la communauté internationale doit se porter au secours du Pakistan en favorisant une reprise du dialogue avec l'Inde pour des raisons de sécurité régionale de la plus haute importance, tout en trouvant un règlement pour le conflit larvé du Cachemire et, surtout, en se portant « rapidement et massivement, au chevet de l'économie pakistanaise[20] ».

En découle l'action commune américano-pakistanaise. Elle débute en février 2004 : frappes aériennes américaines, tirs de missiles sur la ceinture tribale et premières interventions des troupes pakistanaises. Les Américains évitent toutefois une « vietnamisation » du Pakistan par l'envoi de GI, ce qui aurait pour résultat de faire renaître un nationalisme ombrageux qui a des chances de faire le jeu des islamistes.

Toutefois, la coopération américano-pakistanaise achoppe. Depuis les premiers achats d'avions YF-16, au début des années 1980, Islamabad reproche à Washington de ne pas lui livrer les indispensables radars et instruments de bord permettant les interventions de nuit et le guidage par satellite des bombes. Or, les pilotes de YF-16 pakistanais accomplissent, début 2009, jusqu'à six raids quotidiens dans la zone tribale. Cet exemple illustre, en fait, une méfiance issue du double jeu pakistanais. État dans l'État, les services secrets pakistanais sont accusés par la Fédération indienne d'armer la main des terroristes : tout d'abord lors des attentats-suicides du 7 juillet 2008 (60 morts) et du 8 octobre 2009 (7 tués) à Kaboul, devant l'ambassade indienne ; puis lors de ceux de Mumbai, en novembre 2008 – les services secrets pakistanais sont alors dénoncés par New Delhi pour avoir aidé à la préparation de ce 11 Septembre asiatique. De plus, en cas de prise de pouvoir par les islamistes au Pakistan, l'Inde, forte de 1,2 milliard d'habitants, pourrait se servir de ses armes : 1,2 million d'hommes, 3 500 chars, 738 avions de combat et de 70 à 100 bombes nucléaires. D'un autre côté, le Pakistan redoute

19. Entretien accordé au journal *Le Figaro*, 15 décembre 2008.
20. Laurent Gayer, *op. cit.*, p. 37.

qu'une éventuelle défaite de la coalition en Afghanistan ne fasse le jeu de la Fédération indienne qui ne pourrait tolérer une nouvelle poudrière terroriste au pays des faucons. Dans cet arc de crise qui va de la bande de Gaza à l'Indus, rien n'est simple...

Enfin, il faut également tenir compte des ambitions d'Islamabad à l'égard de Kaboul. Le Pakistan, puissance régionale, a su profiter du départ des Soviétiques et de la guerre civile qui a suivi pour aider les taliban, considérés alors comme des clients, à prendre le pouvoir en 1996. Depuis, le Pakistan estime que l'Afghanistan dépend de sa sphère d'influence, s'assurant ainsi une profondeur stratégique face au géant indien. Dès lors font florès les soupçons concernant l'aide apportée aux taliban de la part des services secrets pakistanais. À Kaboul et à Islamabad, des représentants des services de renseignement américains, occidentaux et même pakistanais (armée et police) accusent le mystérieux S Wing (service secret pakistanais) et le directoire de l'ISI (Inter-Services Intelligence), non seulement d'être toujours en contact avec des chefs taliban, mais encore de les encourager à multiplier les actions offensives afin d'accentuer la pression en Afghanistan[21]. Perdure le soupçon que les services secrets pakistanais protègent les taliban afghans dans l'espérance d'en refaire des clients obligés lors du retrait d'une coalition vaincue. D'un autre côté, l'ISI est directement impliquée dans l'attentat de Karachi du 8 mai 2002. Il avait coûté la vie à onze ingénieurs et techniciens de l'armement français travaillant sur l'assemblage de trois sous-marins de la classe Agosta. À l'époque, la France était soupçonnée de vendre des armes de meilleure qualité à l'Inde et les barbouzes de l'ISI lui ont fait payer une sordide affaire de dessous de table et de commissions.

Pour Hubert Védrine, ancien ministre français des Affaires étrangères, seul le président Obama peut résoudre l'« imbroglio régional » afin de lutter efficacement contre le terrorisme[22]. Il pourrait calmer la tension entre Islamabad et New Delhi, tout en essayant de trouver enfin une issue au Cachemire. Encore faudrait-il maîtriser la situation en Afghanistan où les coalisés sont en proie à de grandes difficultés...

---

21. Mark Mazzetti et Eric Schmitt, « Afghan strike by Taliban get Pakistan help, US aides say », *The New York Times*, 26 mars 2009, p. 1-4.
22. Interview accordée à Arte, 3 avril 2009, journal télévisé de 19 h 45.

Pour l'honneur d'un général

Dans une situation de guerre non déclarée, rien n'est facile, particulièrement en ce qui concerne la prise de décision. En Algérie, avant l'arrivée au pouvoir du général de Gaulle, les militaires ont fait ce qu'ils ont voulu. En Afghanistan, la marge de manœuvre des coalisés et leur part d'initiative sont étroitement contrôlées par le Pentagone et la Maison Blanche tandis que l'OTAN a des comptes à rendre à l'ONU dans le cadre de la FIAS.

Le dysfonctionnement de la chaîne de commandement

La coalition souffre de plusieurs maux. Le principal concerne le dysfonctionnement de la chaîne de commandement dû au manque de souplesse d'un mandat international contraignant quant à l'emploi de la force. Jusqu'à la nomination du général McKiernan, le 3 juin 2008, comme commandant à la fois de la FIAS et de l'opération *Enduring Freedom* (OEF), les Américains engagés dans ces deux entités menaient des guerres séparées. Si la première faisait avant tout la chasse aux taliban, la seconde poursuivait son objectif initial : la capture ou la mort de Ben Laden et de ses partisans. Entre la FIAS et l'OEF : le CSTC-A (Combined Security Transition Command – Afghanistan), un de ces « machins » aux structures complexes dont les Américains ont le secret et qui ne pouvait pas éviter les déperditions d'énergie et le détournement de l'appui feu aérien au détriment de l'une ou de l'autre.

Si on est enfin parvenu à un commandement unique sur le terrain, celui-ci ne rappelle ni Foch en 1918 sur le front ouest, ni Schwarzkopf en 1990-1991 lors de la guerre du Golfe. En effet, en mars 2009, le général David McKiernan est à la tête de 75 000 hommes, dont 38 000 Américains. Ce nombre comprend les 55 000 hommes de la FIAS (dont 28 000 Américains) et les 14 000 GI de l'OEF. Mais il a au-dessus de lui le général à la tête du Centcom (Commandement central pour l'Irak et l'Afghanistan), David Petraeus, mais aussi le commandement des forces interarmées de l'OTAN de Brunssum, aux Pays-Bas, lui-même sous autorité du Shape (l'état-major de l'OTAN), à Mons, en Belgique. En outre, à Kaboul, il doit aussi tenir compte du Socom, commandement des opérations spéciales. Pourquoi faire simple quand on peut faire très compliqué ?

La lourdeur de ce système peut avoir des conséquences néfastes. Certes, il permet des états-majors pléthoriques en temps de paix, en donnant des emplois à des officiers supérieurs et généraux en surnombre pour cause de petites armées de métier qui ressemblent parfois à l'armée mexicaine en raison du surnombre d'officiers de grades élevés. Mais en temps de guerre, une crise au sommet de la chaîne de commandement peut surgir lorsque trop de responsables veulent intervenir alors qu'ils ne sont pas sur le terrain. Entre janvier et mai 2009, ignorée des médias français, une crise majeure perdure entre Kaboul et Bruxelles, siège de l'OTAN. Elle a pour objet la façon de conduire la guerre et les dérapages que cela peut entraîner dès lors que l'on sort du domaine du droit en faisant le jeu de l'adversaire.

L'affaire Craddock : permis de tuer ?

Tout a commencé à la parution d'un article dans l'hebdomadaire *Der Spiegel* le jeudi 29 janvier 2009, réalisé à partir d'une fuite d'un document classifié OTAN[23]. En question : l'ordre donné le 5 janvier 2009 par le général Bantz John Craddock, commandant suprême des forces alliées en Europe (Saceur) depuis décembre 2006 et lointain commandant opérationnel des unités de l'OTAN en Afghanistan. Il s'agit de traquer « tous les trafiquants de drogue et leurs installations », les considérer comme « inextricablement liés aux forces armées d'opposition, qui doivent donc par conséquent être attaqués », et ce « sans qu'il soit nécessaire [...] de prouver que chaque trafiquant ou installation de drogue en Afghanistan remplit les critères d'un objectif militaire ». Pour l'hebdomadaire allemand, cet ordre équivaut à un permis de tuer sans restrictions. Or, à Kaboul, fait unique dans l'histoire de l'Alliance atlantique, le général allemand Egon Ramms, commandant des forces interarmées de l'OTAN, et le général David McKiernan refusent d'appliquer cette directive. Ils l'estiment illégale car contraire au droit international et aux règles en vigueur au sein de la FIAS (sous mandat ONU). Le général Ramms proteste, tout comme le général McKiernan, dans une lettre classifiée : « Craddock essaie de créer une nouvelle catégorie dans les règles d'engagement » qui viserait à « sérieusement attaquer l'engagement que la FIAS a pris auprès de la population afghane et de la communauté internationale de réduire l'usage de la force et d'éviter le plus possible les pertes civiles ».

Or, depuis décembre 2008, le haut commandement américain prône la guerre du droit afin de ne pas renouveler les fautes commises

23. Susann Koelbl, « NATO High Command issue illegitimate order to kill », Spiegelonline, 20 janvier 2009, p. 1.

en Irak et en Afghanistan avant l'élection d'Obama. En effet, le Central Command (en Floride) définit désormais les lois d'engagement de la force afin de protéger les civils, n'autorisant les unités américaines à bombarder les laboratoires de transformation de l'opium que si elles ont l'assurance que « l'opération ne tuerait pas plus de dix civils ». En application, le 30 décembre, une directive du général David McKiernan, déjà édictée un mois auparavant, rappelle « la nécessité de recourir à la force de façon proportionnée et de confier aux forces afghanes la fouille des habitations et des sites religieux en l'absence de danger clairement identifiable ». Elle « exige que les pertes civiles fassent l'objet d'enquêtes » et invite « les cadres militaires de la FIAS à s'assurer que leurs hommes sont suffisamment formés à des tâches telles que la tenue de points de contrôle pour minimiser le recours à la force ». Ces précautions sémantiques concernent le nerf de la guerre : 70 % du produit intérieur brut afghan provient de l'argent de la drogue[24]. Par conséquent, de la façon dont les coalisés résoudront cette question clé de la reconversion des champs de pavot dépend l'application des actions civilo-militaires dans le cadre de la contre-insurrection.

Dans la semaine qui suit, signe des temps, cette question prend les allures d'une « cyber-affaire ». En dépit des démentis du secrétariat général de l'OTAN, qui veut amoindrir la portée de la directive donnée par le général Craddock, les médias canadiens, américains, suisses et surtout allemands s'agitent. Des politiques allemands, dont les Verts du Parlement de Strasbourg, réclament la démission du général Craddock. Pour beaucoup, ce dernier incarne les méthodes de l'époque de George W. Bush : un pur produit de l'enseignement militaire « ancien régime », sans diplôme ni qualification universitaire civile qui lui aurait permis de s'ouvrir sur le monde. En 2006, alors qu'il était responsable du commandement Sud des forces américaines, le général Craddock a couvert les agissements du commandant du camp de Guantanamo. Même s'il a fait ouvrir une enquête, il n'a pas reconnu les cas de tortures[25].

Dans un premier temps, l'exécutif américain est fort embarrassé. Le secrétaire d'État à la Défense, Robert Gates, a d'abord indirectement donné raison aux plaignants, invoquant le droit international. En effet, le général Craddock aurait dû être remplacé à la tête de l'OTAN à la

24. Spiegelonline, 20 mars 2009, p. 3.
25. Sur cette affaire délicate, voir le site de *BBC News*, 14 juillet 2006, p. 1.

faveur de cette crise de commandement par un amiral, James G. Stavridis, alors commandant de l'US Southern Command. Un des plus jeunes officiers généraux américains, ce Floridien de 54 ans a l'expérience de prestigieux commandements à la mer et est titulaire d'un doctorat en relations internationales de la Fletcher School of Law and Diplomacy. Incarnant la nouvelle génération anti-casque à boulons, que l'administration Obama veut promouvoir, il est l'auteur d'articles et d'un ouvrage sur son temps de commandement d'un destroyer.

Mais pour la hiérarchie militaire, il ne peut être question de commettre un crime de lèse-majesté, c'est-à-dire limoger un commandant suprême en donnant raison à son subordonné, officier de cavalerie à la longue carrière[26]. Il y va de la crédibilité de l'OTAN et de la chaîne de commandement ; c'est donc le moins gradé qui fait les frais de cette crise au sommet. Depuis MacArthur en Corée, c'est la première fois dans l'histoire américaine que le commandant d'un théâtre d'opérations est remercié *ex abrupto*. Le général McKiernan paye aussi sa franchise, qualité rare à ce niveau de haute responsabilité. En effet, en janvier 2009, il explique à la presse sa mission essentielle : faire en sorte que Kaboul ne tombe pas aux mains des taliban[27]. Il aggrave son cas en estimant que, surtout dans le Sud, le conflit est dans une « impasse[28] ». La sentence ne tarde pas : le 10 mai 2009, moins d'un an après sa prise de commandement, Robert Gates annonce par un bref communiqué le remplacement de McKiernan par le lieutenant général Stanley McChrystal, un ascète de 55 ans. Ce dernier est un élève du général Petraeus, notamment en matière de contre-insurrection. Il a pour second le général David Rodriguez, ancien commandant de la RC-E (Regional Command – East) en Afghanistan. Non sans mauvaise foi, alors que le général McKiernan s'y évertuait déjà, le secrétariat d'État à la Défense indique que le nouveau responsable à Kaboul devra donner la priorité à la contre-insurrection et à la protection de la population. La seule nouveauté, à l'origine de la nomination du général David Rodriguez comme adjoint, est le retour en force des unités

26. Le général David McKiernan est diplômé du prestigieux collège universitaire américain William and Mary de Williamsburg, en Virginie. Il a servi en Europe, en Corée, dans le Sud-Est asiatique, puis au Kosovo en 1999. En mars 2003, il commande les forces terrestres anglo-américaines lors de l'invasion de l'Irak. De décembre 2006 à mai 2008, il est à la tête des forces américaines en Europe.

27. Claude Angeli, *Le Canard enchaîné*, 25 février 2009, p. 3.

28. Le Monde.fr, 11 mai 2009, p. 1 et guardian.co.uk, 11 mai 2009, p. 1-2.

spéciales afin de poursuivre sans répit les taliban. Pour faire bonne mesure, dans la foulée, un nouvel ambassadeur est nommé à Kaboul, Karl Eikenberry.

La tour de Babel de l'OTAN-FIAS

L'OTAN, une force hétérogène

Cet exemple significatif de l'empilement des diverses strates de commandement a d'autres effets pervers. Le premier est un mélange des genres depuis la formation du commandement intégré de l'OTAN. En effet, le commandant suprême des forces de l'OTAN (Saceur) est en même temps celui des forces américaines stationnées en Europe (Usareur), même si dans les faits un adjoint exerce ce commandement. Comme le fait remarquer le général François Cann (qui fut, lors de la guerre du Golfe en 1991, chef de la mission militaire au Shape), dans l'urgence, le général américain toujours placé à la tête des forces de l'Alliance atlantique ne se demande pas sous quelle casquette il agit, celle du Saceur ou celle de l'Usareur, puisqu'il décide pour le bien commun des alliés depuis son bunker souterrain de Mons[29]. Même si les opérations sont placées sous mandat de l'ONU, cette confusion existe en Afghanistan. Elle entretient la conviction que l'OTAN est essentiellement une émanation des États-Unis, ce que souligne le général Cann. Or, depuis l'engagement américain en Irak, cet amalgame est rédhibitoire, la population des pays musulmans assimilant l'Oncle Sam à Satan.

On conçoit mieux, dès lors, combien il doit être difficile pour un paysan afghan de distinguer les forces européennes, notamment françaises depuis l'intégration plénière de la France dans l'OTAN... À cela s'ajoutent des fautes liées à une ignorance crasse de l'histoire du pays. Dans une province comme l'Helmand, confiée au Royaume-Uni, comment les habitants peuvent-ils considérer les forces britanniques autrement que comme des forces d'occupation revanchardes alors qu'elles sont déployées sur les lieux mêmes des sanglants affrontements des guerres anglo-afghanes, marquées notamment par la bataille de Maiwand, le 27 juillet 1880, où une armée anglaise fut étrillée ?

29. Lettre circulaire du 4 septembre 2008 au nom de l'amicale des anciens du « 8 » et du « 7 » (RPIMa, régiment parachutiste d'infanterie de marine) qu'il préside.

Point n'est question de faire ici le procès de l'OTAN qui n'a pour l'heure aucune stratégie crédible pour l'Afghanistan, mais simplement d'essayer de faire la part de ce qui fonctionne au sein de la FIAS, de ce qui constitue un handicap en temps de guerre, même non reconnue.

Par l'emploi de contingents très divers de 42 pays au sein de la FIAS, la lutte en Afghanistan évoque la guerre de Corée. Depuis 2008, par exemple, 1 590 Polonais, 1 176 Australiens sont engagés aux côtés d'autres alliés des États-Unis. De petits pays menacés par le terrorisme interviennent, tel Singapour qui déploie une cinquantaine d'hommes[30]. Mais l'essentiel de la coalition repose sur l'OTAN. Cette organisation possède une culture du compromis. Elle s'est forgée un certain savoir-faire lors de ses missions en Bosnie et au Kosovo. L'Afghanistan constitue sa première opération « hors zone ». En sabir otanien, il s'agit d'une « mission non stabilisée » de maintien de la paix.

D'un outil figé, tourné vers le combat centre-Europe contre les forces du pacte de Varsovie, l'OTAN s'est diversifiée par l'aguerrissement sur le terrain en faisant se côtoyer des nations fort différentes. L'expérience du feu en Afghanistan illustre cette formule : « Mettre en commun nos forces plutôt que nos lacunes. » C'est peut-être là, en dépit de ses lourdeurs intrinsèques, que l'OTAN est en train de devenir une force cohérente, mais qui est encore loin d'être dissuasive pour les taliban. Depuis le Kosovo, l'OTAN est passée des scénarios de crise à de véritables opérations et découvre la vraie guerre. Un chiffre ne trompe pas : de 33 états-majors en 1993, l'organisation en compte seulement 11 en 2008 et chacun regroupe les armées de terre, de mer et de l'air. Cette coopération renforcée est saluée, le 31 mars 2009, par le général Michel Stollsteiner, commandant le bataillon français à Kaboul, dans un reportage qui lui est consacré par France 2 au journal télévisé de 20 heures : il besogne « en famille » avec le contingent italien partageant avec ces hommes une « même culture OTAN ». La pleine intégration de la France dans l'OTAN facilite les opérations multinationales. Ainsi, pendant l'hiver 2009, le 1er février, des chasseurs alpins du 27e BCA, dans la province de Kapisa, sont transportés par un hélicoptère lourd Chinook américain sur un piton, lors d'une opération conjointe[31].

30. Singapour est menacé par la Jemaah Islamiyah qui sévit du Pakistan aux Philippines. Les hommes engagés en Afghanistan sont des sapeurs, des infirmiers et des médecins.

31. Jean-Louis Tremblais et Georges Mérillon, « Afghanistan. La guerre vue du ciel », *Le Figaro Magazine*, 18 avril 2008, p. 47-52.

Outre l'héliportage, les hélicoptères d'appui feu Apache et Kiowa côtoient les Black Hawk médicalisés de la 101e Airborne qui, comme les Caracal français, assurent des évacuations sanitaires. Plus que dans les Balkans, les contingents européens apprennent à travailler ensemble. Ils utilisent peu à peu les mêmes règles d'engagement et des matériels semblables. L'interopérabilité est bonifiée car il y va de la sécurité de tous. Un Rafale peut désormais intervenir aussi bien pour des Britanniques que des Américains. Le lieutenant-colonel Bruno Troussard rend compte de son expérience dans son témoignage précédemment cité : « J'ai beaucoup travaillé avec les Américains sur le camp de Phoenix [Kaboul] et avec l'EM CSTC-A (état-major multinational, mais à grande majorité américaine, en charge de la coordination de la formation de l'armée afghane). En règle générale, cela s'est bien passé, notamment à Phoenix. Les Français étaient appréciés pour leur professionnalisme, leur savoir-être et leur discipline. Les relations se sont même encore améliorées à partir du moment où le président de la République a annoncé qu'il enverrait 700 hommes supplémentaires (en avril 2008). Cela dit, l'Américain imbu de sa personne et sûr de lui existe toujours. »

En Afghanistan, l'OTAN souffre d'un certain nombre de maux. Elle est empêtrée dans l'imbroglio des *caveas* : chaque nation contrôle l'usage des forces qui sont mises à la disposition de la FIAS. Au Sénat, lors du débat du 22 septembre 2008 relatif au maintien des troupes françaises en Afghanistan, Josselin de Rohan, président de la commission des Affaires étrangères, de la Défense et des Forces armées, évoque « la "caveatisation" de la guerre : cette évolution mérite une réflexion approfondie avec nos alliés de manière à s'assurer que toutes les forces qui composent la FIAS puissent être utilisées dans les mêmes conditions au service de sa mission [32] ». Au total, 83 *caveas*, ou restrictions d'emploi, font que les troupes d'un commandement régional, parce qu'elles sont de nationalités différentes, chacune avec des règles propres quant à leur emploi, ne peuvent pas toujours se soutenir l'une l'autre. Ainsi, le gouvernement allemand, qui a déployé des unités dans la partie septentrionale de l'Afghanistan, leur interdit de quitter cette zone, et l'usage même de ses avions Tornado (par les Allemands eux-mêmes ou à la demande de l'OTAN) obéit à des cas déterminés [33].

32. Site Internet du Sénat, compte rendu intégral.

33. *Bulletin de la Réunion des officiers de réserve du service d'état-major*, 108e année, n° 641, 2e trimestre 2008, p. 19.

Cet excès de juridisme entraîne une surabondance des règlements qui paralyse l'initiative et l'action.

En outre, l'OTAN a bien du mal à se débarrasser du schéma des opérations SOP (*standing operation procedures*), certes garanties contre une ouverture intempestive du feu mais inadaptées à la contre-guérilla. L'OTAN est encore engoncée dans 90 règles d'engagement « à la carte », c'est-à-dire toutes différentes les unes des autres. Ce qui, évidemment, fait le jeu d'un adversaire qui agit en toute impunité, et qui est par ailleurs prévenu du début de toute opération par le déploiement bruyant de blindés et de véhicules. Au sommet de Strasbourg-Kehl, les 3 et 4 avril 2009, l'OTAN entend devenir plus souple et plus efficace en Afghanistan.

Mais comment circonvenir le manque d'harmonisation du commandement en raison de cultures de guerre différentes ? Si l'on ajoute aux 27 nations membres de l'Alliance atlantique les autres pays participant à la FIAS, cela donne 42 façons de commander, d'agir. C'est un nouveau cirque Barnum au pays des faucons contre un ennemi qui eut raison de l'Armée rouge. Le chef d'escadron Legrier, officier d'état-major à Kaboul en 2007, nous a précisé : « Mon sentiment est que la machine otanienne est une véritable tour de Babel qui n'a pas la réactivité nécessaire pour mener une lutte de contre-guérilla. » Il semble parfois que le Père Ubu s'en va en guerre. L'OTAN invente en Afghanistan l'engagement à la carte, fromage ou dessert. Ainsi le contingent turc veut bien intervenir dans les missions civilo-militaires de reconstruction, mais il n'est pas question pour lui de participer au combat contre des frères musulmans ! Dans leur mission de « stabilisation », les soldats allemands ne peuvent ouvrir le feu qu'en cas de légitime défense, même si 35 des leurs ont été tués, dont 50 % au combat de 2002 à septembre 2009. Depuis leurs premiers morts à Kaboul, le 7 juin 2003, les hommes de la Bundeswehr prennent conscience qu'ils ne sont pas des travailleurs sociaux légèrement armés mais des soldats engagés contre leur gré dans une guerre que leurs politiques ne veulent pas reconnaître[34].

Les dissensions entre alliés

Entre alliés, tout ne va pas pour le mieux. Au fur et à mesure que le conflit s'enlise, des dissensions apparaissent sur la manière de le mener. Ainsi,

---

34. Ce que montre le reportage d'Hubert Seipel, *Vivre et mourir pour Kaboul*, diffusé sur Arte le 5 août 2009 (47 minutes).

selon un analyste du *Financial Times,* les Britanniques reprochent aux Américains de ne pas savoir respecter les populations civiles en ayant une propension aux frappes aériennes aveugles. Réfutant ce reproche bien connu depuis le Vietnam, « on tire d'abord, on discute après », les Américains considèrent qu'à Bassorah, en Irak, les Britanniques n'ont rien prouvé et qu'ils sont partis sur une défaite, en avril 2009, au moment d'une recrudescence du terrorisme. Dans le même échange d'amabilités, les Américains estiment qu'en Afghanistan, dans l'Helmand, à force de trop vouloir tisser des liens avec la population, les Britanniques ménagent l'adversaire[35]. Se perçoit ici toute la différence entre deux cultures de guerre, l'une encore liée à la notion de guerre totale, l'autre qui a hérité de ses expériences coloniales et des leçons du long et douloureux conflit en Irlande du Nord. D'autre part, les Britanniques, comparés aux Américains, considèrent qu'ils font une guerre à l'économie en étant sous-équipés, notamment en voilures tournantes[36]. En septembre 2009, le général Andrew Mackay est le cinquième officier général à démissionner pour protester contre les mauvaises conditions d'engagement et le manque de matériels en Afghanistan[37].

Au siège de l'OTAN, à Bruxelles, lors du voyage annuel des étudiants du master recherche « Histoire militaire, géostratégie, défense et sécurité » de l'IEP d'Aix-en-Provence, en mai 2009, une certaine tension entre Britanniques et Français était perceptible. Les premiers ont le sentiment d'être les dindons de la farce : ayant payé le prix du sang en Irak, fidèles parmi les fidèles de l'Alliance atlantique, lors de la pleine intégration de la France dans l'OTAN, ils n'ont pas obtenu de commandement prestigieux – comme celui de Norfolk et son état-major stratégique dévolu aux Français. De pénibles soupçons pèsent parfois sur les relations entre alliés, comme cette accusation du *Times* du 15 octobre 2009, récusée par les exécutifs français et italiens : à Uzbin, les Italiens auraient acheté leur tranquillité aux taliban, mais sans le dire à leurs successeurs français, ce qui serait une des origines du nombre de tués du combat du 18 août 2008...

En dehors de matériels de calibres identiques et de l'anglais otanien, que tout apprenti du renseignement devine aisément lorsque des

35. Max Hastings, « The Allies fight "the wrong war" in Afghanistan », *FT.com* (*Financial Times*), 10 mai 2009, p. 1-3.

36. *Le Figaro*, 20 juillet 2009, p. 7.

37. *Le Canard enchaîné*, 30 septembre 2009, p. 3.

ordres sont donnés en clair (d'où l'utilité des radios cryptées[38]), on mesure combien il est difficile de faire cohabiter efficacement des soldats espagnols, allemands ou canadiens. En Afghanistan se vérifie cette remarque désabusée du général Sarrail, commandant l'armée d'Orient sur le front de Salonique, en 1916-1918, et que doit à présent méditer le lieutenant général Stanley McChrystal : « Depuis que je commande une coalition, je suis moins admiratif de Napoléon. » On conçoit le jugement sans appel du général canadien Rick Hillier, qui a commandé les forces de l'OTAN à Kaboul de février à août 2004 : « L'Afghanistan a révélé que l'OTAN avait atteint l'état de cadavre, de décomposition [...], et à moins d'un sauvetage, l'Alliance va prendre fin[39]. »

Un tel pessimisme, témoin de la « balkanisation » d'une Alliance chaussée de bottes de plomb, fait évidemment le jeu d'un ennemi très mobile. Les coalisés manquent également de l'élément capital de la décision militaire : la réserve stratégique qui découle d'un des principes de la guerre.

L'oubli des principes de la guerre

Le cas afghan est d'autant plus préoccupant que, en raison de l'engagement de petits contingents de métier qui s'épuisent vite faute de réserves, trois des principes de la guerre, édictés de Sun Tzu à Foch, ne sont pas respectés[40]. Ce sont des règles du code de la route militaire : « Les grands principes de la guerre, dit-on, sont immuables. Ce sont des vérités de simple bon sens, et elles sont de tous les temps[41]. »

La liberté d'action

Le premier concerne la liberté d'action. L'éclatement des forces à la poursuite de taliban, qui se volatilisent après leurs coups de main, ne permet pas la disponibilité et donc l'économie de forces et la concentration des moyens pour une action décisive. Le général commandant la FIAS n'a

38. L'armée française en a acquis 93 en 2008. Voir *Armées d'aujourd'hui*, n° 337, février 2009, p. 51.
39. *La Croix*, 23 octobre 2009, p. 6.
40. On doit à mon maître, le professeur André Martel, le rappel de l'importance du maréchal Foch dans la pensée militaire. Voir *Relire Foch au XXIe siècle*, Paris, Economica, 2008, 120 p., p. 96-99.
41. Jean Colin, *Les Transformations de la guerre*, Paris, Economica, 1989, 337 p., p. 233.

pas sous son commandement une force de réserve bien entraînée capable d'intervenir très rapidement sur n'importe quel point du territoire afghan. L'histoire militaire nous apprend que d'Alexandre à Norman Schwarzkopf (général de l'armée américaine qui s'est illustré pendant la guerre du Golfe), en passant par Bonaparte, nombre de grands stratèges ont forcé le destin en ayant cette réserve capable de créer la décision ou de couvrir un repli, bénéficiant de la solidité des vieilles troupes. Ce syndrome de la Garde est de toutes les époques ; il est dommage, une fois de plus, que l'histoire militaire soit sacrifiée dans les académies militaires. L'Afghanistan, plus que le Kosovo, constitue les travaux pratiques de la NRF (Nato Response Force), selon le principe de projection de puissance adopté lors du sommet de Prague en novembre 2002. Mais au pays des faucons, cette force est aux abonnés absents en raison du poids des *caveas*. Ce manquement est donc lourd de conséquences : dispersion des unités sur le terrain – les Américains sont répartis dans une centaine de bases –, initiative laissée à l'ennemi... La victoire militaire sous le commandement du général Challe en Algérie a été obtenue par le quadrillage du *bled* et la concentration des moyens de la réserve générale (10e et 25e divisions parachutistes surtout) en prenant le territoire algérien en écharpe, d'ouest en est, par un gigantesque coup de faux qui a décimé les unités de l'ALN. Tant que les coalisés ne se doteront pas d'un tel outil, on peut être inquiet quant à la croissance des pertes et la possibilité d'un billet de retour, sans gloire, comme l'Armée rouge.

Il faut aussi évoquer une erreur initiale : la sous-estimation de l'adversaire. Après la facile victoire d'octobre-décembre 2001, les Américains ont cru qu'il ne restait plus que quelques bandes résiduelles de taliban et de djihadistes dans la zone frontière. Mais en 2003, au lieu de continuer la poursuite tous azimuts, de forcer l'ennemi dans ses derniers retranchements, pensant que la question afghane était en voie de règlement, le président Bush et les néoconservateurs qui l'entourent commettent la même erreur que Hitler en 1941, qui pensait que la Grande-Bretagne ne constituait plus une menace sérieuse avant de retourner toute la puissance du Reich contre l'URSS. C'était se condamner à faire la guerre sur deux fronts. Or, en mars 2003, opération préparée de longue date, les États-Unis envahissent l'Irak et s'y enlisent avec leurs alliés. Il faut alors de plus en plus d'hommes et de matériels pour un conflit incontrôlable. Par conséquent, l'Afghanistan devient un théâtre d'opérations secondaire et le reste jusqu'en 2007.

Le placage d'une armée du XXIe siècle sur un pays médiéval et tribal tient de l'acculturation et de l'incompréhension. Sous la menace des IED et des tirs de harcèlement, les militaires se retranchent dans leurs bases par réflexe de sécurité. Dans un pays hostile, il faut sans cesse améliorer la sécurité du camp en creusant des tranchées, en remplissant des sacs de sable, en renforçant par du béton les bâtiments soumis aux tirs de roquettes. En Irak, les bases construites en ville étaient accessibles, mais en Afghanistan certaines dépendent uniquement des airs pour leur logistique, sur le modèle de Khe Sanh au Vietnam. Ainsi en est-il du poste de Seray, très proche de la frontière pakistanaise, dominant une vallée verdoyante de la province de Kounar. Il surveille une route importante de transit à proximité de la zone tribale, mais il peut être emporté de vive force sans que les secours aient le temps d'arriver. L'héliport de la petite base est fréquemment pris sous le feu des taliban. Le sergent-chef Christopher Lenington confie à Yochi J. Dreazen, envoyé spécial du *Wall Street Journal* : « Ils [les taliban] peuvent utiliser à peu près n'importe quelle arme depuis les collines alentour et nous tirer comme des pigeons[42]. » Pour David Kilcullen, cette inefficace dispersion sur le terrain est un piège à effectifs. Ce qui par ailleurs enlève toute crédibilité à la protection des villes de Kandahar et de Lashkar Gah, dans le sud du pays, où le nombre des coalisés est trop faible. Christopher Lenington ajoute : « La population des villes et des villages les plus importants est vulnérable, puisque nous sommes ailleurs à courir après l'ennemi[43]. »

Assurer la sûreté

L'absence de liberté d'action empêche d'assurer la sûreté, second principe clé de la guerre. Si le précepte de connaissance de l'ennemi est souvent rempli, hors du couvert forestier ou chaotique, grâce à la reconnaissance aérienne (drones, avions, hélicoptères), la recrudescence des attaques depuis 2008 montre bien que les garnisons afghanes et otaniennes se trouvent directement sous le feu des taliban. La sécurité des voies de communication est en effet aléatoire. Pour preuve, révélé en France par *Le Point* en mars 2008, le désastre logistique de Khyber. Sur les mêmes lieux redoutés des Britanniques, dans cette passe de 30 kilomètres, seule voie d'accès entre Kaboul et Peshawar, 60 camions-citernes

---

42. *The Wall Street Journal*, cité par *Courrier international*, n° 959, du 19 au 25 mars 2009, p. 38.
43. *Ibid.*

de l'OTAN sont détruits, et les taliban, photos à l'appui, pérorent au milieu des carcasses calcinées. Les chauffeurs étaient pakistanais et cette affaire met en avant la question de l'emploi de mercenaires par l'OTAN[44]. L'impunité de frappe des taliban pour paralyser ou gêner la logistique de la coalition est de nouveau illustrée lors de l'attaque spectaculaire, à Peshawar, terminus et point de départ de la route venant ou menant à Kaboul, de 60 autres camions de l'OTAN incendiés le 8 décembre 2008[45]. En fait, dans les quinze premiers jours de ce mois, près de cette même ville, les turbans noirs mènent six assauts contre des dépôts otaniens, détruisant 300 véhicules, Hummer, camions et containers de ravitaillement[46]. Nouveauté dans cette guerre, toujours en ce mois de décembre, les taliban attaquent un convoi non protégé car revenant à vide de sa mission en Afghanistan : deux camions qui venaient de livrer de l'essence sont détruits par un tir de roquettes, faisant trois morts[47]. Le 3 février 2009, les taliban persistent et signent dans la meilleure tradition des westerns : un pont routier menant à la célèbre passe de Khyber saute à une vingtaine de kilomètres de Peshawar[48].

En Afghanistan, on ne compte plus le nombre de ponts qui sautent, parfois plusieurs fois pour le même, sans cesse reconstruit avec l'aide de la communauté internationale. L'ennemi a bien compris que la bataille de la logistique est une des clés de cette guerre. Plus le coût en sera élevé, plus les coalisés seront contraints de disperser leurs forces, d'engager plus de moyens et de dépenser davantage, donnant ainsi à ce conflit un coût prohibitif que ne peuvent se permettre des économies occidentales amoindries par la crise économique.

La nécessité d'assurer avant tout la protection des flux logistiques a une conséquence inattendue : le retour des frappes de l'aéronavale, à

44. Le lundi 28 avril 2008, à Shape, en réponse à la question pertinente d'un des étudiants du master « Histoire militaire comparée, géostratégie, défense et sécurité » de Sciences-Po Aix-en-Provence, le colonel M. de B., officier supérieur français détaché à l'OTAN, reconnaissait notamment l'emploi en Afghanistan d'une société indienne d'hélicoptères.
45. Journal télévisé d'Arte, le 8 décembre 2008, et article du *Washington Post* du 19 décembre 2008. Selon le *New York Times* du 25 décembre 2008, p. 1, le goulet de Khyber est contrôlé par un jeune commandant *taleb* qui, avec ses 200 hommes, peut barrer quand il veut les 40 miles de la passe. Il tient en échec les 3 500 hommes de la milice pakistanaise des Afridi.
46. *The Washington Post*, 19 décembre 2008, p. 1. Selon d'autres sources, abondantes sur Internet, 200 camions auraient été détruits au Pakistan en un mois.
47. *The Washington Post*, 21 décembre 2008, p. 2.
48. *The New York Times*, 4 février 2009, p. 1.

la suite de l'engagement du groupe du porte-avions nucléaire *Charles de Gaulle* pendant une longue mission en 2007 et début 2008. Des porte-avions géants américains croisant au large des côtes pakistanaises avaient déjà participé aux opérations de fin 2001 à mars 2002, mais la priorité fut ensuite donnée à l'Irak. Chaque jour, depuis l'été 2008, avec d'autres renforts, les Task Force 37 et 150 sont sollicitées au bénéfice de la FIAS et de l'OEF. Ainsi, en février 2009, 24 appareils de combat, dont des F/A-18C Hornet, décollent quotidiennement du *Theodore Roosevelt* pour des missions dans le sud de l'Afghanistan, à 700 kilomètres du porte-avions nucléaire : reconnaissance aérienne, appui feu, attaque de petits groupes de taliban en place pour une embuscade, couverture aérienne, à 15 00 pieds, d'un convoi dans un passage délicat...

Bien que le Pakistan demeure indispensable comme base arrière, la coalition doit désormais faire venir une partie de son approvisionnement en carburant par la très coûteuse voie aérienne. Selon le témoignage du général Duncan J. McNabb, responsable de l'ensemble de la logistique américaine en Afghanistan, réalisé alors qu'il s'apprête à quitter son commandement début mars 2009, les rares routes de ce pays sont « toujours sous le feu ». Le transport d'hommes et de matériels se fait donc le plus souvent par les airs, notamment pour 50 % des 100 containers journaliers dont ont besoin les troupes de l'Oncle Sam[49]. Le général David Petraeus reconnaît que la logistique des coalisés devient une « nouvelle urgence » et qu'il faut « trouver des routes alternatives[50] ». L'ennui, c'est que même face à l'Iran (allié indirect de la FIAS pour verrouiller les confins), on se bat aussi sur la route entre Herat et la frontière occidentale[51]. De leurs côtés, les républiques clientes des Russes en Asie centrale rechignent à ouvrir pleinement leurs frontières à la logistique des coalisés ou font monter les enchères[52]. Le Kirghizstan marchande sa complaisance : n'ayant pas obtenu aide et négociations pour abroger sa dette à l'égard des États-Unis, ce pays menace de fermer la base américaine de Manas, poumon logistique de l'OTAN. Mais le 22 juin 2009, en échange d'un prêt de 2 millions de dollars, le Kirghizstan accepte de maintenir cette base ouverte, ce qui intéresse aussi les Français qui disposent d'un C-135 ravitailleur en plein vol.

---

49. *The Washington Post*, 6 mars 2009, p. 1.
50. *The Washington Post*, 19 décembre 2008, *op. cit.*
51. Site de *The Christian Science Monitor*, 19 décembre 2008, p. 1 et 2.
52. *Le Figaro*, 12 décembre 2008.

Cette route alternative du Nord-Est est renforcée en Ouzbékistan par l'ouverture de l'aéroport de Navoï aux avions-cargos américains pour les chargements non militaires.

Les transports logistiques sont assurés par les gros Galaxy américains, mais l'OTAN sollicite aussi des compagnies ukrainiennes ou russes employant des Iliouchine 17 et des Antonov 124. Cet avion géant est fort apprécié car il dispose d'appareils de levage le rendant autonome pour le chargement et le déchargement. À partir des bases d'Arvord et d'Istres, aux prises avec un « trou capacitaire » quant au transport militaire dépendant de C-160 Transall hors d'âge et de C-130 Hercules eux aussi vieillissant, les Français se servent également de ces géants des airs qui peuvent embarquer jusqu'à 50 tonnes d'armements et d'équipements divers, en attendant l'Arlésienne : la mise en service de l'A400M qui n'en finit plus d'être testé dans l'usine EADS de Séville après son premier vol réussi en novembre 2009. Les coalisés ont agrandi les pistes de Kaboul et de Kandahar pour assurer les rotations des gros-porteurs capables de faire la liaison directe avec l'Europe, pour un coût moyen compris entre 150 000 et 200 000 euros par vol aller-retour. Par rapport à l'époque soviétique où elle avait déjà une taille imposante, la base-aéroport de Bagram, gardée par 22 000 GI, a doublé pour accueillir plus de 40 000 hommes en transit. Elle ressemble à un Roissy asiatique : un avion décolle toutes les trois minutes, tandis que les abords sont sous la surveillance d'A-10 et d'hélicoptères armés.

L'exploitation et le renseignement

Sans liberté d'action et sans sûreté, la coalition ne peut appliquer le troisième principe de la guerre garant de l'action décisive : l'exploitation. Or, celle-ci repose avant tout sur la maîtrise du renseignement, partie discrète mais vitale avant tout engagement de forces, quelles que fussent les performances de la RAM (révolution dans les affaires militaires) en matière d'acquisition des données et de leur utilisation en temps réel[53]. Une certaine cacophonie et un manque de confiance réciproque perdurent encore entre alliés. Le Centre de planification et de conduite des opérations, qui supervise en France les projections de puissance, et la Direction du renseignement militaire dénoncent les dysfonctionnements en Afghanistan de « la chaîne de commandement de

53. C'est en 2000 qu'Andrew Marshall, directeur de la délégation des affaires stratégiques du Pentagone, définit dans *Quadriennal Defense Review*, puis avec d'autres spécialistes de

l'OTAN[54] ». De multiples sources font état des défaillances des divers services de renseignement et les morts français du 18 août 2008 ont pour origine, dans une zone réputée dangereuse, l'absence d'une recherche efficace d'informations. La nuit appartient à l'ennemi qui peut mener des embuscades à peu près où et quand il veut, même en ville, malgré drones, avions de reconnaissance et satellites espions à très haute résolution !

En outre, un des corollaires du renseignement concerne ce que le vieux maître chinois Sun Tzu appelle les travaux d'approche, à la clé de la surprise et donc de la victoire par économie de forces[55]. La coalition maîtrise tout ce qui est d'origine savante (photographies, espace, écoutes...), mais reste inférieure à l'exemple français en Algérie qui développa l'infiltration, l'intoxication de l'adversaire et la redoutable « bleuite » à l'origine de purges sanglantes, notamment celle d'Amirouche, en wilaya 3, qui fit plus de victimes que le plan Challe[56]. Quelle est donc la part du renseignement d'origine humaine, seul capable de remonter les filières du terrorisme ? Le général Jean-Louis Georgelin rappelle que le renseignement, clé du succès de toute opération, « n'est pas seulement une affaire de satellites et de capteurs », sinon il ne sera pas possible de dresser l'« organigramme de la rébellion » sur le modèle de la bataille d'Alger – mais sans l'emploi de la

---

l'Office of New Assessment, tel le colonel Warden, en 2002, dans *National Security Strategy* et *Nuclear Posture Review*, le credo de la RAM ou *new American way of war* : « Des forces de combat rapides, mobiles, légères, mais surtout disposant d'une complète connaissance de la situation de l'espace de la bataille, de la capacité de frapper de manière précise et dans toutes les conditions, et l'assurance d'une information complète. » Cité par Sadri Bentchikou, *L'Intervention américaine en Irak : essai d'histoire immédiate*, DEA sous la direction de Jean-Charles Jauffret, Institut d'études politiques d'Aix-en-Provence, octobre 2004, 222 p., p. 25 (ce travail a reçu en 2005 le prix IHEDN-Marseille-Provence).

54. Claude Angeli, « Les mauvaises opérations de l'OTAN à Kaboul », *Le Canard Enchaîné*, 18 mars 2009, p. 3.

55. Sun Tzu, *L'Art de la guerre*, introduction du général Samuel B. Griffith, Cologne, Evergreen (imprimé en Chine), 2006, 274 p.

56. Sur cet aspect de la guerre d'Algérie, notre ouvrage, Jean-Charles Jauffret, *Ces officiers qui ont dit non à la torture*, Paris, Autrement, 2005 (et Chihab Éditions, Alger, 2007), 176 p., p. 55-82. Le nom de « bleuite » provient des prisonniers « retournés » par les hommes du capitaine Léger lors de la bataille d'Alger dans le second semestre 1957 et habillés de bleus de travail. Par la suite, la bleuite concerne les opérations d'intoxication des wilayas, surtout en Kabylie, fief du redoutable Amirouche, à l'origine de purges sanglantes estimées à 7 000 combattants par Gilbert Meynier dans la somme, *Histoire intérieure du FLN*, Fayard, 2002, p. 814.

torture afin de se concilier la population[57]. Cette quête de l'information bute contre un obstacle que les Français ignoraient en Algérie parce que l'adversaire – tout du moins ses cadres – parlait la même langue, alors que la maîtrise même de l'arabe en Afghanistan n'est d'aucune utilité et ne vous fait comprendre qu'à l'heure des cinq prières journalières (en dari pour les Hazaras chiites). Plus que pour d'autres conflits, la faiblesse du renseignement d'origine humaine provient du degré de fiabilité des interprètes. Les contacts sont rarement directs et sont donc faussés entre les coalisés en treillis de combat et les autochtones en costumes traditionnels. Outre le pachto et le persan afghan, idiomes officiels, plus d'une trentaine d'autres langues et dialectes (turcoman, tadjik...) sont pratiqués en Afghanistan. Dans ce pays où les traditionnelles guerres tribales ont entretenu toutes les formes de ruse, comme le montrait déjà Rudyard Kipling à propos du pays des Kafirs[58], quelle est la part de la duperie, de l'esquive selon Sun Tzu[59], dont font les frais ces lourdes et bruyantes armadas occidentales présentes au pays des faucons ?

À ces difficultés s'ajoute, de la part de la puissance qui dirige la coalition, une propension à considérer ses alliés comme des vassaux. Des diplomates et hauts responsables militaires britanniques, canadiens et néerlandais, selon le *Guardian* du 6 mars 2009, déplorent, dans un rapport qui aurait dû rester confidentiel, la rétention de l'information faite par les Américains à propos de la situation réelle dans la zone pachtoune, des deux côtés de la ligne Durand appelée « ligne zéro » par les coalisés. Des pilotes néerlandais de F-16 se seraient plaints des ordres reçus des Américains lors de bombardements au sol en restant par la suite dans l'ignorance des résultats, tout cela parce que ces alliés ne sont pas « suffisamment fiables » aux yeux de l'Oncle Sam. Ce même rapport dû, en novembre 2008, à l'initiative de la Rand National Defence Research Institute for US Joint Forces Command, décrit le manque de confiance qui règne au sein de la base Holland, près de Tarin Kowt, dans le sud de l'Afghanistan. Treize différents services de renseignement

57. *Bulletin de la Réunion des officiers de réserve du service d'état-major*, *op. cit.*, p. 20.

58. Rudyard Kipling, *The Man Who Would Be King* (*L'Homme qui voulait être roi*), publié en 1888, réédité par Penguins Books, *Selected Stories*, 1987, 540 p., p. 111-140.

59. « Tout l'art de la guerre est duperie. Si vous êtes fort, feignez la faiblesse ; actif, feignez la passivité [...] tentez l'ennemi pour le prendre au piège, simulez le désordre et frappez-le », Sun Tzu, *L'Art de la guerre*, *op. cit.*, p. 96-97.

(américain, australien, néerlandais...) y travaillent avec une coopération minimale. Ce qui, remarque le lieutenant Neils Verhoef, du contingent néerlandais (comprenant 1 700 hommes à cette époque), a les plus graves conséquences lorsque les Américains localisent un IED : ils n'ont pas le réflexe d'en informer immédiatement leurs alliés. Plus critique encore, faisant le bilan de son expérience depuis 2006, le général de brigade néerlandais Theo Vleugels en vient à se demander si les Américains, qui commandent en chef sur le terrain, ont un plan de campagne.

Ce rapport pointe également du doigt une manie bien connue depuis la Corée, l'Algérie, le Vietnam ou l'Irak : la course au bilan, en contradiction flagrante avec la théorie de la contre-insurrection. En effet, l'efficacité sur le terrain continue d'être mesurée par les services de renseignement en fonction du nombre d'ennemis tués, blessés ou capturés et de la quantité d'armes saisies[60]. En bref, en employant l'euphémisme d'« attrition », politiquement plus correct que « bilan », on en est encore, en Afghanistan, à la recherche du succès tactique à très courte vue sans se rendre compte des conséquences auprès de la population.

C'est bien d'une guerre qu'il s'agit, même si l'ennemi demeure non reconnu et invisible dans la phraséologie OTAN-FIAS.

Une autre guerre sans nom

Sous l'égide de l'ONU, la FIAS doit rétablir la sécurité sur tout le territoire afghan, en assistant son gouvernement légal et les forces qui le représentent. Les organisations internationales se refusent à reconnaître l'état de guerre qui, par précaution sémantique, ne fait pas partie de leur vocabulaire. Si bien qu'il s'agit de « gagner la paix en Afghanistan », en oubliant qu'implicitement cette formule fait référence à la guerre. Tout cela évoque la « Bibliothèque rose » ou un récit guerrier fait par la comtesse de Ségur ! Le maniement de l'euphémisme, pour des raisons diplomatiques et psychologiques, tient de la dextérité du funambule. Pour les circonvolutions de vocabulaire et les buts de guerre, l'exemple français est riche d'enseignements. Deux niveaux de réponse peuvent être perçus : ce qu'en pensent les militaires et ce qu'en disent les politiques.

---

60. *The Guardian*, 6 mars 2009, p. 1-3.

Militaires, assumer la guerre...

Pour le chef d'état-major des armées, le général Jean-Louis Georgelin, la guerre est bien de retour. Il faut des hommes pour la mener : « Nous devons être prêts à mourir si la liberté de la Cité l'exige. [...] L'idée que seulement par des caméras, des satellites, des armements sophistiqués, on va pouvoir être défendus contre tout est une illusion[61]. » Interrogé par *Le Figaro*, quelques semaines après le combat d'Uzbin, le général Georgelin explique que le temps des Opex (opérations extérieures) faciles est terminé et que « nous devons assumer les risques de la guerre[62] ». Il est aussi explicite devant les députés de la commission de Défense nationale où il est entendu, le 10 septembre 2008, afin de préparer le débat sur l'engagement de la France en Afghanistan. À propos des tués français du drame d'Uzbin, il précise : « Cet accrochage nous ramène à la réalité des actions de guerre[63]. » Dans un entretien accordé au quotidien *La Croix*, en date du 2 février 2009, tout en reconnaissant que les armées françaises doivent se déployer pour des « actions de guerre à grande échelle », le général Georgelin annonce : « Nous allons vers des opérations plus dures. »

Des chefs de corps lui font écho. « On est simplement engagés dans une mission militaire à remplir, il s'agit moins de gagner que de ne pas perdre », nous a fait remarquer le colonel Jérôme Dupont, chef de corps du 1er régiment étranger de cavalerie dont le 3e escadron est engagé dans la province de Kapisa en 2008[64]. Au moment du départ de son bataillon pour la vallée d'Alasay, position clé sur les confins orientaux de l'Afghanistan, avec des mots de soldat s'adressant à ses hommes fortement motivés, le colonel Le Nen, à la tête du 27e BCA, précise : « La sécurité de notre pays se joue là-bas. On va revenir avec la coupe et avec tous les joueurs[65]. » Figure emblématique des troupes de marine, grand blessé de guerre (Liban, 1983), ancien d'Algérie et des campagnes africaines, le général Jean-Germain Salvan remarque que depuis la fin de la guerre froide, il est bien difficile de faire admettre à l'opinion une

61. *Le Figaro*, 15 juillet 2008, p. 5.

62. *Le Figaro*, 23-24 septembre 2008, p. 4.

63. *Bulletin de la Réunion des officiers de réserve du service d'état-major*, *op. cit.*, p. 17.

64. Visite au quartier Labouche, à Orange, au 1er REC, avec les étudiants du master « Histoire militaire comparée, géostratégie, défense et sécurité » de Sciences-Po Aix-en-Provence, 24 novembre 2008.

65. Géraud Burin des Roziers, « Papa part à la guerre : d'Annecy à Kaboul, dix mois avec les soldats français et leurs familles », 125 mm, Zone interdite, M6, 19 mai 2009, 0 h 45.

menace directe. Comment prétendre défendre les droits de l'homme dans des pays comme l'Irak ou l'Afghanistan où la guerre s'est « durcie » ces derniers temps, alors que ces pays préfèrent mettre en avant les valeurs religieuses[66] ?

Les politiques : l'exemple français

Qu'en est-il des politiques ? Le 30 août 2008, pour expliquer à l'opinion les morts d'Uzbin, deux ministres français, Bernard Kouchner et Hervé Morin, donnent le sens de l'engagement en Afghanistan : « Nous livrons dans ce pays, contre le terrorisme, un combat long et difficile pour défendre nos valeurs et notre sécurité[67]. » Le ministre de la Défense Hervé Morin, dans ses vœux aux armées en 2009, n'isole pas l'Afghanistan en tant que tel, sauf pour rendre hommage aux « dix soldats morts héroïquement au combat cet été dans la vallée de l'Uzbin ». Il s'en tient à la formule classique déjà employée par ses prédécesseurs : « Aux quatre coins du monde, en Asie centrale, dans les Balkans, en Afrique, au Moyen-Orient, les forces françaises luttent pour promouvoir nos valeurs, défendre nos intérêts, préserver la sécurité de nos compatriotes et construire la paix[68]. » Pour le président Nicolas Sarkozy, « en Afghanistan, l'armée défend la liberté du monde ». Cette formule martelée à plusieurs reprises est réutilisée par l'éditorialiste de *L'Express*, Christophe Barbier : « S'engager, sous mandat des Nations unies, contre les taliban, c'est d'abord défendre la face éclairée de la civilisation. » Et d'ajouter : « Le *no pasaran* d'aujourd'hui se joue, face à l'islamisme, dans la vallée de l'Uzbin et sur la route de Jalalabad. [...] Il faut contenir ceux qui veulent détruire nos valeurs : sinon l'Afghanistan redeviendra la base arrière du terrorisme, le camp d'entraînement d'un nouvel Al-Qaida. [...] Il faut poursuivre la guerre[69]. »

Pour les politiques, il n'est pas question de reconnaître un état de guerre dans le pays des *Cavaliers* de Kessel, tant que les instances internationales, qui y ont envoyé des troupes, ne le font pas. Pour la communauté internationale, après l'Algérie et bien d'autres opérations guerrières menées au Vietnam ou encore en Bosnie, l'Afghanistan est

66. « Quelques réflexions sur les conflits contemporains », *Histoire et Défense. Les Cahiers de Montpellier*, n° 46, II/2002, p. 111.
67. *Le Monde*, 31 août 2008, p. 1.
68. Hervé Morin, « Vœux du ministre de la Défense », *Armées d'aujourd'hui*, n° 337, février 2009, p. 2.
69. Christophe Barbier, « Mourir pour Kaboul », *L'Express*, 19 mars 2009, p. 9.

donc une autre guerre sans nom. La coalition se bat contre des insurgés, souvent distingués des terroristes à qui l'on ne reconnaît pas le statut de combattant.

En ce qui le concerne, le président de la République française en reste au terme de « crise », martelant à plusieurs reprises comme un aveu de frilosité qu'il n'enverra pas « un homme de plus » pour les troupes combattantes (mais non en ce qui concerne les cadres destinés à former les unités de l'ANA). Le 3 mars 2009, il nomme Pierre Lellouche, député UMP de Paris partisan de la réintégration de la France dans l'OTAN, représentant spécial de la France en Afghanistan et au Pakistan, imitant le président Obama qui avait désigné Richard Holbrooke pour la même fonction peu de temps auparavant. En dépit de la modeste représentation française sur le théâtre d'opérations afghan (3 000 hommes à cette époque), il s'agit d'un geste fort, qui, sans reconnaître l'état de guerre, souligne les conséquences gravissimes que pourraient avoir « la crise afghane et l'instabilité pakistanaise [qui] forment désormais un même problème [70] ». Il permet aussi à Nicolas Sarkozy d'éviter tout débat public par une augmentation substantielle des effectifs qui risquerait d'accroître son impopularité. Pourtant, ce même Pierre Lellouche avait reconnu l'état de guerre devant la commission de la Défense de l'Assemblée nationale le 10 septembre 2008. Il avait montré à ses collègues comment la France s'était retrouvée dans une « logique de guerre ». Et de reconnaître, *in fine*, cette « affaire lourde : c'est une guerre, en effet [71] ».

Le Parlement ne pouvait rester indifférent face à la certitude, à présent, que l'Afghanistan n'était pas une simple opération extérieure. Le 22 septembre 2008, tant au Palais-Bourbon qu'au palais du Luxembourg, se déroule un débat historique. Certes, il est inspiré par le précédent de François Mitterrand lors de la guerre du Golfe, qui informa plus qu'il ne sollicita le Parlement, mais il illustre surtout la première application de l'article 35 révisé de la Constitution. Cet article commence par ce rappel : « La déclaration de guerre est autorisée par le Parlement. » Inspiré du modèle américain [72], l'article 35 précise que lorsque le gouvernement décide de « faire intervenir les forces armées à

70. Site Internet de la présidence de la République. La lettre de mission du président est accompagnée du texte de la conférence de presse donnée par le député de Paris, Pierre Lellouche, et le ministre des Affaires étrangères, Bernard Kouchner.

71. *Ibid.*, p. 36.

72. Il s'agit de l'amendement connu sous le nom de *War Power Act* de novembre 1973 pris

l'étranger » pour une durée supérieure à quatre mois, il doit soumettre la prolongation à l'autorisation du Parlement.

À l'Assemblée, au matin du 22 septembre, on sent une certaine solennité et les gradins sont pleins. Plus que pour les débats de la guerre d'Algérie où le terme d'« événements » était fréquemment utilisé, cette séance plénière a du moins le mérite de mettre la guerre en question. Le Premier ministre, François Fillon, évoque le consensus national. Il rappelle que la France n'a aucun but de guerre économique ou de conquête : « Elles [nos troupes] sont sur place pour assurer notre sécurité collective en faisant en sorte que l'Afghanistan ne redevienne pas le sanctuaire du terrorisme international[73]. » Le socialiste Jean-Marc Ayrault dénonce le glissement « vers une guerre d'occupation. Nous ne pouvons plus accepter d'avancer les yeux fermés dans un conflit sans fin ». Plus radical encore, le député vert Noël Mamère souligne l'échec de l'intervention internationale et dénonce une « sale guerre ». Il cite le texte de la résolution des Verts du 19 septembre précédent demandant le retrait inconditionnel d'Afghanistan. Mais la plupart des intervenants sont d'accord sur un point : il ne peut y avoir de solution strictement militaire à ce conflit. L'autorisation de prolongation de l'intervention des forces françaises est adoptée par 343 voix contre 210. À l'issue de ces discussions, le chef du groupe UMP de l'Assemblée, Jean-François Copé, regrette le vote négatif de la gauche. Il cite Winston Churchill après Munich : « Lorsqu'on choisit le déshonneur pour s'épargner la guerre, on finit par avoir et le déshonneur et la guerre[74]. »

Dans l'après-midi, les passions sont moins vives au Sénat. Didier Boulaud, représentant socialiste de la Nièvre, reconnaît : « C'est une guerre », ce dont ne doutent pas les autres sénateurs, bien que le ministre de la Défense se garde bien de prononcer ce mot. En fin de soirée, par 209 voix contre 119, le maintien des troupes en Afghanistan est adopté.

Peu à peu, du fait de l'enlisement, le terme de « guerre » devient courant dans le vocabulaire de nombreux hommes politiques. Ainsi, le

---

pour empêcher une situation de guerre comme au Vietnam. En 1982, le président Reagan en subit l'application lors de l'intervention dans l'île de Grenade où les opérations sont limitées dans le temps avant que le Congrès puisse statuer.

73. Compte rendu de la séance du 22 septembre 2008, site Internet de l'Assemblée nationale, p. 6-7.

74. Isabelle Lasserre, « Afghanistan : feu vert pour le maintien des troupes », *Le Figaro*, 3 septembre 2008, p. 3.

3 août 2009, reflétant une bonne partie de la gauche, l'ancien ministre socialiste de la Défense, le sénateur Paul Quilès, s'interroge à la suite de la mort d'un soldat français : « Au départ, nous étions dans une guerre de légitime défense contre les taliban qui soutenaient Al-Qaida. Désormais, nous menons une guerre de soutien à un régime qui n'arrive pas à s'en sortir[75]. » Les politiques vivent de plus en plus mal le flou, l'absence de dessein stratégique de la coalition en Afghanistan. Le 22 septembre 2009, le groupe socialiste du Sénat demande au Premier ministre, qui botte en touche, des éclaircissements sur les objectifs et les modalités de l'engagement français en Afghanistan sous commandement américain. Discrètement, à la Toussaint, le président du Sénat, Gérard Larcher, s'envole pour Kaboul afin de préparer un débat sans vote sur l'Afghanistan qui a lieu le 16 novembre 2009. S'il reconnaît qu'il s'agit à présent d'une « mission de guerre contre-insurrectionnelle », les ministres des Affaires étrangères et de la Défense sont quasi muets en attendant que le président Obama définisse une nouvelle stratégie pour l'Afghanistan. Au Palais-Bourbon, en présence de Bernard Kouchner et d'Hervé Morin, le 16 décembre suivant, se déroule un débat sans vote en raison de la situation d'urgence humanitaire en Afghanistan et du nécessaire soutien à la nouvelle administration Karzaï et à ses forces de sécurité.

Là encore, l'état de belligérance n'est pas reconnu. Ce qui est bien commode pour le cynisme d'État dont font preuve le gouvernement et le ministre Éric Besson à la tête d'un ministère de l'Immigration et de l'Identité nationale, dont le titre est déjà sujet à polémique. Sous couvert de manœuvres électoralistes cherchant à prendre des voix au Front national, dans l'attente d'une défaite prévisible aux élections régionales de 2010, l'exécutif lance un faux débat sur l'identité nationale qui permet de camoufler ou de rendre possible le rejet de l'autre, notamment de ce réfugié afghan qui, même s'il rêve d'une vie meilleure en Grande-Bretagne, séjourne sur le sol de la patrie des droits de l'homme. On conçoit combien il devient odieux d'expulser, certes en petit nombre et avec un pécule, ces hommes jeunes vers leur pays d'origine à feu et à sang. Après les trois premiers en octobre, le 15 décembre 2009, un charter britannique emmène vers Kaboul neuf Afghans qui n'avaient pas demandé l'asile en France. Ces décisions – renvoyer des sans-papiers dans un pays en guerre – sont en elles-mêmes contraires à l'idée que l'on se fait des droits de l'homme.

---

75. *Le Figaro*, 4 août 2009, p. 3.

Le poids des opinions publiques

En fait, le terme même de « guerre » a aujourd'hui quelque chose de déplacé. D'une part, il est banalisé par la multiplication des jeux vidéo de combat armé qui font beaucoup d'adeptes – certains jeunes pouvant passer des journées à tuer allégrement un ennemi virtuel... D'autre part, les horreurs des guerres totales et les mauvais souvenirs des conflits de la décolonisation ont mis la guerre hors la loi – surtout après l'illusion du concept américain du « zéro mort » à la fin de la guerre froide, en raison de la croyance en la toute-puissance des armements modernes. Celle-ci avait pu faire penser, avec Fukuyama, auteur de *La Fin de l'histoire et le dernier homme*[76], que le village planétaire marchait vers une démocratie universelle comme le voulait Garibaldi. Le monde occidental perdit ainsi ses liens traditionnels avec l'armée.

Outre le spectre du communautarisme, la suspension du service militaire obligatoire a fait disparaître des solidarités, des rites de passage, un vocabulaire et la prise en compte que le devoir de défense fait partie de la citoyenneté, conformément à la Déclaration des devoirs, dernier acte, oublié, de la Convention en 1795. Espace de paix depuis 1945, l'Europe occidentale a eu la chance d'éviter les conflits interétatiques, tandis que la construction européenne, malgré de sanglantes déconvenues en Irlande du Nord et dans les Balkans, rend la guerre improbable. Pour décrire les projections de puissance ou des conflits lointains, on se contente d'euphémismes, tels les « dommages collatéraux », pour faire croire qu'il y a des guerres propres, sans vouloir admettre, par autisme volontaire, les tristes réalités d'un Bagdad bombardé par deux fois en janvier 1991 (célèbres images de CNN) et en mars 2003, ou de Gaza qui, en janvier-février 2009, rejoint la longue liste des villes martyres, telles Barcelone (1939), Amsterdam (1940) ou Dresde (1945).

Les armées occidentales elles-mêmes, avant la réalité du combat en Irak et en Afghanistan, employées dans des missions de rétablissement ou de maintien de la paix, en Afrique, au Moyen-Orient ou dans les Balkans, avaient omis de leurs schémas tactiques la notion même de guerre, multipliant les procédures de protection de la force en milieu hostile en estimant que leur puissance de feu dissuaderait tout adversaire. C'était oublier que le prix de la vie n'est pas le même dès lors que l'irrationnel religieux intervient. Les islamistes sont convaincus de

76. Francis Fukuyama, *La Fin de l'histoire et le dernier homme*, Paris, Flammarion, 1992.

l'emporter sur le long terme, en multipliant leurs actions au mépris des pertes. Cette relation à la mort est sans doute ce qui surprend le plus les Occidentaux, cibles d'autant plus vulnérables que les opinions publiques et les militaires eux-mêmes redoutent les bilans trop lourds dans leurs rangs. Selon l'ambassade des États-Unis à Kaboul, les attaques (2 000) lancées par les taliban en 2008 ont doublé par rapport à 2007. Même si le bilan de 2009 battra tous les records, l'année 2008 se révèle la plus meurtrière depuis 2001. Selon la même source, en 2008, les forces américaines ont perdu 151 hommes (contre 111 tués en 2007), les Britanniques 50, les Canadiens 28 et les autres États de la coalition 56.

La récupération politique de la « guerre » ?

Comme le notait déjà le colonel Ardant du Picq dans ses *Études sur le combat*[77] avant la guerre de 1870, les militaires savent qu'ils sont sous les armes pour être vainqueurs, même si la mort fait partie des risques du métier. On le vit bien, le 18 août 2008, lors de l'embuscade meurtrière d'Uzbin où dix soldats du bataillon français perdirent la vie. Nos témoins n'ont pas du tout apprécié la « surmédiatisation » de l'événement, soit près de 2 000 articles et 120 journalistes, et surtout la « victimisation » des soldats de métier qui ont chèrement vendu leur peau. La grogne de l'armée envers le président a été visible, tant la tentative de récupération de la part de l'Élysée était évidente. En effet, ce président peut faire preuve de mépris envers les serviteurs de l'État. En juillet 2008, après le dramatique incident de Carcassonne, au 3e RPIMa, où un sergent-Rambo avait tiré à balles réelles sur la foule lors d'une manifestation publique, il avait réservé aux militaires la formule assassine : « Vous êtes des amateurs. » Non sans un certain courage pour un président qui n'a pas la fibre militaire comme ses prédécesseurs, après avoir été à Kaboul immédiatement après l'affaire d'Uzbin, Nicolas Sarkozy en a fait plus, sans doute, qu'il était nécessaire pour des professionnels, dans l'éloge funèbre prononcé aux Invalides le 21 août 2008 : « Je n'ai pas le droit de considérer la mort d'un soldat comme une fatalité. » Parmi les réactions, celle du général François Cann, ancien d'Algérie et du Liban, président de l'Amicale des anciens du « 8 » (RPIMa) et du « 7 », qui, dans une lettre circulaire aux adhérents du 27 août 2008, dénonce « ce jeu de la culpabilisation [qui] déteint des médias vers les instances dirigeantes ». Même s'il y a eu le précédent de l'affaire de Bouaké, en Côte

77. Colonel Ardant du Picq, *Études sur le combat*, Paris, Hachette, 1880, 380 p.

d'Ivoire en novembre 2004[78], la venue à Kaboul dans les jours qui ont suivi le combat du ministre de la Défense Hervé Morin, accompagné de représentants des familles de militaires tués, a été jugée déplacée. Le 11 février 2009, à l'annonce de la mort d'un officier du 35ᵉ RAP en Afghanistan, le président de la République commet la même erreur. Ces soldats français ont fait leur devoir : ce ne sont pas des victimes. Réagir en « grande pompe », à tous les sens du terme (et sans jeu de mots macabre), c'est être encore plus vulnérable et prêter le flanc au déchaînement de violence de la part de l'ennemi qui se sert d'une opinion publique en faiblesse morale.

Quand l'adversaire utilise l'opinion

Ben Laden et le mollah Omar ont compris que le conflit se joue aussi sur ce plan, qui constitue le talon d'Achille de la coalition. Est-il utile de rappeler que les guerres d'Indochine, d'Algérie, du Vietnam, d'Afghanistan pour les Soviétiques ont d'abord été perdues devant les médias et les civils ? La route de Kaboul est déjà un autre *Voyage au bout de l'enfer*[79]. Jour après jour, les Américains et leurs alliés le découvrent à leurs dépens.

Ainsi en est-il de l'incident du village de Bagh-i-Soltan, le 20 février 2009, dans la province de Logar. Sur renseignement fiable, des troupes américaines y pénètrent de nuit après avoir encerclé la bourgade endormie. Des cris, des coups de feu partent, un homme tombe sur le pas de sa porte. Pour les GI, la victime est un fabricant de bombes lié à des attaques récentes. Mais c'était sans compter sur la force de la propagande des taliban. Le lendemain, les villageois bloquent la *highway* menant à Kaboul, brûlant des pneus au cri de « Mort à l'Amérique » qui assassine chez eux des innocents pères de famille. Des images sont immédiatement diffusées par les réseaux taliban et par la télévision de Kaboul lors de l'édition du soir suivie par des millions d'Afghans[80].

C'est une nouvelle illustration de la synthèse de Jacques Portes, *Les Américains et la Guerre du Vietnam*[81], qui montre bien, à la suite de

78. 9 militaires français avaient été tués par le feu de l'aviation du président ivoirien Laurent Gbagbo ; le ministre français de la Défense s'était alors déplacé. 63 tués ivoiriens et 2 000 blessés marquèrent les affrontements avec les troupes françaises de l'opération Licorne.
79. *Voyage au bout de l'enfer* de Michael Cimino (1979) est un classique du cinéma américain sur la guerre du Vietnam.
80. Pamela Constable, « Tactical success, strategic defeat », *The Washington Post*, 2 mars 2009, p. 1.
81. Jacques Portes, *Les Américains et la guerre du Vietnam*, Paris, Éditions Complexe, 1999.

Benjamin Stora[82], le rapport entre guerre, opinion publique et image. En découle la volonté, comme aux heures les plus noires de la guerre du Vietnam, d'allumer un contre-feu pour tenter de ne pas perdre l'indispensable attention, si ce n'est le soutien de l'opinion. À titre d'exemple, le reportage en Afghanistan de Laurence Ferrari, au journal télévisé de 20 heures de TF1, le 22 décembre 2008, montre des paras français à 4 000 mètres d'altitude, près de Kaboul, salués par de vieux villageois et se disant satisfaits de leur œuvre de pacification et du soutien des forces afghanes. Le 28 décembre suivant, au journal de 20 heures de France 2, la séquence « Grand format », près de Kaboul et dans la vallée de l'Uzbin, prend la forme d'un exorcisme pour faire oublier les morts du 18 août. Mais à la différence du sujet de TF1, cette émission insiste sur le caractère purement militaire de l'intervention française en Afghanistan, montrant comment les Français répliquent et poursuivent l'ennemi, notamment à l'aide de drones d'observation.

Les hommes politiques

En ce qui concerne le haut commandement et les politiques, les gestes de soutien se sont multipliés. Commandant le Batfra (bataillon français) de septembre 2003 à janvier 2004, le lieutenant-colonel Geoffroy de Larouzière-Montlosier se dit agacé par le ballet des officiels, tant politiques que militaires étoilés, qui viennent visiter le bataillon français comme on traverse une ménagerie[83]. Mais certaines visites, après le tournant d'Uzbin, prennent un tout autre sens. Ainsi, du 22 au 25 décembre 2008, rappelant certains souvenirs de guerres antérieures, le général Jean-Louis Georgelin effectue une « tournée de Noël » dans les zones les plus exposées, notamment parmi les chasseurs alpins en Kapisa. Succédant à Michèle Alliot-Marie, Hervé Morin, ministre de la Défense, a lui aussi repris la tradition bien ancrée – depuis la guerre d'Algérie et le Noël 1957 passé dans le *bled* par son prédécesseur, Jacques Chaban-Delmas – de la « tournée des popotes », en passant le réveillon de la Saint-Sylvestre à Tora, en compagnie du colonel Perrin qui lui présente les 830 hommes du Batfra. Le 14 juillet 2009, le 27e BCA défile en tenue blanche sur les Champs-Élysées, suivi par les 3e et 8e RPIMa qui voit sous les pieds de

82. Benjamin Stora, *Imaginaires de guerre, Algérie – Vietnam*, Paris, La Découverte, 1999, et Alger, Casbah, 2001.
83. Geoffroy de Larouzière-Montlosier, *Journal de Kaboul*, Paris, Éditions Bleu autour, 2009, 205 p.

ses paras-colos apparaître en lettres géantes le nom des tués d'Uzbin. Le 1er REC, d'autres unités, des commandos, des équipes d'assistance aux unités afghanes sont aussi honorés, tout comme les appareils de l'armée de l'air. À cette question posée aux témoins : « Vous sentiez-vous soutenus par la métropole ? », la réponse est toujours indirecte à propos de l'écoute de leurs propres familles ou de quelques gestes ponctuels de solidarité. Ainsi, le caporal Fr. M. se dit ému par des dessins d'enfants savoyards reçus en Afghanistan, tout comme ce foie gras et ces bouteilles de vin blanc envoyées pour Noël par la petite ville de Thônes, proche d'Annecy, qui a pris le 27e BCA en amitié.

Les Français

En fait, la France et l'ensemble de la communauté internationale ne sont pas psychologiquement préparés à un conflit prolongé. Le combat du 18 août 2008 marque la prise de conscience, pour l'opinion, que le conflit afghan n'a rien d'une opération ordinaire, mais celle-ci ne peut admettre la guerre. Au lendemain d'Uzbin, un sondage CSA *Le Parisien – Aujourd'hui en France*, daté du 20 août, donne les résultats suivants : 36 % des 1 008 personnes interrogées par téléphone sont favorables au maintien des troupes en Afghanistan et 55 % préfèrent le retrait car la France s'« enlise dans un conflit sur lequel elle n'a pas de prise[84] ». Par sa durée, plus de huit ans depuis octobre 2001, soit désormais plus que la guerre d'Algérie, le conflit en Afghanistan a des aspects purulents. L'opinion, versatile et réagissant seulement aux sollicitations des médias, a du mal à comprendre et pratique la politique de l'autruche. Comme pour la guerre d'Algérie, elle a tendance à ne se sentir concernée que lorsqu'un proche, un voisin est ramené entre quatre planches d'Afghanistan. Alors s'inclinent les drapeaux des associations d'anciens combattants et retentissent les regrets et appels martiaux des officiels, comme c'est le cas pour les obsèques du caporal Anthony Bodin, du 3e RIMa de Vannes, décoré par Hervé Morin de la Légion d'honneur et promu caporal-chef le 5 août 2009 avant d'être inhumé à Dinan, dans le carré militaire, après une cérémonie religieuse sous une pluie battante[85].

Dans une société qui a oublié toute notion de menace directe en étant vaguement inquiète des conséquences des violences dans les cités,

84. leparisien.fr, 21 août 2008, p. 1.
85. *Ouest-France*, 7 août 2009, p. 7.

en dépit des chaudes alertes terroristes de New York, Londres, Madrid et Mumbai, il est d'autant plus intéressant d'analyser cette autre version d'« événements » que l'on a d'autant plus de mal à saisir qu'ils font appel à une notion d'irrationnel religieux. Nouvelle preuve de la logique de guerre, pour tenter d'éviter le défaitisme ambiant, la propagande du ministère de la Défense propose fin juin 2009 un spot publicitaire, *Pour une défense d'avance* : de fort belles images, de Gergovie aux plages de Normandie, *via* Austerlitz et Verdun, mettent en scène un Tigre volant à basse altitude tandis que le nom de l'Afghanistan apparaît.

Pour l'heure, le débat public est loin d'avoir la même intensité que lors des guerres d'Algérie et du Vietnam. En Afghanistan, sauf pour le cas allemand, ce sont des troupes de métier qui interviennent. Pourtant les opinions commencent à être agitées de courants défaitistes.

De la fragilité des opinions publiques de par le monde

En Europe, le pessimisme l'emporte. Le gouvernement néerlandais annonce le retrait de ses 2 000 hommes pour 2010. En juillet 2009, au moment où 3 000 soldats anglais accompagnent l'offensive américaine dans l'Helmand et que le taux des pertes atteint un sommet – 22 tués en ce seul mois –, 58 % des Britanniques ne croient plus à la victoire et à la guerre juste : 52 % d'entre eux sont pour un retrait immédiat[86]. Un vent de lassitude se lève face au constat que les pertes – 230 tués entre 2001 et novembre 2009 – sont plus élevées que lors de la guerre des Malouines ou de l'intervention en Irak. La commission des Affaires étrangères de la Chambre des communes fait part de ses doutes, le 2 août, dans un rapport fustigeant l'absence de résultats de la FIAS, qui n'a toujours pas de stratégie cohérente. L'Angleterre connaît aussi le premier « soldat du refus » de cette guerre, le première classe Joe Glenton. Le 3 août, il passe en cour martiale pour s'être opposé à son retour en Afghanistan. Il a remis à Gordon Brown une lettre lui demandant de retirer les unités britanniques de cette guerre qui « ne peut être gagnée[87] ». Il accuse les États-Unis de se servir des soldats britanniques comme chair à canon[88]. Le 4 novembre 2009, à l'annonce de la mort de cinq soldats tués par un policier afghan qu'ils avaient formé, l'ensemble des quotidiens britanniques traduit une nette volonté de

86. *Le Temps*, 30 juillet 2009, p. 1.
87. *La Croix*, 3 août 2009, p. 1.
88. *Le Figaro*, 31 juillet 2009, p. 7.

repli. Dès lors, on comprend l'importance du geste de la reine Elisabeth II qui, en 2009, dans son message de Noël, apporte un ferme soutien à ses soldats engagés en Afghanistan, par ailleurs honorés dignement par les Britanniques.

L'Allemagne se sent aussi concernée par l'envoi en Afghanistan de la Bundeswehr formée d'appelés et employée pour la première fois hors d'Europe. À Kunduz, le 20 octobre 2008, deux soldats allemands sont tués lors d'une recherche de cache d'armes[89]. Le 17 janvier 2009, l'ambassade allemande de Kaboul est visée par un attentat-suicide : deux civils afghans tués et cinq soldats américains blessés. Or, l'opinion publique allemande – poussée par les Verts en particulier – est de plus en plus réfractaire à tout engagement dans le bourbier afghan. En juillet 2009, un sondage Forsa donne 61 % d'opinions réclamant le retrait[90]. Si le Bundestag autorise Angela Merkel à porter le contingent allemand de 1 000, puis 3 700 début 2009, à 4 500 hommes avec des avions Awacs de surveillance radar pour début 2010, c'est bien dans un objectif de retour d'ici une échéance maximale de cinq ans. Au lendemain du sommet de l'OTAN à Strasbourg-Kehl, pour calmer les doutes des soldats engagés au nord de l'Afghanistan, la chancelière se rend sur la base de Kunduz, le 6 avril 2009, en geste de solidarité. Elle rappelle que la FIAS doit à la fois assurer la sécurité interne du pays et l'aider à se reconstruire avec la participation des Afghans eux-mêmes, et ce malgré les pertes (33 tués en sept ans). Pourtant les soldats allemands ne se sentent pas soutenus par une nation majoritairement hostile à cette guerre non reconnue. Par dérision, *Radio Andernach,* qui émet depuis Kunduz à destination du contingent allemand, commence toutes ses émissions par cette référence au Vietnam : « *Good morning, Afghanistan*[91]. »

Les Italiens sont à leur tour gagnés par le défaitisme. Le 17 septembre 2009, dès l'annonce de la mort de six paras dans un attentat-suicide à Kaboul, Silvio Berlusconi, saisi par l'émotion avant de se reprendre, affirme son intention de retirer le contingent de 2 800 hommes d'Afghanistan sans en préciser la date – le conflit ayant déjà fait 20 morts en Italie. En dépit de l'union du pays dans la douleur,

---

89. Le premier attentat contre des soldats de la Bundeswehr a lieu à Kaboul le 27 mars 2003 : un chauffeur de taxi se fait exploser contre un bus allemand, faisant 22 blessés, heureusement protégés par leur gilet pare-éclats, *Le Figaro,* 9 juin 2003.
90. Le Monde.fr, 12 juillet 2009, p. 1.
91. H. Seipel, reportage cité, *Vivre et Mourir pour Kaboul.*

règne une évidente cacophonie : le ministre des Affaires étrangères Franco Frattini estime, à l'inverse de l'opinion : « Nous devons rester pour montrer que l'orgueil de notre pays ne faiblit pas[92]. »

Un vingt-deuxième tué au Danemark, sur un contingent de 700 hommes, relance la polémique le 18 septembre 2009 autour d'une première affaire de censure : l'armée danoise tente de faire interdire la publication d'*Un chasseur en guerre avec l'élite*, souvenirs d'un ancien des forces spéciales qui décrit une guerre sordide où tous les coups sont permis. La justice passe outre et autorise l'édition par le quotidien *Politiken* tandis que l'ensemble de la presse danoise rejette ou critique sévèrement la participation du pays à un conflit sans fin.

Sur le continent américain, on assiste à une montée en puissance des contestataires en 2009. Le 16 mars, selon un sondage Gallup, 42 % des Américains estiment que les États-Unis ont « commis une erreur » en envoyant des troupes en Afghanistan[93]. Le 6 août, 54 % des Américains pensent que la guerre est perdue d'après un sondage CNN. Déjà, le 21 mars, pour la première fois, sur le modèle des conflits vietnamien et irakien, est organisée une marche sur le Pentagone pour réclamer le retrait d'Afghanistan. D'où l'importance des gestes de solidarité qui se manifestent à l'égard des *boys*. Au camp Phoenix, début 2008, une banderole porte l'inscription suivante signée par des familles de la ville de Columbia en Caroline du Sud : « Aux forces armées américaines : merci pour votre service. Nous prions pour vous[94]. » À l'occasion des fêtes de la fin de l'année 2009, le président Obama envoie un message de soutien aux troupes américaines d'Afghanistan qui combattent pour la liberté et la sécurité du monde.

Pour la première fois engagé depuis la Corée dans une longue campagne militaire, le Canada connaît depuis 2008 une vive polémique due aux lourdes pertes subies en Afghanistan (131 morts entre 2002 et octobre 2009). En hommage aux soldats tombés, les Canadiens de l'Ontario ont surnommé « autoroute des héros » la liaison routière entre Toronto et la base militaire de Trenton d'où partent les vols vers l'Afghanistan. Seul parmi les dirigeants de l'OTAN, le Premier ministre canadien, Stephen Harper, faisant par ailleurs écho à une analyse pessimiste de l'ambassadeur britannique à Kaboul, ne croit plus à la victoire :

92. *La Croix*, 18 septembre 2009, p. 4.

93. Le Monde.fr, 22 mars 2009, p. 1.

94. Photographies de Bruno Troussard, témoignage cité précédemment (cf. p. 52).

« Nous ne battrons jamais les insurgés... Si nous pensons que nous allons gouverner l'Afghanistan ou que nous allons être responsables à long terme de la sécurité quotidienne de ce pays et voir la situation s'améliorer, nous nous trompons[95]. » En juillet 2009, le Parlement d'Ottawa vote le retour du contingent au pays pour 2011 et, en octobre suivant, 52 % des Canadiens désapprouvent l'engagement en Afghanistan[96].

95. *Le Figaro*, 9 mars 2009, p. 5.
96. *Le Figaro*, 16 octobre 2009, p. 6.

IV. LA RADICALISATION DE LA GUERRE EN « AFPAK », OCTOBRE 2006 – DÉBUT 2010

À partir de la fin de l'année 2006, entraînée dans une logique d'occupation sans stratégie à long terme ni esquisse d'un plan de sécurité régionale incluant le fragile Pakistan, la coalition découvre peu à peu un conflit de grande ampleur aux multiples ramifications. Depuis la guerre du Golfe en 1990-1991, la révolution dans les affaires militaires (RAM) entraîne une centralisation du renseignement, permettant une intervention rapide sur le terrain et l'interopérabilité, soit une économie de forces et moins de déperdition d'énergie – bien qu'à ses débuts, en Afghanistan, la numérisation des unités engagées, c'est-à-dire l'application de la guerre électronique sur le champ de bataille, fasse du renseignement scientifique l'arme de supériorité. En découle l'utilisation généralisée d'un outil de la troisième dimension, les drones, qui n'ont pas encore de doctrine d'emploi dans la robotisation des armées. Ces engins, qui peuvent être armés, permettent d'acquérir l'information de façon quasi permanente et en temps réel. Cette « fouille aérienne » est utile pour surveiller les abords des bases, tout en rendant les reconnaissances plus faciles et les frappes théoriquement plus sûres.

Malgré ces avancées technologiques qui ont fait croire que l'on pouvait inverser le rapport de force, l'effectif de la coalition présente en Afghanistan demeure insuffisant, soit 100 000 hommes à l'automne 2009. Pour tenir un pays en insurrection, il faut des troupes. L'adversaire sait se servir du relief dans un pays dépourvu de communications en dépit des nouvelles routes construites par la coalition. Pour Adrien Jaulmes, spécialiste des questions militaires, « les unités occidentales se déplacent comme des escadres navales dans des immensités désertiques ou montagneuses, mais peinent à garder le contrôle des zones d'où elles parviennent à chasser les taliban[1] ». Avec tous les risques d'une escalade militaire mais sans pouvoir tenir les frontières – ce qui reviendrait à remplir une citerne percée –, faut-il concevoir que la sécurité interne de l'Afghanistan et la lutte contre Al-Qaida, troupes locales comprises, ne puisse être assurée qu'à partir d'un effectif compris entre 300 000 et 600 000 hommes d'ici trois ans, comme le suggère un groupe d'experts militaires réunis le 21 novembre 2008 à l'université de la Défense nationale américaine[2] ? On comprend l'analyse du général Mark Carleton-Smith, commandant du corps expéditionnaire britannique qui, dans une interview publiée par le *Sunday Times* du 5 octobre 2008, estime que « la guerre en Afghanistan ne peut être gagnée ». Et de ramener *a minima* les objectifs de la coalition : « Il s'agit de réduire [la guerre] à un niveau d'insurrection contrôlable ne constituant pas une menace stratégique et pouvant être gérée par l'armée afghane[3]. »

Malgré le pessimisme des commandants en chef à Kaboul (McKiernan et son successeur McChrystal), et bien que le conflit ait coûté 4 milliards de dollars par mois en 2009, c'est contre cette résignation qu'entend lutter le plan du président Obama, fondé sur la contre-insurrection. Mais pourra-t-il faire face au crescendo de la guerre, à des hésitations de plus en plus prononcées, tout en œuvrant à la reconstruction du pays ?

2006-2008 : « Les taliban nous ont encerclés chez eux »

Le 22 octobre 2006, le mollah Omar proclame l'intensification de la guerre contre les envahisseurs, reprenant cette réflexion de 2001 : « Nous perdrons le pouvoir, nous perdrons Kaboul, cela n'a pas d'importance[4]. » Le mois précédent, les Britanniques en ont fait la douloureuse

1. *Le Figaro*, 20 juin 2008, p. 7.
2. Frederic Barton, Karin von Hillpel, Mark Irvine, Thomas Patterson et Mehlaqa Samdani (dir.), *Afghanistan and Pakistan on the Brink. Framing US Policy Options*, résumé des actes du colloque organisé par l'Institute for National Strategy Studies et le Center for Strategy and International Studies (éditeur), mars 2009, 32 p.
3. *Le Monde*, 5 octobre 2008, p. 1.
4. Cité par William Lind, « La victoire des forces asymétriques », Contre info.com, 17 avril 2009, p. 1.

expérience en subissant une moyenne de douze attaques quotidiennes – il s'agit, en quelque sorte, de la quatrième guerre anglo-afghane. Les taliban entretiennent une insécurité généralisée : pour la seule année 2007, on compte 566 « incidents » contre 425 un an plus tôt ayant coûté la vie à 8 000 personnes, dont 1 500 civils.

La surenchère des taliban

Début 2008, environ 54 % du pays connaît une présence permanente de l'ennemi. À la fin de cette même année, ce chiffre se porte à 72 %. Selon un rapport de l'office des Nations unies du Haut-Commissariat aux réfugiés, 26 des 34 provinces afghanes sont considérées comme zones d'insécurité[5]. En décembre 2008, d'après Antonio Giustozzi, la situation a encore empiré : seules les provinces de Samagan et du Panchir ne connaissent aucune violence. Les turbans noirs ont fait leur apparition dans les provinces du Nord, tout comme dans la province centrale de Bamiyan[6]. En décembre 2008, dans la région de Ghazni, les taliban vivent dans leurs villages, dans leurs fermes traditionnelles fortifiées (ou *kalats*), en toute impunité, montant des raids sur les routes en étant rarement poursuivis, selon Paul Watson, envoyé spécial du *Los Angeles Times*[7]. Tout muret peut cacher une embuscade à bout portant. Comme le notent les envoyés spéciaux du *Figaro*, en septembre 2008, auprès des paras du 8e RPIMa, quand on quitte la protection de la base avancée (ou FOB pour *forward operational base*[8]), il faut « avoir l'œil partout. Les insurgés afghans sont de plus en plus audacieux[9] ».

Un élément significatif démontre le contrôle du terrain par l'adversaire : l'emploi de dispositifs logistiques fort coûteux. Ainsi, l'armée française utilise une technique de livraison par air, connue sous l'acronyme

5. Spiegelonline, 20 mars 2009, p. 2.
6. Article d'Antonio Giustozzi, auteur de *Koran, Kalashnikov and Laptop : the Resurgence of the Neo-Taliban in Afghanistan*, Zurich, Crisis Research Center et C. Hurst, 2007, site du Swiss Federal Institute of Technology de Zurich, 12 décembre 2008.
7. Paul Watson, *Los Angeles Times*, 11 janvier 2009, p. 4.
8. Plus grand qu'un poste de la guerre d'Algérie, sauf sur la ligne Morice, la FOB évoque un camp retranché, protégé par une double ceinture de cylindres grillagés remplis de terre, avatar moderne des gabions. « Entre les baraquements où logent 200 soldats, des blocs de béton en U, surmontés de sacs de sable, servent d'abri : depuis l'installation il y a trois mois, la base a subi plusieurs attaques au mortier ou à la roquette. Dans les tours de guet, les sentinelles scrutent la vallée et la crête, radio en alerte et mitrailleuse 12,7 mm en batterie », cité dans « En Afghanistan avec le 8e RPIMa », *Le Figaro Magazine*, 4 octobre 2008, p. 53.
9. *Ibid.*

imprononçable de LMTGH-OB, soit « largage de matériel à très grande hauteur en ouverture basse ». Depuis les aérodromes de Douchanbe (au Tadjikistan), de Kaboul ou de Kandahar, des C-160 Transall et C-130 Hercules larguent à basse altitude des palettes avec une précision de l'ordre de 200 mètres du point visé[10].

En 2008, les taliban font monter les enchères. À ce titre, la province de Kandahar a valeur d'exemple. Le 18 février, lors d'un spectacle de combats de chiens, traditionnel en pays pachtoun, un attentat-suicide provoque la mort de 80 personnes. Le même mois, à Spin Boldak, 60 personnes sont tuées dans une autre attaque-suicide. Suit, le 13 juin, un raid victorieux sur Kandahar. Une centaine de taliban prennent d'assaut la prison principale pour libérer 1 200 détenus, dont 400 des leurs, sans que les 2 000 Canadiens gardant cette ville de 800 000 âmes aient pu répliquer. Face à l'extension de l'insécurité dans les villes afghanes, mais aussi au Pakistan (dont, en juillet, un attentat-suicide près de la Mosquée rouge à Islamabad), les coalisés et leur allié pakistanais ressemblent à des pompiers constamment sollicités par des départs de feu qu'ils ne peuvent maîtriser. Un peu comme l'armée française en Algérie en 1954-1956 avant l'application des théories de la contre-guérilla et le verrouillage des frontières.

Une réponse inadaptée de la coalition

Les réactions de la coalition sont dans l'ensemble inadaptées, encore que certaines actions ciblées sur de bons renseignements donnent quelques résultats. En décembre 2006 et mai 2007, par exemple, deux des principaux chefs taliban, Akthar Mohammad Osmani et le mollah Dadullah, sont tués. Les coalisés sont en position défensive, même s'ils mènent des actions spectaculaires comme l'opération « Achille » en mars 2007, la plus importante sous l'égide de l'OTAN. Mais sortant seulement pour des opérations ponctuelles sans tenir le terrain, la plupart des troupes engagées restent l'arme au pied, dans la bulle d'autoprotection au confort moderne des bases américaines et otaniennes, souvent installées sur d'anciens sites de l'Armée rouge.

Comme les Soviétiques avant eux, les coalisés en sont réduits, en 2007-2008, à se battre essentiellement pour desserrer l'étau autour des villes et tenir les routes. Les taliban ont bien « encerclé chez eux » les

10. C'est la technique dite « Halo » (*high altitude low opening*) utilisée par les paras. *Libération*, « secretdefense », 27 novembre 2008.

Occidentaux[11]. Ils ne se contentent plus de harceler. Le 13 juillet 2008, ils attaquent une petite base américaine proche du village de Wanat, dans la vallée de la rivière Waygul, à l'est du pays. Ce jour-là, 24 soldats afghans et 45 soldats américains (fantassins des 26e et 503e régiments d'infanterie et paras de la 173e Airborne) subissent, à l'aube, les tirs précis et à courte distance des 200 attaquants qui détruisent les mortiers de 120 mm de la garnison. Puis, lançant des rochers des hauteurs surplombant le poste inachevé, ils ouvrent le feu de tous les côtés pendant une heure. Ils s'éparpillent ensuite dans la montagne pour échapper à l'appui feu aérien, lent à se mettre en place. Lourd bilan : 75 % de pertes du côté américain (9 tués, 27 blessés), et entre 21 à 45 tués pour l'ennemi. Ce sérieux revers donne lieu à une investigation poussée de la part du commandement américain[12]. Elle démontre que la garnison était d'autant plus vulnérable qu'elle n'avait noué aucun lien avec la population et que la chaîne de commandement était déficiente – le poste de commandement du bataillon se trouvant à sept kilomètres de la base.

L'été 2008 est donc particulièrement chaud. Sur le plan tactique, la multiplication des combats dans le sud, le centre et à l'est du pays, ainsi que les premiers accrochages dans les provinces du nord et de l'ouest obéissent à une volonté délibérée de disperser les forces des coalisés. En les épuisant ou en les maintenant toujours en alerte, il s'agit aussi de gêner ou d'empêcher la réalisation des programmes locaux de développement, notamment au sein des PRT. Ainsi le 27 juillet, dans la province de Khost, frontalière avec le Pakistan, la principale base américaine subit un assaut frontal par des kamikazes équipés de gilets bourrés d'explosifs, mais en l'absence de reportages ou d'images, y compris du côté des assaillants, c'est le *black-out* sur ce combat majeur. Il faut se reporter à une source arabophone neutre et se contenter d'un laconique : « Plusieurs dizaines d'insurgés tués dans la province de Khost, selon les autorités[13]. » En même temps, dans le sud, un grand combat contre les Américains et les forces loyalistes afghanes aurait coûté 220 morts aux islamistes. Pour le seul mois d'août, 40 soldats de l'OTAN périssent tandis que les policiers afghans sont les premières cibles des taliban, comme ce 5 août où quatre d'entre eux sont tués

11. L'expression est de Christian Makarian, chroniqueur à *L'Express*.
12. Le journal de l'armée américaine, *Stars and Stripes*, donne de larges extraits du rapport officiel, « Wanat : A Special Investigative Series on an Afghan Battle Gone Wrong », 11 p.
13. Bassirat.net, 5 août 2008.

dans le district de Panjwayi, près de la frontière pakistanaise. En octobre, nouveau combat, dans le sud du pays, près de Lashkar Gah : 150 taliban mènent une attaque d'envergure et laissent, selon les sources américaines, 50 des leurs sur le terrain. La pugnacité de l'adversaire ne cesse qu'avec les premières neiges, bien qu'en novembre il soit capable de saisir un poste de tir Milan aux Français en emportant deux missiles antichars pouvant aussi servir comme artillerie à courte portée[14].

Au total, selon Pierre Servent, l'année 2008 est la plus lourde depuis 2001 pour les combattants de la foi : 4 000 tués[15]. Supportant l'essentiel des combats de la FIAS et de l'OEF, les Américains déplorent déjà, sur les 1 011 soldats de la coalition morts au champ d'honneur entre 2001 et fin décembre 2008, 630 tués, dont 98 en 2006, 117 en 2007 et 151 en dix mois en 2008 – soit une nette progression en trois ans. En 2008, l'ensemble des pertes a augmenté de 40 % par rapport à 2007, et les bases et FOB de la coalition ont subi 378 attaques directes.

Si elles sont si élevées, quoique encore inférieures à l'Irak (4 189 tués américains entre mars 2003 et décembre 2008 pour un effectif moyen d'environ 150 000 hommes), c'est que, comme lors de la guerre du Golfe, il n'est pas possible d'« encager » (selon la doctrine OTAN) le champ de bataille à l'échelle d'un pays où l'ennemi se dérobe. Pourtant il semblait que l'arme aérienne, aidée des drones, pouvait à elle seule faire la différence, mais c'était sans compter sur les effets pervers des « dommages collatéraux ».

Une réalité de la guerre : les « dommages collatéraux »

Une guerre censée être menée du ciel

Priorité étant donnée à l'Irak après 2003, la gestion à l'économie du conflit afghan, dont l'intensité croît progressivement, repose sur un postulat en partie faux qui explique la lourdeur des armées modernes : le combat ne sera plus qu'urbain, et l'œil et le feu du ciel emporteront la décision.

14. Pierre Servent, *Les Guerres modernes racontées aux civils... et aux militaires*, Paris, Buchet-Chastel, 2009, 300 p., p. 70.
15. *Ibid.*

À partir du concept du « zéro mort » et des vertus de la RAM, comme au Vietnam pour assurer la sécurité des camps-bases et des lignes de communication, le commandement américain remet à l'honneur le tout-aérien si cher aux thèses du général italien Douhet après la Première Guerre mondiale, en l'adaptant aux aéronefs modernes. Cette doctrine est aussi prônée par l'Air Task Force de l'OTAN. Si elle a donné des résultats au Kosovo, elle semble peu adaptée à un adversaire mêlé aux civils. Celui-ci défie l'occupant en ayant tendance à multiplier les astuces pour se camoufler, telles ces bâches en plastique tendues dans d'étroites ruelles de village qui le mettent à l'abri des drones d'observation. Un avion, un drone ne peuvent tenir le terrain – même si le drone a un temps d'observation fort long. Une voilure tournante a un temps d'action plus long, mais ne peut agir que pour des missions ponctuelles et non pas pour servir de gendarme aérien permanent. Le soutien de l'aéronavale reste marginal, les aéronefs ne devant rester que quelques minutes dans le ciel afghan en raison des distances à parcourir.

L'aviation se révèle cependant très coûteuse, notamment du fait de l'étendue de l'Afghanistan, et des contraintes géographiques et climatiques de ce pays de montagne. Le capitaine Romain, dans son carnet publié, mais aussi dans son blog, en donne un exemple révélateur à la date du 20 avril 2008. C'est le premier tir d'une bombe A2SM, en appui de troupes canadiennes : « L'avion s'incline légèrement au "glong !" des 300 kilos éjectés sous l'avion. *Out hot. Impact in few seconds* [...]. La bombe a impacté à 10 mètres du point visé. » Face à un combattant rustique et dispersé, il y a là un décalage entre les moyens engagés et les effets produits. Traquer des insurgés armés de lance-roquettes et qui se déplacent sur des mobylettes exige une patrouille conjointe d'un Rafale et d'un Mirage 2000-D, ainsi qu'un ravitailleur en vol Boeing C-135 quadriréacteurs... Sans parler de la logistique au sol qui nécessite près de 170 personnes.

En règle générale, pour les six avions français quotidiennement engagés depuis la fin 2008, il s'agit de surveiller une zone et de remplir les objectifs définis par le JTAC (le Joint Tactical Air Control qui assure la coordination des actions tactiques aériennes en liaison avec les troupes au sol) : surveiller les alentours d'une FOB, reconnaître un terrain avant le début d'une opération, protéger le passage d'un convoi... Cette dernière mission devient essentielle depuis la montée en puissance de l'adversaire. En appui de troupes britanniques dans l'est, un capitaine chef de patrouille (deux Rafale) témoigne : « Un convoi transportant du pétrole doit emprunter un segment de la *highway 1*, axe routier stratégique qui traverse le pays du nord au sud. Les Brits doivent s'assurer que les ponts sont "clairs" de tout mouvement suspect, du type pose d'engins explosifs[16]. » Mais quelle réalité de terrain perçoit le pilote dans l'avion le plus moderne du monde réduit à un simple et très coûteux appui feu ? Le capitaine Romain le dit lui-même, la guerre se résume pour le pilote à son cockpit et à la base de Kandahar. Une guerre de richissimes contre des va-nu-pieds qui parviennent cependant à défier l'occupant occidental, comme ils l'avaient déjà fait contre les Soviétiques.

Le ciel afghan est aussi dangereux pour les pilotes : trop de drones, de différentes grosseurs, volant à des altitudes variables ; les plus petits n'ont pas de signal de reconnaissance. Ils ont l'angoisse d'être pris pour cible, non plus par des RPG-7, mais par des armes plus puissantes, au décollage et à l'atterrissage d'aérodromes vulnérables car sertis de montagnes. Voler au-dessous ou près des sommets de l'Hindou Kouch entraîne des procédures strictes qui font monter d'autant le taux d'adrénaline et les risques d'accident. Si on « percute la planète », il faut savoir qu'à l'inverse de la Bosnie ou de l'Afrique, il n'y aura pas de secours héliporté au-dessus de 4 000 mètres. Des équipes de l'armée de l'air française sont spécialement entraînées dans les Alpes à ce type d'opération de récupération d'un pilote blessé, qui, lui, a par ailleurs reçu une formation spécifique au froid. Encadrée par des commandos de l'air, cette équipe comprend un médecin militaire qui saute en tandem avec un gendarme de haute montagne[17].

Étant donné le coût des heures de vol, l'usure des hommes et des matériels sous le climat afghan, et la pugnacité de plus en plus grande de l'adversaire, on conçoit que petit à petit les missions aériennes, en dehors de l'observation, soient avant tout consacrées à l'appui feu. Pour la seule année 2008, au bénéfice des troupes au sol, les forces aériennes américaines effectuent 19 000 missions, soit plus qu'en Irak pour la même période.

Les « dommages collatéraux » du tout-aérien

Ces missions de bombardement ont fatalement pour résultat de multiplier les « dommages collatéraux » parmi les populations civiles, de sorte

16. Cynthia Glock, « De la surveillance du ciel afghan à l'appui feu des troupes au sol », *Armées d'aujourd'hui*, n° 338, mars 2009, p. 17.
17. Témoignage cité du colonel Éric Maïni.

que « libérateurs et libérés se craignent de plus en plus[18] », comme le remarque le cinéaste allemand Hubert Seipel. Même si les Américains, outre leurs forces spéciales, disposent d'unités spécifiques – les FAC (Forward Air Control) chargées de guider l'appui aérien –, les drames sont fréquents. Peut-on évaluer les pertes parmi les civils ? Elles auraient connu une croissance de 40 % en 2008, soit 2 188 tués contre 1 527 l'année précédente, selon un rapport des Nations unies qui incrimine avant tout la responsabilité des *suicide bombers* et des IED le long des routes[19]. Le 12 juin 2009, au siège de l'OTAN, à Bruxelles, le représentant de l'ONU à Kaboul, le diplomate norvégien Kai Eide, accuse les forces spéciales américaines d'être à l'origine de ces raids aériens trop coûteux en vies humaines et qui plombent la contre-insurrection. Il produit un triste bilan, indiquant que les pertes civiles dues à la coalition et à l'ANA en 2008 (828 tués) sont à peine inférieures aux 1 300 victimes dues aux taliban[20].

Déjà, le 20 décembre 2001, Hamid Karzaï lui-même dénonçait le premier bilan tragique d'un « dommage collatéral » de l'US Air Force ayant attaqué un convoi en tuant 65 personnes[21]. Sept ans plus tard, selon une source indienne de New Delhi, le bilan des frappes aériennes sur des villages soupçonnés d'abriter des taliban (lors de fêtes de mariages notamment) est des plus lourds. En juillet 2008, une cinquantaine de personnes sont tuées dans la province de Nangarhar, dans l'est de l'Afghanistan. Le 22 août suivant, dans la province d'Herat, après un bombardement aérien de l'OTAN et l'intervention au sol de forces spéciales américaines, on déplore 91 civils tués, dont 50 enfants, au village d'Azizabad – victimes dénoncées par l'ONU et la présidence afghane, même si les Américains persistent à ne reconnaître que 22 taliban tués[22]. En novembre 2008, en quarante-huit heures, les Américains refont les mêmes erreurs qu'au Vietnam et en Irak. Le 5 novembre, dans la province de Kandahar (au sud du pays), au village de Wacha Bakhta,

18. Reportage d'Hubert Seipel, *Vivre et mourir pour Kaboul*, diffusé sur Arte le 5 août 2009 (47 minutes).
19. *The New York Times*, 19 février 2009, p. 1.
20. *The New York Times*, 24 juin 2009, p. 1-2.
21. Il s'agissait, semble-t-il, de fuyards, après le bombardement ayant duré sept heures et réduit à l'état de ruine le village d'Asmani Lilai, dans la province d'Ourouzgan. Le lendemain, lors d'un second raid de nuit, 25 civils du village de Naka, province de Paktya, étaient tués, *Le Figaro*, 28 décembre 2001, p. 3.
22. Marcel Kolvenbach et Tom Roberts, *Des bombes pour la paix*, documentaire de 30 minutes diffusé sur Arte le 5 août 2009.

40 civils sont tués ; le lendemain, dans la province d'Herat (au nord-ouest), sept civils auraient été tués en même temps que 15 taliban. Mais que savons-nous des chiffres réels, les journalistes n'étant pas sur le terrain ? Enfin, bavure largement couverte cette fois-ci par les médias : le 4 mai 2009, des taliban attaquent des postes de police dans la province de Farah, dans l'ouest du pays ; ils se replient ensuite sur le village de Ganj Abad qui ne tarde pas à être bombardé par l'aviation américaine. Le bilan est estimé à une centaine de tués[23]. La mort de dizaines de civils y est dénoncée par le Comité international de la Croix-Rouge[24].

Ces tués fortifient la lutte en termes de guerre nationale pour les taliban. On conçoit l'animosité de la population envers l'occupant, ce qui renforce le sentiment d'isolement des soldats de la coalition occupant des postes perdus dans la montagne afghane. La propagande ennemie n'a aucun mal à convaincre les Afghans que les coalisés ne sont que des « croisés de l'Occident » de sorte que la FIAS apparaît comme une « occupation militaire étrangère[25] ». Abdul Akim Zada, chef de district dans la province de Kapisa, confie ses craintes à Éric de Lavarène, reporter de *L'Express* : « Les bombardements des forces de l'OTAN poussent les jeunes à rejoindre les taliban. » Depuis janvier 2008 dans cette zone, des dizaines de maisons ont été détruites et, reconnaît un militaire américain, « les militaires afghans ne guident pas toujours avec précision nos avions ou nos canons[26] ». Dans le sud du pays, fin mars 2009, dans la vaste province d'Helmand, l'administration Karzaï et les coalisés ne contrôlent plus que quelques bourgades. Selon un officier supérieur afghan qui s'est battu sur ce front méridional, « notre défaite dans cette région n'est pas une question d'effectifs. Nous y avons 2 000 policiers, 1 000 gardes-frontières et 5 000 soldats afghans. Plus 8 000 soldats anglais, 3 000 marines américains et 700 hollandais. Contre quelques milliers de taliban. Et pourtant cette guerre est perdue. Car les bombardements des Anglais et des Américains causent des pertes cruelles aux populations civiles et les tournent vers les taliban[27] ».

---

23. rfi.fr, 6 et 9 mai 2009.
24. *The Washington Post*, 7 mai 2009, p. 1-3.
25. Rapport d'information parlementaire de Jean Glavany et d'Henri Plagnol, *op. cit.*, p. 10.
26. *L'Express*, 31 juillet 2008, p. 40.
27. *Le Figaro*, 28-29 mars 2009, p. 7.

Inconnu des médias français, un sondage réalisé par la BBC, ABC News et la chaîne allemande ARD German TV dans les grandes villes afghanes[28] montre que depuis 2005 l'image des coalisés et celle de l'administration Karzaï sont en chute libre : 77 % d'opinions favorables en octobre 2005 et seulement 40 % en décembre 2008-janvier 2009. Pour la même période, les États-Unis passent de 83 % d'opinions favorables à 47 %. Autre signe inquiétant relatif à la politique menée par les coalisés : 44 % des sondés (contre 18 %, le reste est sans opinion) désirent que le niveau de présence des troupes sur le terrain soit revu à la baisse. Dans les provinces de l'est et du sud, les plus concernées par la guerre, entre 14 % (province d'Helmand) et 26 % des personnes interrogées s'estiment en sécurité. Plus préoccupant : avec une progression de dix points par rapport à 2007, 36 % des sondés rendent les États-Unis et l'OTAN responsables de l'insécurité et de la faillite du pays, plus que les taliban mis en cause par 27 % des personnes consultées (ils étaient 37 % en 2007). De même, en dépit de l'accroissement des effectifs, la présence des coalisés sur le terrain n'est appréciée qu'à 34 %, contre 57 % en 2006. Les chiffres relatifs à la sécurité issue de cette présence subissent, eux aussi, la même dégringolade en passant de 67 % à 42 % pour la même période. Les Afghans blâment la coalition pour les bombardements aériens responsables des pertes civiles pour 47 % des sondés, en décembre 2008-janvier 2009. Toutefois, le plus grand danger à long terme est encore constitué, en premier lieu, pour 58 % des personnes interrogées, par les taliban, suivis des trafiquants de drogue (13 %), des États-Unis (8 %) et des seigneurs de guerre locaux (7 %). Seuls 4 % des sondés souhaitent un gouvernement aux mains des taliban[29]. Ce dernier chiffre est le plus encourageant pour la FIAS. Encore faudrait-il, dans tous les sens du terme, corriger le tir...

La mise en question des Américains

Cette nécessité de « corriger le tir », Barack Obama l'a bien comprise. Lors du sommet américano-pakistano-afghan des 6 et 7 mai 2009 à la Maison Blanche, il présente ses excuses pour les derniers « dommages collatéraux » subis par le village de Ganj Abad. Le président Hamid Karzaï qualifie ces bombardements d'« inacceptables et d'injustifiables ». Hillary

28. Sondage réalisé sur 1 534 adultes de 34 provinces en décembre 2008 et janvier 2009.
29. Les 40 pages de ce rapport sont disponibles sur les sites des trois télévisions sous le titre : *ABC News/BBC/ARD Poll – Afghanistan : where Things Stand*, 9 février 2009.

Clinton présente ses regrets et le président américain promet une enquête[30]. Le général Petraeus en est chargé et son supérieur, l'amiral Mike Mullen, condamne l'emploi irraisonné des frappes aériennes. Les premières conclusions de cette enquête montrent qu'après un combat de plusieurs heures entre les taliban et 150 soldats de l'ANA, 60 policiers afghans et deux équipes de marines des forces spéciales, ce sont ces derniers qui ont demandé l'appui feu. Il a viré à un bombardement intensif dû à trois F-18 effectuant plusieurs rotations et larguant de grosses bombes guidées laser[31].

Dès sa prise de fonction à Kaboul, le lieutenant général Stanley McChrystal entend restreindre les frappes aériennes. Il les interdit dans les zones peuplées : « La puissance aérienne contient les graines de notre propre destruction si nous ne l'employons pas de manière raisonnable[32]. » Ce qui correspond à la nouvelle stratégie du général David Petraeus qui est de « gagner les cœurs et les esprits » en redéfinissant les règles d'engagement des avions d'appui au sol et des bombardiers et autres drones armés. En fait, depuis septembre 2008, des règles plus strictes ont été édictées et l'on voit se développer, sur le modèle colonial (Levant et Algérie en mai 1945, côté français), des vols d'intimidation à basse altitude (moins de 1 000 pieds) de biréacteurs dont le bruit est censé disperser les taliban et leurs sympathisants ou permettre de les frapper à coup sûr à l'aide de roquettes ou de bombes légères[33]. Ces *shows of force* (en anglais opérationnel) exécutés à grande vitesse ne sont pas seulement destinés à dissuader, mais aussi à donner des images des activités au sol grâce à des caméras embarquées.

Cependant, malgré ces nouvelles précautions, les contingences de la guerre, la nécessité de faire cesser la pression sur la région de Kunduz (vitale pour la logistique des coalisés) entraînent un malencontreux bombardement de l'OTAN le 4 septembre 2009. Faisant plus de 100 morts, il est immédiatement dénoncé par le président Karzaï. Deux F-15 visent deux camions-citernes détournés par les taliban à proximité d'un village : une quarantaine de civils sont carbonisés, dont des enfants. Le bilan officiel de l'OTAN est de 142 victimes, dont des civils. Dans la soirée, le général McChrystal, qui rend responsable les

30. *The New York Times*, 14 juin 2009, p. 1-2.

31. *The New York Times*, 19 mai 2009.

32. *Le Figaro*, 23 juin 2009, p. 8.

33. Reportage sur le *Theodore Roosevelt* d'Elisabeth Bumiller, « From a Carrier, another view of America's air war in Afghanistan », *The New York Times*, 24 février 2009, p. 2.

Allemands de ce raid effectué sans son ordre, adresse un message en dari et en pachto aux Afghans : il ordonne immédiatement une enquête[34]. De son côté, le ministère de la Défense allemand mène sa propre enquête. Le colonel Georg Klein, responsable de la frappe, n'est pas sanctionné. Mais en novembre 2009 la presse s'empare de cette affaire pour dénoncer l'OTAN et l'inutilité de la présence de la Bundeswehr en Afghanistan où l'on doit reconnaître l'état de guerre. La crise atteint le sommet de l'État : après quatre enquêtes successives, il devient clair que la vérité sur les victimes civiles a été cachée. S'ensuit une série de démissions en chaîne : celle du chef d'état-major, le général Wolfgang Schneiderhan, du secrétaire d'État à la Défense, Peter Wichert et, enfin, le 27 novembre, celle du ministre du Travail, ex-ministre de la Défense jusqu'en octobre, Franz Josef Jung. En raison de dysfonctionnements dans la chaîne de commandement, les fantômes de *Guernica* n'en finissent pas de hanter l'Afghanistan...

« Bavures » au sol

Si l'arme aérienne peut se révéler contre-productive dans cette guerre politique où il faut d'abord se concilier les populations, d'autres « dommages collatéraux » sont dus aux troupes au sol, par insuffisance du renseignement et impéritie (ou incompétence) du commandement. Ces « dommages collatéraux » évoquent plus la tuerie aveugle d'Haditha en Irak[35] que le massacre de My Lai au Vietnam[36]. Ils illustrent cette maxime d'André Malraux : « Il peut y avoir des guerres justes et des guerres injustes. Il n'y a pas d'armée innocente et il n'y en aura jamais. »

En effet, dans la nuit du 6 au 7 janvier 2009, à 100 kilomètres à l'est de Kaboul, dans la province de Laghman, au village de Massamut Olia, sous commandement OTAN, des Américains mènent une opération de nuit pour retrouver un chef *taleb* et détruire un atelier d'IED. Mais l'affaire tourne mal pour les 75 paras. Selon l'armée américaine, le

34. *The New York Times*, 5 septembre 2009, p. 1-2, et *The Washington Post*, 6 septembre 2009, p. 1-6.
35. Le 19 novembre 2005, un convoi de marines est pris pour cible. Un sous-officier perd son sang-froid et ordonne des tirs de représailles : 24 hommes, femmes et enfants sont tués.
36. Le 16 mars 1968, le lieutenant William Calley, de la 11e brigade, commet un crime de guerre dans le village de My Lai : viols, mutilations et exécutions en série – la justice militaire lui impute 160 victimes, hommes, femmes et enfants, d'autres sources mentionnent de 350 à 500 tués. Il présente ses excuses en... septembre 2009, sans avoir été condamné à une lourde peine.

bilan est de 32 taliban tués. On déplore aussi la mort de 16 civils, d'un garde-frontière et d'un jeune policier formé par les Américains, selon un communiqué de la présidence afghane. Dès le lendemain, Hamid Karzaï proteste contre cette nouvelle bavure et envoie sur place une commission d'enquête. L'affaire aurait pu en rester là sans la mouche du coche, un journaliste de RFI, Nicolas Vescovacci, qui se rend à l'hôpital de Mehtar Lam, chef-lieu de la province. Il rencontre des blessés de ce dramatique combat de nuit, prend des photos. Elles corroborent la version du chef de la police du Laghman, le général Abdel Karim Oumariar : « Les Américains ont tiré dans le tas, c'était la nuit. Ils ne savaient pas qui était taliban, qui ne l'était pas. Ils ont réussi à éliminer deux commandants taliban. Mais il y a eu de nombreux morts civils. Je peux confirmer le bilan : il y a eu seize civils tués[37]. »

Malgré les longs stages qui précèdent l'envoi en Afghanistan, cet exemple illustre combien il est difficile de transformer un para américain en sœur de charité. Pareille tuerie n'aurait cependant jamais dû avoir lieu. Le général McKiernan a multiplié les mises en garde. Sa directive du 20 novembre 2008 est des plus claires : l'ouverture du feu dans un village ne doit se faire qu'après que le commandement a l'assurance que les civils ne pourraient être touchés[38]. Un mois plus tard, le 30 décembre, dans une directive déjà citée, il indique que la FIAS doit soigneusement éviter les victimes innocentes et que « tous les personnels doivent manifester du respect pour les Afghans, pour leur culture, leurs coutumes et pour l'islam[39] ». C'est l'exacte définition de la contre-insurrection.

De la théorie de la contre-insurrection...

Depuis 2007, l'OTAN poursuit l'opération « Pamir » en s'inspirant des leçons irakiennes. Cette nouvelle donne, formalisée en octobre 2007 dans la stratégie dite d'« implication des acteurs clés », permet de jouer la carte des chefs de tribus. « Pamir » a pour objectif de séparer les

37. Le reportage de RFI porte le titre : « L'armée américaine en Afghanistan : réalité et propagande », la version éditée : *Afghanistan : enquête sur une bavure de l'armée américaine*, 27 janvier, rfi.fr, p. 1-2.
38. « Afghan Report 2009 », document imprimé OTAN-FIAS, Bruxelles, 42 p., p. 10.
39. *L'Express*, 29 janvier 2009, p. 26.

insurgés de la population dans les bastions taliban du sud et de l'est de l'Afghanistan. Ce premier essai de contre-insurrection à grande échelle doit beaucoup au général David Petraeus. Il a su forger une nouvelle doctrine afin de répondre au défi des guerres asymétriques. Et ce, à partir d'exemples antérieurs, français, britanniques ou américains.

Quelques leçons de l'histoire militaire

Au début des années 1950, la guerre d'Indochine entre dans sa seconde phase et devient un conflit périphérique dans le cadre de la guerre froide, après l'émergence de la Chine communiste et le début de la guerre de Corée. Grâce aux victoires du général de Lattre de Tassigny à Vinh Yên, en janvier 1951, et à Dong Trieu deux mois plus tard, il est possible de sécuriser les deltas et d'y mener une politique de pacification. Au Tonkin, dans le grenier à riz que constitue le delta du fleuve Rouge, le général Alessandri se retranche derrière une ligne fortifiée afin d'affamer le Viêt-minh. Au Sud, sans bénéficier de cette protection d'ouvrages, le général Chanson, responsable de la Cochinchine, contrôle peu à peu le delta du Mékong jusqu'à son assassinat en juillet 1951. Ce polytechnicien à la conquête des masses paysannes brise tout d'abord les offensives de l'ennemi. Puis, dans le cadre du « jaunissement » ou de la « vietnamisation » de la guerre, il fait appel à des partisans, formant des commandos levés sur place. Grâce au maillage serré de nouveaux postes, l'utilisation de chenillettes très mobiles et une bonne dotation en hommes et en troupes de qualité, il mène ensuite des attaques ininterrompues pour épuiser le Viêt-minh, le contraindre à la dispersion, garder constamment l'initiative et par là même l'obliger à relâcher la pression sur la population. Le système des sous-quartiers cloisonnés lui permet, selon les méthodes des coloniaux français, de pacifier l'une après l'autre les zones où l'ennemi trouvait ordinairement refuge[40]. Considérant que ce qui importe est avant tout la dimension politique et socio-économique du conflit, il redonne vie à l'économie locale dans la sécurité.

En Malaisie, entre 1948 et 1954, les militaires britanniques, pragmatiques et dépendants du pouvoir civil (à l'inverse des Américains au Vietnam), l'emportent définitivement sur les maquis communistes chinois parce qu'ils ne se battent pas pour conserver une colonie mais pour

40. Général Dominique de La Motte, *De l'autre côté de l'eau. Indochine 1950-1952*, édition établie par Stéphane Audoin-Rouzeau, Tallandier, 2009, 168 p., p. 33-34 et 158.

l'amener à la pleine souveraineté[41]. Dans le cadre spécifique de ce pays, héritages aussi des expériences des combats de jungle du célèbre colonel Wingate contre les Japonais en Birmanie, les théories de la contre-insurrection doivent beaucoup aux réflexions de Sir Robert Thompson, un spécialiste de la contre-guérilla. Face aux 7 000 guérilleros communistes chinois, sous le commandement du général Gerald Templer, les Anglais déploient 100 000 hommes, des appelés à l'époque, et entraînent 250 000 miliciens malais de la Home Guard. La contre-insurrection se décline alors de façon rigoureuse : les Britanniques refoulent les insurgés dans la jungle, puis coupent toutes leurs lignes logistiques (par pistes ou bateaux) avec la Chine communiste. Retournant la doctrine maoïste à leur profit, tout en s'inspirant des leçons de la guerre des Boers, ils isolent puis regroupent une population chinoise de 500 000 personnes dans 400 « nouveaux villages » économiquement viables. Réduite au terrorisme, acculée à la frontière thaïe, la guérilla est moribonde en 1952. Deux ans plus tard, les Britanniques trouvent un accord politique entre le parti représentant la bourgeoisie chinoise et le Malayan Indian Congress. L'indépendance de la Fédération malaise est solennellement proclamée le 31 août 1957.

Cette application évoque également un autre spécialiste de la contre-guérilla oublié en dehors des Pays-Bas : Raymond Westerling. Chargé de désarmer les Japonais à Sumatra en 1945, il combat les communistes et les nationalistes de Sukarno. Il remporte d'éclatants succès grâce à la politique des races (il recrute parmi les Moluquois chrétiens), met en autodéfense des villages loyalistes, tout en portant la terreur chez les terroristes. Si ses forces ne sont pas suffisantes pour entreprendre la reconquête de l'ensemble des îles des Indes néerlandaises, malgré l'aide des Britanniques à Sumatra, en 1947, il contrôle l'ensemble des Célèbes[42].

Les Américains eux-mêmes ont une expérience que le général Petraeus, féru d'histoire militaire, aime à rappeler. En 1900, aux Philippines, ils combattent des nationalistes bien décidés à chasser le nouvel occupant ayant succédé aux Espagnols. En même temps, l'armée américaine édifie « des écoles, des hôpitaux et des routes[43] ». De même,

41. Lieutenant-colonel John A. Nagl, *Learning to Eat Soup with a Knife. Counterinsurgency Lessons from Malaya and Vietnam*, Chicago, Chicago University Press, 2005, 300 p.
42. Dominique Venner, *Westerling : Guérilla Story*, Paris, Hachette, 1977, 320 p.
43. Entretien accordé au *Figaro Magazine*, 24 janvier 2009, p. 43.

bénéficiant d'armes américaines, le gouvernement philippin, entre 1946 et 1954, finit par vaincre la rébellion, dite « Huk », de paysans communistes du centre de l'île de Luçon.

Les penseurs de la contre-insurrection

En fait, on passe son temps à redécouvrir le fil à couper le beurre à partir de vieilles recettes. La contre-insurrection est un concept stratégique et opérationnel étudié aux États-Unis depuis 1995[44]. Il est inspiré par l'expérience algérienne de la France, mais aussi par l'*imperial policy* britannique. Le nouveau manuel de doctrine de l'armée de terre et du corps des marines paraît en décembre 2006. Il prône l'adaptation aux défis lancés par de nouveaux adversaires. C'est le *FM* (*Field Manual*) *3-24, Army's Counterinsurgency Manual* que les 1 200 stagiaires du Command and Staff College – équivalent de notre Collège interarmées de défense – doivent méditer chaque année à Fort Leavenworth, dans le Kansas. Inspirée par David Galula, la COIN (*counterinsurgency*) comprend des « mesures militaires, paramilitaires, politiques, économiques, psychologiques et édilitaires prises par un gouvernement pour défaire une insurrection[45] ».

Ce manuel doit beaucoup à l'expérience de David Kilcullen. Né en 1967, ce lieutenant-colonel de l'armée australienne, démissionnaire en 2005, spécialiste des phénomènes insurrectionnels en Indonésie et à Timor, docteur en anthropologie de l'université de la Nouvelle-Galles-du-Sud, est l'auteur d'un ouvrage, *The Accidental Guerilla*[46], publié en mars 2009, et de nombreux articles sur la contre-guérilla et le terrorisme. Il devient conseiller de la secrétaire d'État de George W. Bush, Condoleezza Rice, en matière de contre-insurrection. Ses compétences le font remarquer par le général Petraeus qu'il rejoint en Irak. Depuis peu, il fait figure de « stratège en chef » au département d'État et travaille au Center for a New American Security, un *think tank* de Washington[47]. Il crée en 2007 le Crumpton Group, spécialisé dans le savoir-faire des opérations spéciales. Rappelant qu'un conflit doit tenir compte des paramètres ethnographiques, David Kilcullen estime qu'il s'agit à la fois de

---

44. Stéphane Taillat, « Adaptation et apprentissage. Les forces terrestres américaines et la contre-insurrection en Irak », *Revue française de science politique*, 2008/5, vol. 558, p. 773.
45. *Ibid.*
46. Le sous-titre est une feuille de route pour 2009 : *Figthing Small Wars in the Midst of the Big One*, Oxford University Press (États-Unis), mars 2009, 384 p.
47. « L'Afghanistan, nouvelle priorité », Le Monde.fr, 22 janvier 2009, p. 1.

tenir le terrain et de contrôler la population, dans laquelle l'ennemi, le plus souvent invisible, se dilue. Ces directives, respectant le droit international, entraînent une redéfinition du métier militaire qui ne doit plus seulement reposer sur la puissance de feu, comme le fait remarquer Stéphane Taillat[48]. Dans sa courte synthèse, *Vingt-huit Articles*, publiée en mars 2006, prenant le contre-pied de la RAM dans son acception du « choc et effroi » ou du seul usage de la force brutale, David Kilcullen a des accents qui évoquent *Du rôle colonial* de Lyautey, dont la grande figure suscite de nouveau l'intérêt[49] : « Connaissez la population, la topographie, l'économie, l'histoire, la religion et la culture. Connaissez chaque village, chaque champ, groupe de population, chef tribal et ancienne rancœur. Votre mission est de devenir l'expert mondial de votre district[50]. » À l'inverse d'une tradition ancrée dans le comportement de l'armée américaine en opération extérieure, la force doit demeurer l'ultime recours, parce qu'« à l'instar du paludisme, le terrorisme connaît constamment de nouvelles mutations qui exigent une mise à jour constante des parades et des ripostes[51] ».

Un autre penseur militaire, le général Rupert Smith, commandant du contingent britannique en Irak en 1991, puis en Bosnie en 1995, est l'auteur de *L'Utilité de la force*[52]. Il démontre qu'il n'y a pas de point névralgique adverse que l'on peut frapper. Il faut savoir mener une guerre d'usure et manœuvrer de façon à aligner une force militaire supérieure au moment crucial, car le conflit se gagne d'abord au sein de la population. En découlent une adaptation constante de l'outil de guerre aux circonstances et la nécessité d'une direction stratégique claire, ce qui manque cruellement à la FIAS. Le général Vincent Desportes, commandant en 2008-2009 le Collège interarmées de défense de Paris, constate d'ailleurs qu'il faut « produire de l'efficacité politique[53] ».

---

48. S. Taillat, *op. cit.*, p. 774.

49. Voir la revue des officiers saint-cyriens, *Le Casoar*, juillet 2008, « Relire nos anciens à la lumière d'aujourd'hui ». Et de rappeler que seul chef politico-militaire pendant treize ans au Maroc (1912-1925), respectueux du sultan, commandeur des croyants, et des élites et coutumes locales, Lyautey ne fit pas qu'une conquête militaire, mais aussi psychologique, économique, sociale et morale en bannissant des troupes françaises tout comportement de soudard.

50. « L'Afghanistan, nouvelle priorité », *op. cit.*, p. 2.

51. Cité par P. Servent, *op. cit.*, p. 39.

52. Rupert Smith, *L'Utilité de la force,* Paris, Economica, 2007, 395 p.

53. Cité par Jean-Baptiste Fruchard, *La Nouvelle Doctrine contre-insurrectionnelle américaine :*

Petraeus remet au goût du jour la contre-insurrection

La première application contemporaine de cette théorie a lieu en Irak grâce au général David Petraeus, actuellement patron du Centcom[54], le commandement central supervisant les opérations militaires à l'étranger, de Bagdad à Kaboul. Né en 1952, descendant de colons néerlandais, sorti dans la botte de l'académie militaire de West Point en 1974, titulaire à la fois d'un brevet parachutiste français, d'un PhD (équivalent d'un doctorat aux États-Unis) et d'une thèse de l'université de Princeton sur *Les Leçons du Vietnam*, Petraeus a d'abord pris part à des opérations de contre-insurrection en Bosnie et à Haïti. Francophile, camarade de promotion du général Jean-Louis Georgelin lors de leur stage au Command and General Staff College en 1982-1983, ce général atypique, qui a survécu à deux graves accidents, s'est illustré en Irak à la tête de la 101e Airborne en mars 2003. De 2003 à 2004, il commande aussi le secteur de Mossoul et fait sienne cette maxime de Gallieni à Madagascar, avant de lancer ses hommes contre une position à conquérir : « Messieurs, je vous rappelle que je veux que, demain après-midi, le marché local rouvre ses portes[55]. »

C'est à cette occasion qu'il met en pratique un ouvrage clé qu'il préface en 2007 de façon dithyrambique, *Contre-Insurrection. Théorie et Pratique.* Il s'agit de l'œuvre, inconnue en France à sa sortie aux États-Unis en 1963, de David Galula (1919-1968) que David Petraeus compare à un nouveau Clausewitz. Juif, saint-cyrien, David Galula était l'un des rares spécialistes du maoïsme. Il fut commandant en Algérie d'un sous-secteur de Grande Kabylie. Comme pour les colonels Lacheroy et Trinquier, l'enjeu de la « pacification » est bien pour lui la population : « Le gouvernement loyaliste ne peut pas arriver à grand-chose si la population n'est pas et ne se sent pas protégée contre l'insurrection[56]. » D'où un regain d'intérêt pour les méthodes de la guerre psychologique employée par la France en Algérie. De la sorte, les forces armées doivent

---

les guerres d'Irak et d'Afghanistan, mémoire de master de l'IEP d'Aix-en-Provence, sous la direction de J.-C. Jauffret, septembre 2009, 110 p., p. 50.

54. Effet de la RAM, de la numérisation donnant la maîtrise du renseignement obtenu en temps réel, du GPS et des moyens de communication, le général Petraeus est en poste à Washington ou agit depuis la base de Tampa, en Floride, et non sur place ou dans le Golfe, comme le général Tommy Franks lors de l'invasion de l'Irak en mars 2003.

55. P. Servent, *op. cit.*, p. 35.

56. David Galula, *Contre-Insurrection. Théorie et Pratique*, 1963, réédition en 2007 (Paris, Economica), préfacée par le général David Petraeus, p. VIII (et présentation de Philippe de Montenon).

quitter leur rôle traditionnel. Et David Galula, cité par David Petraeus, de préciser : « On pourra, dans ces circonstances précises, préférer une ronéo à une mitrailleuse, un médecin militaire qualifié en pédiatrie à un spécialiste des mortiers, du ciment à des barbelés et des employés de bureau à des fantassins[57]. » À ses yeux, il s'agit d'« apporter de la sécurité à la population, lui rendre des services concrets et vivre parmi elle[58] ». Dans des pays comme l'Irak ou l'Afghanistan, estime Petraeus, il faut pratiquer la stratégie de l'anaconda, c'est-à-dire, comme le gros serpent amazonien, se nourrir de tous les ingrédients possibles, de la propagande, de la numérisation de l'espace de bataille, des forces spéciales, de la construction de ponts, d'écoles, en instaurant une administration et une économie viables d'abord sur un plan local. C'est l'illustration de la notion dite *« interagency »* : la mise en synergie d'acteurs civils et militaires sur le terrain.

Comme David Galula, le général Petraeus estime que 80 % des actions de contre-insurrection sont d'ordre politique. Il est plus important de coordonner l'information opérationnelle que de tuer ou de capturer, en conservant une transparence totale relative aux objectifs et à leurs résultats, tout en dénonçant les atrocités commises par l'ennemi sans en commettre soi-même. En ce sens, Petraeus est très proche de Galula qui, à l'inverse du colonel Trinquier, théoricien de *La Guerre moderne*[59], tolérait l'utilisation de la torture[60]. La population livre le renseignement si elle se sent en sécurité. En Irak, des actions psychologiques sont entreprises pour expliquer la stratégie des Américains. Selon les préceptes de David Galula directement issus de sa propre expérience

---

57. David Galula, *op. cit.*
58. *Le Figaro Magazine*, 24 janvier 2009, p. 43.
59. Ouvrage édité par La Table Ronde en 1961 et réédité en janvier 2009 par Economica, avec une préface de François Géré.
60. Trinquier part du principe qu'en recourant au terrorisme, le « rebelle » perd tout droit à être traité en soldat. À Alger, il met en place le DPU (dispositif de protection urbaine) fondé sur l'« îlotage » ou le découpage de la ville en quartiers et en îlots, chacun ayant un responsable algérien qui doit répondre des personnes logées dans sa zone (voir Marie-Catherine et Paul Villatoux, « La bleuite », *Guerre d'Algérie Magazine*, n° 2, mars-avril 2002, p. 41). Une fois la zone « pacifiée » par tous les moyens, y compris la torture, il faut y installer des « hameaux stratégiques » en déployant des troupes aux plus petits échelons. Galula approuve cette seconde étape, mais en prônant avant tout une approche politique du conflit, sans s'aligner sur le niveau de violence de l'ennemi. Il faut engager une course à la légitimité de l'État en agissant au grand jour, tout en maillant le territoire pour rétablir la confiance, comme il le fit de l'été 1956 à 1958 dans le quartier du djebel Mimoum, en Kabylie, en tant que commandant de la 3e compagnie du 45e bataillon d'infanterie coloniale.

algérienne, les populations doivent d'abord être recensées – ce qui multiplie les occasions de contact –, puis protégées. En s'appuyant d'abord sur tous ceux qui ont le plus à perdre en cas de victoire des insurgés, il faut réformer, sans hésiter à se servir de la propagande qui, *in fine*, permet d'organiser des élections locales, à la clé de la phase de la reconstruction matérielle du pays dévasté par la guerre.

Appliquer la théorie : l'Irak, champ d'expérimentation

Ce schéma a été suivi par le général Petraeus dès sa prise de commandement en Irak au début de la guerre. Considérant que toute pacification ne doit pas être laissée à des spécialistes sans ouverture d'esprit, il cite souvent le colonel Bigeard, montre son film culte[61], *La Bataille d'Alger* de Pontecorvo (1965), à ceux qui veulent comprendre la contre-insurrection, et transforme ses paras en fantassins. Il leur fait assurer des patrouilles à pied afin de « sécuriser » le terrain et de montrer que les Américains n'ont pas peur de sortir de leurs Hummer, tout en glanant des renseignements. En parallèle, la 101ᵉ Airborne entreprend de former 20 000 hommes du nouvel Iraqi Civil Defence Corps, garantissant une gouvernance locale autonome[62]. Bientôt, moyennant une rétribution de 300 dollars, dans le quartier sunnite d'Adhamiyah, au nord de la ville, d'anciens soldats de Saddam Hussein forment une force de sécurité locale assurant le maintien de l'ordre. Dans le Sud chiite, la 1re division de marines procède aussi de la sorte en se servant de l'arme du dollar. L'autre moyen est le béton : à Bagdad, le 11e régiment d'artillerie se lance dans des opérations de reconstruction.

En 2004, le général Petraeus entreprend de réparer la faute des néoconservateurs de l'administration Bush qui avait supprimé l'armée irakienne, dont nombre de cadres et de soldats, humiliés, avaient grossi les forces de la résistance. Il la reconstitue peu à peu, sachant que ces soldats ont conservé le sens de la discipline, à l'inverse d'une police locale corrompue. Le général Petraeus s'appuie aussi sur les chefs de tribu, ressuscite l'économie locale, restaure les services publics et maintient un minimum d'ordre[63]. À la fin 2006, alors que l'affrontement chiite-sunnite est à son paroxysme, il devient commandant en chef en Irak. Il renoue le dialogue avec la communauté sunnite, tout en armant

61. *Le Figaro Magazine*, 24 janvier 2009, p. 42.
62. S. Taillat, *op. cit.*, p. 778.
63. Article de Renaud Girard, *Le Figaro*, 9 septembre 2008.

et en finançant des milices sunnites engagées dans la lutte contre Al-Qaida, soit un total de 100 000 hommes ; beaucoup d'entre eux étant des anciens insurgés, payés par le gouvernement irakien[64].

On doit aux initiatives du général Petraeus quelques succès. Ainsi, des quatre attentats par jour à Bagdad en 2007, le pays est passé, début 2009, à un taux de criminalité comparable à ceux des pays d'Amérique latine comme la Colombie, tant que les Américains ont été présents sur le terrain et surtout en ville. En Irak, ce concept de *nation-building* fondé sur le « nettoyer-tenir-reconstruire » est illustré dès la seconde offensive américaine sur Falloujah en septembre 2005[65]. Le général Petraeus s'est appuyé sur les chefs traditionnels sunnites, grassement payés, pour combattre les milices d'Al-Qaida et isoler les chiites des villes saintes comme Nadjaf. Avec ses allures qui rappellent Patton, son énergie, sa force de conviction, son côté avenant et jeune détestant le protocole, ce grand sportif réussit l'exploit – oublié depuis Schwarzkopf, le dernier général connu et vainqueur de l'armée américaine lors de la guerre du Golfe – d'être un militaire populaire. Le général Petraeus sait se servir des médias. Dans le but de faire plier le Congrès pour des rallonges budgétaires, tout en ayant des arguments convaincants lors des sommets de l'OTAN, il sait utiliser l'arme de la séduction. Et de préciser : « Il ne faut plus raisonner en termes de victoire ou de défaite. Le temps est passé où on plantait un drapeau sur une colline. La guerre contre le terrorisme doit être mesurée en termes de dynamique et de progrès[66]. »

C'est ce qu'applique son successeur en Irak, le général Raymond Odierno, un des artisans de la capture de Saddam Hussein en 2003. Il prépare le désengagement américain d'ici le 1er janvier 2012, selon une promesse électorale de Barack Obama. Pour cet ancien commandant de la 4e DI en 2003, l'ouverture massive du feu est contre-productive dans les opérations antiguérilla, il vaut mieux occuper effectivement le terrain et couper les voies de communication de l'adversaire. À Bagdad, pour protéger la population civile, sur le modèle français mis en place à Alger par le colonel Trinquier en 1957, il divise la ville en secteurs quadrillés par les troupes américaines et irakiennes, ce qui permet de réduire sensiblement les massacres interconfessionnels entre sunnites

64. *The New York Times*, 24 décembre 2008, p. 1.
65. S. Taillat, *op. cit.*, p. 779.
66. *Le Figaro Magazine*, 24 janvier 2009, p. 42.

et chiites[67]. Le 31 janvier 2009, les premières élections régionales sans l'entremise des Américains portent la marque de cette politique initiée par le général Petraeus. En dépit des mots d'ordre d'Al-Qaida, qui appelle au boycott de ces élections jugées contraires à l'islam, la participation est de 51 % des inscrits. Cela constitue un premier succès, dans l'optique anglo-saxonne de la bonne gouvernance, tout d'abord dévolue à des pouvoirs locaux responsables et impliqués dans un programme précis de reconstruction.

Toutefois, en 2009, ce *surge* (ou « sursaut ») est remis en question : les affrontements interreligieux et l'hydre d'Al-Qaida perdurent en Irak. Le mois d'avril est marqué par une recrudescence des attentats : le 10, à Mossoul, cinq soldats américains sont tués ; le 19, un double attentat (aux camions piégés) fait à Bagdad 95 morts et 600 blessés. Hillary Clinton, secrétaire d'État, se rend dans la capitale irakienne le lendemain de ce carnage pour rappeler la détermination des États-Unis à établir un État de droit, sans modifier le calendrier du retrait américain. Depuis juin, suite au retrait progressif des forces américaines des villes irakiennes, la violence fait de nouveau partie du quotidien. En août, la capitale est la proie d'une série d'attentats. Le 25 octobre, c'est un nouveau bain de sang : 145 tués et 650 blessés. Dans un pays aux multiples factions, où le partage des gains du pétrole attise les convoitises, il n'est pas certain qu'il faille se contenter d'accuser Al-Qaida. Ces drames révèlent les insuffisances de la police et de l'armée irakiennes, par ailleurs noyautées par des miliciens chiites. À l'approche des législatives de 2010, l'Irak n'est donc pas encore à l'abri d'une implosion lors du départ définitif de l'Oncle Sam...

... à son application en Afghanistan

Ce fragile *surge* est-il transposable en Afghanistan ? C'est en tout cas ce que pense un ancien du Vietnam, à la tête du Conseil atlantique des États-Unis, le général James Logan Jones, nommé conseiller à la sécurité nationale du président Obama. Cet ancien officier des marines s'est distingué par son pragmatisme en publiant un rapport alarmiste montrant que c'est en Afghanistan, plus qu'en Irak, qu'il faut vaincre

67. Pour la presse américaine, il est le « Patton de la contre-guérilla », article d'Adrien Jaulmes, *Le Figaro*, 2 décembre 2008.

le terrorisme par une approche plus politique du conflit : « N'allez surtout pas croire que nous gagnons la guerre en Afghanistan[68]. » À l'inverse, un autre officier général, Eric T. « Rick » Olson, ancien commandant opérationnel des forces de la coalition en Afghanistan en 2004-2005, estime que le modèle irakien est difficilement transposable au pays de l'insolence[69]. L'insuffisance du réseau routier afghan rend impossibles les *checkpoints* et les divers barrages ayant servi à contrôler, par exemple, la population de Bagdad, soit 7 millions de citadins représentant le quart de la population irakienne. Cette capitale constitue la clé de la contre-insurrection pour un État centralisé comme l'Irak, ce qui n'est pas le cas de Kaboul, cœur d'un pays qui n'a aucune culture d'État.

Pourtant, des efforts considérables ont été accomplis en Afghanistan malgré les regrets de la sénatrice communiste du Nord, Michelle Demessine qui, lors du débat à la Haute Assemblée sur le maintien des troupes françaises en Afghanistan, le 22 septembre 2008, regrette que la communauté internationale ne puisse pas consacrer plus d'argent au *peacebuilding* : « Les États-Unis dépensent 100 millions de dollars par jour pour la guerre quand le total de l'aide internationale à la reconstruction est, lui, estimé à 7 millions de dollars par jour[70]. » La contre-insurrection implique des mesures humanitaires, une volonté de reconstitution, comme en Irak, du tissu socio-économique. David Galula rappelait déjà que « l'intensité des efforts et la quantité des moyens sont essentielles[71] ».

La reconstruction afghane, élément essentiel de la contre-insurrection

Reconstruire, telle est la nouvelle mission de la FIAS, qui doit gérer un budget de 27 milliards de dollars. La reconstruction tient souvent de la construction. Quelques exemples : les Allemands ont redonné l'électricité à Kaboul en restaurant trois centrales hydroélectriques et en créant une centrale au gaz ; les Français ont construit un Institut médical pour l'enfance à Kaboul ; l'Espagne encadre une relance de l'agriculture grâce

68. *Le Figaro*, 13 janvier 2009, p. 4.
69. « Rethink the Afghanistan surge. A US general explains why the Iraq model don't apply », *The Christian Science Monitor*, 17 mars 2003, p. 1-3.
70. Site Internet du Sénat, compte rendu intégral des débats.
71. David Galula, *op. cit.*, p. 118.

à deux écoles de développement rural (une dans la capitale et l'autre dans le Baghlan, la plus pauvre des provinces afghanes) ; le Canada répare les canaux, les barrages et permet l'accès à l'eau dans la province de Kandahar, aidé en cela par la Banque mondiale et son programme de 100 000 hectares irrigués dans l'est du pays à partir de 2009... Pour des raisons stratégiques et économiques, le plus important programme concerne le *« ring »*, cette route qui unit les principales cités afghanes en contournant l'Hindou Kouch. Partagés entre seize nations, parfois extérieures à la FIAS (comme l'Arabie saoudite ou l'Inde), les efforts se poursuivent pour les jonctions Kaboul-Pakistan et Kaboul-Bamiyan afin de désenclaver la montagne.

Les coalisés accompagnent la reconstruction du pays en développant les équipes de reconstruction régionale, qu'on appelle PRT (*provincial reconstruction teams*). Les 26 PRT de la FIAS et les 16 autres sous commandement américain appliquent la contre-insurrection. Il s'agit de gagner la population, tout en esquissant un quadrillage du territoire. Mais les moyens et les hommes sont encore trop faibles : chaque équipe dispose seulement d'une centaine de militaires, de quelques experts et conseillers civils. Outre la satisfaction de besoins immédiats sur le plan alimentaire et sanitaire, certaines PRT offrent des résultats probants quand elles peuvent s'inscrire dans la durée. Ainsi, dans la province de Wardak, en trois ans, les militaires turcs ont réalisé 51 projets pour une valeur de 20 millions de dollars : écoles, routes, construction de 48 commerces et réseaux de distribution de produits alimentaires, auxquels s'ajoutent sept pharmacies et dix moulins à eau. Parallèlement, sept juges étaient formés. Mais ce résultat est gâché par le défaut du système : même lorsque des hôpitaux sont construits, des générateurs électriques installés, après le départ des coalisés, les taliban détruisent les installations[72]. De même qu'ils attaquent parfois de nuit les chantiers et incendient ce qu'ils ne peuvent emporter, tels les engins de travaux publics.

Un changement de discours politique

La nécessité de redéfinir la présence des coalisés au pays des faucons dans le cadre de la contre-insurrection provient d'une réflexion préliminaire de l'OTAN et d'un plan de développement dû au président Obama.

72. Spiegelonline, 20 mars 2009, p. 10.

Le 3 avril 2008, au sommet de Bucarest, l'OTAN décide de frapper l'épicentre du terrorisme international en s'engageant davantage sur le terrain, tout en recherchant une solution politique. Cette conférence reprend et amplifie ce qui avait été décidé à la conférence de Londres en 2006 : il s'agit bien d'une stratégie globale dénommée « *Afghan Compact* ». Les coalisés sont à Kaboul pour y rétablir la sécurité, protéger les institutions légitimes de l'État, assurer le développement économique du pays et se porter garant du respect des droits de l'homme. Le sommet de Bucarest précise les modalités de développement de l'ANA, tout en favorisant le développement de la mission ONU, ou Manua. En bref, il s'agit d'« afghaniser », c'est-à-dire de faire en sorte que le fardeau de la sécurité du pays, qui coûte tant à la communauté internationale, soit pris en charge par les autorités locales.

Plus ambitieux, le plan Obama veut séparer les Afghans d'Al-Qaida et des taliban les plus radicaux. Les 23 et 27 mars 2009, le président américain en annonce les grandes lignes et envisage pour la première fois une « sortie de crise ». La seule action militaire ne peut mettre un terme à la guerre. Il faut en Afghanistan encourager une approche globale en construisant un État souverain stable, tout en soutenant la lutte du Pakistan contre le terrorisme. Le gouvernement d'Islamabad doit recevoir une aide annuelle de 1,5 milliard de dollars. En contrepartie, il lui est fait obligation de cesser le double jeu dont ses services secrets se sont fait une spécialité.

Tirant les leçons de l'expérience irakienne, il s'agit d'associer le volet militaire à la reconstruction. Les renforts comprennent des unités paras, tel le Combat Aviation Brigade de la célèbre 82e Airborne. Les troupes spéciales retrouvent aussi le théâtre d'opérations afghan, comme les Navy Seal et les commandos de l'Air Force. Formée au type de combat en altitude, une grande unité, la 10e DM (division de montagne) est rapidement déployée pour desserrer l'étau autour de Kaboul, s'engageant dans les provinces de Wardak et de Logar[73]. En complément des 17 000 hommes en renfort[74], 4 000 hommes sont destinés à l'instruction de l'ANA et de la police afghane. Le contingent américain est porté à 68 000 hommes pour un budget de 65 milliards de dollars, soit 4 milliards de plus que pour

73. *The Washington Post*, 21 décembre 2008.

74. Fin mars, le total des forces en Afghanistan est de 12 000 Américains de l'OEF, plus 62 000 hommes de l'OTAN, dont 47 % d'Américains, 43 % d'Européens (dont 8 300 Britanniques et 3 600 Allemands) et 5 % de Canadiens.

l'Irak[75]. Cela représente un coût considérable. En effet, selon le sénateur français Jean-Pierre Bel, président du groupe socialiste : « L'effort militaire américain est de 2 milliards de dollars par semaine, un soldat américain en Afghanistan coûte 1 million de dollars par an, mais 75 dollars par mois pour un soldat ou un policier afghan[76]. »

Avant de prétendre non plus imposer, comme en Irak, mais offrir la possibilité d'une démocratie, le plan Obama prévoit une aide à l'éducation, à l'agriculture, à la santé... Ce programme est estimé entre 10 et 20 billions de dollars sur six à sept ans, contre 1,1 billion donné par an actuellement. Il fait appel à des civils américains volontaires, diplomates, spécialistes de l'administration des ministères, selon le principe déjà expérimenté en Irak de *nation-building*. Des centaines de réservistes et des experts civils, dont des vétérinaires et des fermiers en formation spécifique en Californie, sont aussi recrutés. Il ne suffit plus de détruire les champs de pavot : des cultures vivrières doivent les remplacer, avec l'ouverture d'un marché local. Déjà douze des PRT américaines connaissent une reprise en main : 300 civils y sont répartis avant juillet 2009[77].

Barack Obama souhaite également une participation plus active des alliés des États-Unis. Lors du sommet de l'OTAN de Strasbourg-Kehl, les 3 et 4 avril 2009, le chef de l'exécutif américain obtient un renfort de 5 000 soldats (Espagne, Portugal, Pays-Bas, Allemagne, Pologne, Croatie, Grèce, Turquie) afin d'assurer le bon déroulement des élections présidentielles afghanes d'août 2009, mais aussi du matériel et des ressources financières au bénéfice de l'ANA. C'est la suite logique de la conférence de La Haye du 31 mars 2009, où l'action internationale en Afghanistan a été redéfinie dans un sens plus volontariste.

La contre-insurrection : premiers résultats

Qu'en est-il des premières applications sur le terrain ? Avant d'envisager de manière globale la campagne de 2009, il est intéressant d'étudier quelques cas spécifiques montrant combien il est difficile de changer les mentalités.

Un sentiment de frustration apparaît chez le combattant qui a été formé pour l'action. L'envoyé spécial du *Monde*, Rémy Ourdan, le

75. *La Croix*, 13 mai 2009, p. 7.

76. Débat sans vote du 16 novembre 2009, « Compte rendu analytique officiel de la séance du Sénat du 16 novembre 2009 », p. 15, site du Sénat, p. 4.

77. *The Washington Post*, 19 mars 2009, p. 1.

constate dans la province de Paktika, en mai 2009, auprès du 501e bataillon de paras[78]. Ces soldats de métier regrettent que les taliban refusent de les affronter en combat direct et qu'ils se servent de l'arme sournoise des IED. L'un d'entre eux précise : « En Irak, c'était la vraie guerre. À Falloujah, on les a écrasés. Ici, on voit rarement un taliban. Il faut patrouiller dans ces putains de villages, sourire à ces putains d'Afghans, tenter de se faire aimer, on ne gagnera jamais comme ça. » Revanche du 11 septembre 2001, un autre soldat veut régler leur compte à Al-Qaida et aux taliban en allant faire la guerre au Pakistan après avoir déversé des tonnes de bombes sur l'Afghanistan. Rémy Ourdan estime que la contre-insurrection n'est pas comprise en dessous du grade de lieutenant et témoigne du fait que le nom d'Obama est parfois conspué.

Nécessaire en hiver, notamment pour les orphelins dans des zones difficiles d'accès, l'aide humanitaire est un des piliers de la contre-insurrection. Mais encore faut-il la donner et non la jeter. Reporter de RFI, Nicolas Vescovacci a suivi en janvier 2009 une section de la 101e Airborne dans la province de Pardan, à 60 kilomètres au nord de Kaboul. Photos à l'appui, il montre des paras, le doigt sur la détente de leur M16, couverts par les mitrailleuses lourdes de leurs blindés, distribuer très vite dans un village des ballots de couvertures, du riz et des sacs de nourriture[79]. On est loin des photos de propagande de l'OTAN-FIAS montrant des Afghans réjouis recevant des colis de la part de militaires souriants... mais qui gardent casque et gilet pare-éclats[80].

Certes, on ne peut généraliser et il faut laisser du temps au temps. Un exemple significatif du changement d'attitude et de doctrine peut être évoqué, dans la vallée de Jalrez, province du Wardak, à 50 kilomètres de Kaboul. À l'inverse d'une méthode héritée du Vietnam, il ne s'agit plus de monter une opération mais de s'inscrire dans la durée. En février 2009, débarqués d'une armada d'hélicoptères, des éléments de la 10e DM s'installent dans un district où les taliban faisaient régner leur loi. Immédiatement, trois FOB sont construites, des responsables administratifs afghans sont mis en place. 500 000 dollars sont offerts pour la construction de ponts et de routes à la main-d'œuvre locale. On donne des vaches à des veuves afin qu'elles retrouvent un revenu. Quelques

78. « Les soldats américains frustrés par la tactique de la contre-insurrection », Le Monde.fr, 15 mai 2009, p. 1-2.
79. Reportage cité de RFI.
80. *Mirror. Official Magazine of ISAF*, mars 2009, p. 7.

villages sont mis en autodéfense à l'algérienne, mais dans ce cas les miliciens reçoivent un salaire, décent pour le pays, de 120 dollars par mois. Les taliban ont refusé le combat et se sont installés ailleurs. Cela signifie que pour les neutraliser, il va falloir engloutir de nouvelles forces dans d'autres districts. En ce sens, l'Afghanistan, sur le modèle du Vietnam ou de l'Algérie, se transforme en piège à effectifs. L'insécurité revient peu à peu dans la vallée : en mai, un engin de travaux publics chinois est incendié, un IED tue 8 soldats afghans ; le 13 juillet, le chef de la police afghane du district et trois de ses officiers sont tués de la même façon[81].

Le principal reproche que les Afghans font aux Américains est de continuer de se comporter en occupants. Défaut bien connu, ils n'achètent rien sur place et font tout venir des États-Unis, de sorte que la formidable force d'attraction que pourrait constituer leur imbrication dans l'économie locale est nulle. En outre, dans ce district à majorité pachtoune, peu de villages ont accepté de se mettre en autodéfense, reprochant à l'envahisseur de soumettre les habitants à d'incessants contrôles et de les empêcher de circuler à leur guise[82]. Agissant en suzerain dans un pays théoriquement souverain – une indélicatesse peu appréciée des Afghans et des contingents alliés sous l'égide de la FIAS –, les Américains ont donné aux principales routes des noms de leurs États. Ainsi, la route qui conduit en Kapisa, de Surobi à Tagab, s'appelle l'axe Vermont.

L'Afghanistan recèle bien des surprises. On croit partir pour une mission et on en remplit une autre selon les hasards de la guerre. En juin 2009, le 2e bataillon du 7e régiment de marines est chargé de former les unités de la police afghane dans le nord de la province d'Helmand. Arrivés à Nawzad, les marines découvrent une ville fantôme occupée par les taliban. La mission d'assistance se transforme donc en assaut de vive force, le 15 juin, puis en opérations militaires pour tenir ensuite la ville contre un éventuel retour de l'ennemi, renvoyant aux calendes grecques la mission d'assistanat initialement prévue...

Pourtant, par le mélange des genres, quand des hommes de bonne volonté de l'armée américaine daignent considérer leurs homologues afghans ou étrangers, la contre-guérilla peut connaître un certain succès. En mars 2009, près de Maidan Shahr, dans le Wardak, dans une FOB

81. *The Washington Times*, 16 juillet 2009, p. 1.
82. *The New York Times*, 1er juin 2009, p. 1-4.

rapidement érigée à partir de janvier (quadrilatère de *bastion walls* ceinturé de barbelés, tentes et préfabriqués pour la zone vie avec un self-service géré par une société privée), aux côtés de deux bataillons de la 10e DM américaine, 50 soldats français développent les échanges avec des unités de l'ANA. Un capitaine du régiment de marche du Tchad, venu de Noyon, témoigne : « Nous jouons un rôle de facilitateurs dans un ménage à trois entre militaires afghans, américains et français. Les soldats afghans savent parler aux gens, choisir les bons moments et les bons interlocuteurs. L'armée afghane jouit d'une très bonne image dans la population et chaque bataillon afghan a son mollah. Le nôtre est très charismatique et c'est un atout pour réunir les gens dans la mosquée du village, leur expliquer la raison de notre présence, s'enquérir de leurs problèmes et casser la propagande talibane qui traite d'impie l'armée afghane[83]. »

Début 2010, crescendo de la guerre en « Afpak »

La contre-insurrection est un des volets de la partie de bras de fer qui se joue en 2009, à la fois au Pakistan et en Afghanistan, en raison de l'importance des élections présidentielles dans ce dernier pays. Robert Gates, secrétaire d'État à la Défense, décrit l'« escalade militaire » à laquelle se livrent désormais les insurgés, et le général McKiernan annonce que pour ses soldats « 2009 sera la pire des années[84] ». Dans son rapport du 19 mars 2009, le Conseil de sécurité s'attend également à de grandes difficultés en Afghanistan. Un détail ne trompe pas : en mars 2009, le Pentagone lève une interdiction datant de la guerre du Golfe. Désormais, la presse américaine pourra photographier les cercueils des soldats morts en Irak et en Afghanistan[85]. Symbole encore plus fort : de nuit, le 29 octobre 2009, sur la base de Dover, dans le Delaware, le président Obama vient saluer les dépouilles de 18 GI tombés en Afghanistan avant d'adresser ses condoléances aux familles. La logique de guerre se fait donc chaque jour prégnante. Bien que

83. François d'Alançon, « À une heure de Kaboul, la contre-guérilla a commencé », *La Croix*, 24 mars 2009, p. 7.
84. guardian.co.uk, 11 mai 2009, p. 1-2.
85. Afin d'améliorer les protections corporelles, les corps des GI tués en Afghanistan sont autopsiés à leur arrivée aux États-Unis depuis 2001. Depuis 2004, chaque cadavre de soldat tué en Irak est soumis à un scanner. Voir *L'Express*, 4 juin 2009, p. 30.

l'opacité des communiqués soit de plus en plus épaisse, de sorte qu'on perd souvent le fil des multiples actions sur le terrain, quelques grandes lignes se détachent.

Lors de la première réunion des chefs d'état-major (*joint chiefs of staff*) sous sa présidence, en février 2009, Barack Obama demande de considérer l'Afghanistan et le Pakistan comme un même « théâtre de guerre ». Il prévient, le 24 février, qu'il ne laissera pas le terrorisme « comploter contre le peuple américain depuis des abris sûrs dans une partie du monde[86] ». L'amiral Mullen, commandant en chef des forces armées américaines, considère que la menace principale vient du Pakistan qui risque d'imploser. En ce sens, lors de la Conférence sur la sécurité internationale de Munich, les 7 et 8 février 2009, Richard Holbrooke prononce le terme d'« Afpak » pour « bien inscrire dans notre ADN qu'il n'y a qu'un seul théâtre d'opérations, de part et d'autre de la frontière incertaine[87] ». Mais la tournée de Richard Holbrooke en avril 2009, au Pakistan et en Inde, se révèle décevante. L'opinion pakistanaise ne tolère pas l'atteinte à la souveraineté nationale que constituent les frappes de 37 missiles lancés par Predator, de janvier à mars 2009, sur des repaires d'Al-Qaida en zone tribale[88]. Elles ont fait des victimes civiles. Pourtant, malgré ces « dommages collatéraux » exploités par la propagande islamiste, des drones type Predator et Reaper (ce dernier équipé de bombes à guidage laser) auraient éliminé neuf chefs supposés d'Al-Qaida et des taliban pakistanais[89].

Le Pakistan sauvé provisoirement du désastre

Sans envoyer des troupes régulières pour éviter toute provocation, les Américains et leurs alliés sont de plus en plus actifs au Pakistan. L'échange de données en matière de renseignement s'améliore enfin. Un premier résultat le confirme : le 22 janvier 2009, Zabi al-Taifi, un militant saoudien d'Al-Qaida, est capturé dans la ville de Khyber grâce à l'observation discrète d'un drone-espion de la CIA[90]. Selon le

---

86. *L'Express*, 26 février 2009, p. 3.
87. *Le Figaro*, 10 février 2009, p. 4.
88. Le Monde.fr, 10 avril 2009, p. 1.
89. *The New York Times*, article de Jane Perlez et d'Eric Schmitt, « US unit secretly in Pakistan lends ally support », 23 février 2009, p. 1-2. Le 1er janvier 2009, le Kenyan Ousama al-Kimi, auteur de l'attentat de l'hôtel Marriott au Pakistan, aurait été tué par un missile lancé par un Predator.
90. *Ibid.*, p. 3.

géopoliticien Pascal Le Pautremat, depuis l'été 2008, la CIA serait associée aux forces spéciales américaines pour monter des opérations dans le nord-ouest du pays et dans le Sud-Waziristan[91]. Sur le modèle vietnamien sous l'administration Kennedy (1961-1963), mais à plus petite échelle, plus de 70 conseillers militaires américains placés sous l'autorité du Special Operations Command, très spécialisés dans la lutte antiterroriste, sont venus prêter main-forte à l'armée pakistanaise depuis ce même été. De plus, issu du corps paramilitaire des frontières, un commando pakistanais aurait pu infiltrer les rangs taliban, sur renseignements fournis par la CIA, pour tuer ou capturer 70 d'entre eux[92]. Forts d'un total de 400 hommes, ces commandos sont le fer de lance de l'armée du président Zardari. Formés pendant sept mois à la contre-insurrection par des instructeurs américains des forces spéciales (aidés d'experts en communication et de médecins), ils sont considérés comme étant bien entraînés et motivés. Par ailleurs, l'OTAN est chargée en 2009 de l'instruction des 60 000 gardes-frontières pakistanais.

Le 29 avril, le Premier ministre britannique Gordon Brown décide d'envoyer un renfort immédiat de 700 hommes en arrière de la ligne Durand, ce qui fait passer le contingent anglais de 8 300 à 9 000 hommes[93]. 500 hommes supplémentaires sont envoyés en octobre 2009 et le même nombre en décembre. Si l'Alliance atlantique et les Américains se pressent au chevet du Pakistan, c'est qu'il y a urgence après la reconnaissance momentanée d'un micro-État islamiste dans la zone frontière.

Ancienne destination touristique aux allures de Suisse locale, la vallée de la Swat, dans le nord-ouest du Pakistan, tombe en février 2009 aux mains des taliban. Située dans l'ancienne province de Malakand, cette région donna déjà du fil à retordre à l'armée des Indes, à en croire le jeune Winston Churchill, auteur de *The Malakand Field Force*, ouvrage dans lequel il décrit, à la fin des années 1890, une *small war* (« petite guerre »). Le 16 février 2009, le gouvernement d'Islamabad annonce qu'il accepte le principe d'une trêve et la reconnaissance de la charia dans la vallée de la Swat contre la promesse que les taliban déposeront les armes. Jusqu'alors, 3 000 taliban y tenaient en respect 12 000 soldats gouvernementaux – 70 policiers décapités, 180 soldats pakistanais tués

91. Pascal Le Pautremat, *op. cit.*, p. 225.
92. Jane Perlez et Eric Schmitt, *The New York Times*, *op. cit.*
93. *The New York Times*, 30 avril 2009, p. 1-3.

et 1 200 civils morts depuis 2007. Dans leurs limousines et pick-up double cabine, les taliban sont accueillis avec faste par Amir Haider Khan Hoti, gouverneur de la province du nord-ouest. Mohammed Sufi, chef de la délégation des taliban, s'offre ensuite une tournée triomphale dans la vallée. Il a par ailleurs précisé que « le véritable islam ne connaît ni élections ni démocratie ». Le quotidien de Lahore, *The News*, titre « *Capitulation* » et accuse les autorités pakistanaises d'avoir versé de 6 à 10 millions de dollars pour « les frais engagés et les pertes infligées par l'armée » aux taliban[94]. Pour l'hebdomadaire allemand *Der Spiegel*, il s'agit aussi d'une capitulation au cœur de la *tribal belt* (« ceinture tribale ») pachtoune[95]. Non seulement les taliban ont refusé de déposer les armes selon les accords de la trêve, mais ils ont tout de suite augmenté la puissance de leur radio locale FM 91. Installée à Mingora, la principale cité de la vallée de la Swat, elle prône une politique de terreur en diffusant la nuit les noms de personnes menacées de décapitation[96]. Selon le journal pakistanais *Dawn*, la charia dans la vallée de la Swat évoque les pires moments de l'émirat islamique de Kaboul, au temps de la justice spectacle. Terrorisant la population, les taliban du Tehrik-e-Taliban Pakistan « convient » la population à assister à des séances publiques d'amputation, de flagellation et d'exécution, selon une autre source pakistanaise[97].

Les femmes sont les principales victimes de cette « libération » : répondant à l'interdiction d'éduquer les filles, 180 écoles sont détruites, laissant 80 000 fillettes et adolescentes sans éducation ; les jeunes filles ne peuvent plus sortir de chez elles sans être accompagnées d'un homme ; les couples circulant dans la rue doivent être munis de leur certificat de mariage ; les familles ayant des filles en âge de se marier doivent les déclarer aux mosquées pour qu'elles épousent des taliban... Ce retour des mariages forcés s'accompagne de meurtres et de sévices sur les femmes. Déjà, le 26 novembre 2008, Bakht Zeba, 45 ans, ancienne conseillère régionale du district de Swat, qui avait osé critiquer les taliban, avait été traînée hors de chez elle, fouettée en public et abattue d'une balle dans la tête. D'après le journal pakistanais *Dawn*, le

---

94. Cité par *Courrier international*, 19 mars 2009.
95. Article traduit, « Bowing Down to the Taliban », Suzanne Koelb, reporter à Peshawar, et pour Islamabad Ali Zulficar et Raza Irfan Sayed, Spiegelonline, 21 février 2009, p. 1-4.
96. Jane Perlez et Pir Zubair Shah, « Truce in Pakistan may mean leeway for Taliban », *The New York Times*, 6 mars 2009, p. 3.
97. *The Friday Times*, 28 avril 2009, p. 1.

modèle des taliban devient contagieux dans d'autres parties septentrionales du Pakistan où des jeunes filles sont agressées à l'acide, tandis que dans la ville de Quetta le port du voile devient obligatoire[98]. Le 6 avril 2009, à Karachi, des milliers de femmes manifestent, choquées par ces images diffusées par les télévisions du monde entier présentant une jeune fille sauvagement battue parce qu'elle avait un petit ami.

Pour Richard Holbrooke, cette « victoire des taliban est une menace directe » pour tous les États de la région[99]. En effet, l'ensemble des mouvements islamistes pakistanais fusionne. Selon Saeed Shah, correspondant spécial à Peshawar de l'agence de presse américaine McClatchy et du quotidien britannique *The Guardian*, les taliban pakistanais de Baitullah Mehsud font cause commune avec leurs anciens rivaux des seigneurs de guerre, Maulvi Nazir et Hafiz Gul Bahadur. Ils contrôlent à eux trois le nord et le sud du Waziristan. Ils se sont donné pour nom le Shura Ittihad-ul-Mujahideen (« Conseil des combattants de la foi unis »)[100]. Cette union tire sa force d'une application nouvelle de la guérilla urbaine. Elle multiplie attentats, assauts de bâtiments publics et embuscades meurtrières destinées à déstabiliser l'État et ses forces armées. Dès le 27 mars, le jour où le président Obama dévoile officiellement sa nouvelle stratégie, une bombe explose dans une mosquée pakistanaise, causant, en ce vendredi, jour sacré de l'islam, 50 morts.

Du 4 au 22 avril 2009, prouvant que l'accord du 16 février avec le gouvernement afghan était un marché de dupes, balayant une troupe de *lashkars* et des forces de police pakistanaise, bien armés et bénéficiant de complicités locales, les taliban quittent la vallée de la Swat et entament leur progression vers Islamabad. Ils emportent le district de Buner, aux portes de la ville de Mardan, tout en contrôlant ceux de Shangla et de Dir. La loi islamique est immédiatement proclamée. Elle constitue la force morale des taliban. S'ils interdisent aux femmes de sortir de chez elles seules (même pour aller au marché), s'ils contraignent les hommes à porter la barbe, en instaurant les tribunaux islamiques, les taliban combattent le même mal endémique qu'en Afghanistan : la corruption. Montrer leur force et défier l'État font aussi partie d'une même stratégie

98. « Swat, la vallée de l'horreur », *Courrier international*, 19 mars 2009.

99. Richard Holbrooke, *Der Spiegel*, 21 février 2009, p. 1.

100. « Militants' sudden unity threatens Obama's Afghanistan strategy », MacClatchy Washington Bureau, *MacClatchy Newspapers*, 2 mars 2009, p. 1-2, et « Taliban rivals unite to fight US troop surge », *The Guardian*, 3 mars 2009, p. 1-2.

cherchant à gagner la population. Ainsi, des colonnes légères de 500 taliban lancent une succession de raids dans les vallées adjacentes, pillant les réserves alimentaires et le matériel d'ONG, notamment américaines et sud-coréennes (dans le district de Chamla les 17 et 19 avril), tandis que cinq camions-citernes transportant de l'essence au bénéfice de l'OTAN sont incendiés.

La situation est suffisamment grave – le cœur du Pakistan étant visé – pour que le 22 avril, l'amiral Mike Mullen se déplace à Islamabad[101]. Le lendemain, Hillary Clinton précise, devant le comité des affaires étrangères de la Chambre des représentants, qu'il s'agit d'une « menace mortelle » pour le Pakistan, mais aussi pour les pays voisins et les États-Unis : « Je pense que nous avons sous-estimé la gravité de cette menace existentielle posée au Pakistan par ces avancées continues[102]. » Elle somme le gouvernement pakistanais de réagir. Le général Ashfaq Kayani, chef de l'armée pakistanaise, lui répond indirectement que ses forces – plus de 500 000 hommes et autant de réservistes – ont les moyens de repousser l'offensive qui s'est approchée à 100 kilomètres d'Islamabad. De son côté, le général Petraeus considère qu'Al-Qaida et les taliban menacent l'existence même du Pakistan qui doit de toute urgence procéder, avec l'aide financière américaine, à l'organisation d'une force de contre-insurrection[103]. Ainsi, fin avril 2009, une rallonge de 400 millions de dollars est accordée au Pakistan par les États-Unis qui ouvrent leurs propres camps d'entraînement à des officiers pakistanais[104]. La grande peur est bien l'émergence d'un gouvernement théocratique, sous l'égide d'Al-Qaida et de ses alliés, disposant de l'arme nucléaire.

Au soir du 23 avril, la télévision pakistanaise montre des taliban, masqués et armés, en train de battre en retraite vers la vallée de la Swat, la radio de leurs véhicules hurlant des chants religieux. Toutefois, ce n'est pas la menace des forces pakistanaises qui est à l'origine du repli, mais un nouveau marché de dupes accordé par la fragile démocratie d'Islamabad : le retrait a été échangé contre l'établissement de la charia

---

101. *The New York Times*, 23 et 24 avril 2009.

102. *Los Angeles Times*, 24 avril 2009, p. 1.

103. *The Washington Post*, 25 avril 2009, p. 1-2.

104. *The New York Times*, 1er mai 2009, p. 1. En fait, depuis l'été 2008, 150 officiers pakistanais ont été formés chez eux à la contre-insurrection par des officiers britanniques et américains des forces spéciales.

dans les six districts entourant la vallée de la Swat, y compris ceux de Dir et de Buner[105]. Mais si le gros des taliban s'est effectivement retiré, de petits groupes sont restés, occupant mosquées, écoles... Buner à l'heure islamique : les forces de police ne sortent plus de leurs postes et de leurs casernes ; les habitants, eux, vivent dans la terreur des barbus qui ont fermé tous les magasins vendant DVD, CD et musique[106]. Les fondamentalistes défient aussi en d'autres lieux l'État de droit pour en souligner la faiblesse. Le 30 mars, un commando taliban prend d'assaut l'école de police de Lahore et la tient pendant huit heures. L'attaque est suivie d'une prise d'otages. Bilan : huit morts parmi les recrues et une centaine de blessés avant que l'armée pakistanaise ne reprenne le contrôle de la situation[107].

Encouragée par le Premier ministre britannique en visite officielle à Islamabad, l'armée pakistanaise entreprend enfin une offensive, à partir de la dernière semaine d'avril 2009, dans le district de Dir, en ayant auparavant fait évacuer 30 000 personnes de la ville de Maidan. Ce district est situé entre la frontière afghane et la vallée de la Swat. On peut se demander si jusque-là les autorités civiles et militaires pakistanaises n'ont pas utilisé la politique du pire en laissant pourrir la situation afin que la menace de l'ennemi intérieur devienne manifeste... Pour le général Ashfaq Kayani, l'accord de Swat du mois de février n'était qu'une « pause tactique ». Laisser les taliban établir leur loi, c'était montrer leurs excès à l'opinion publique. Cet objectif semble atteint à partir du 3 juin 2009. Selon une source pakistanaise, un millier de villageois du district de Dir, horrifiés par la mort de 30 personnes dans une mosquée un vendredi, jour sacré de l'islam, après qu'un kamikaze y a fait exploser sa ceinture, attaquent les taliban qu'ils rencontrent. C'est la première fois qu'une telle réaction a lieu au Pakistan[108]. Bientôt, le recrutement de *lashkars* reprend afin que les villageois assurent leur propre sécurité. Par la suite, dans le reste du pays, d'autres formes de milices locales anti-taliban sont organisées en appui des forces de l'ordre.

Mais avant ce retournement précaire, les exactions des taliban et la contre-offensive pakistanaise sont gros d'un désastre humanitaire.

105. *The Washington Post*, 24 avril 2009, p. 1-4.
106. *Los Angeles Times*, 26 avril 2009, p. 1-3.
107. *Le Figaro*, 31 mars 2009, p. 6.
108. *The New York Times*, 10 juin 2009, p. 1.

Des centaines de milliers de Pakistanais fuient la zone des combats au moment des premières récoltes. Selon le Haut Comité aux réfugiés des Nations unies, plus de 200 000 réfugiés rejoignent les 500 000 autres personnes ayant déjà quitté la zone tribale et la province du Nord-Ouest. Ils fuient par tous les moyens, pris entre deux terreurs, affluant vers la ville de Mardan où de nouveaux camps sont improvisés. À la fin du mois de mai 2009, ce sont près de 2,5 millions de personnes qui ont fui, le plus souvent livrées à elles-mêmes ; les ONG islamistes et les instances internationales sont submergées par le flot de réfugiés qui évoque le drame du Rwanda en 1994.

C'est bien d'une véritable guerre qu'il s'agit. Pour la première fois, l'armée pakistanaise intervient avec tous ses moyens, encouragée au sommet de Washington, les 6 et 7 mai, par les présidents afghan, pakistanais et américain qui déclarent l'état d'urgence en faveur d'Islamabad – Barack Obama estimant que les taliban détruisent le Pakistan de l'intérieur. La manœuvre de l'armée pakistanaise consiste d'abord à isoler les taliban de la vallée de la Swat, aidée en cela par les renseignements donnés par les drones espions américains[109]. Dès le 29 avril, le district de Buner est repris à la suite d'une opération héliportée. Le 7 mai commence l'offensive vers Mingora : 15 000 hommes appuyés par des blindés sont engagés contre 4 000 à 5 000 taliban. Sept jours plus tard, selon l'armée pakistanaise – puisque aucun journaliste n'est admis dans la zone des combats –, une opération héliportée a lieu dans le nord de la vallée de la Swat pour couper les lignes de fuite des taliban, tout en recherchant les caches et les tunnels où l'adversaire a stocké des munitions.

La bataille de Mingora peut s'engager. Les taliban ont miné les routes pour retarder l'avancée des troupes régulières. Ils se sont retranchés dans les maisons traditionnelles de cette cité aux ruelles étroites. Le combat de rue semble avoir été rude. Un seul bilan l'évoque pour l'ensemble des actions dans la vallée de la Swat : 1 000 taliban tués, ainsi que 42 soldats pakistanais[110]. Le 30 mai, Mingora est reprise. C'est la première victoire conséquente pakistanaise après la reprise de Buner en avril. Toutefois, une partie des taliban se replient vers le Waziristan, tandis que d'autres rentrent en clandestinité en se dispersant.

En fait, la bataille de Mingora a embrasé une partie du Pakistan. En réponse à cette offensive, les taliban lancent une succession d'actions

109. *The New York Times*, 14 mai 2009, p. 1.
110. *Le Figaro*, 18 mai 2009, p. 5.

coordonnées. Commence alors pour ce malheureux pays un long martyre dû à la volonté des terroristes de le paralyser petit à petit en s'attaquant à tous les symboles de l'État et à ses forces de sécurité, mais également en remettant en cause le tissu socio-économique. Peut-être plus qu'en Irak, c'est au Pakistan, État constitué menacé de délitement, que se perçoit cette tentative de prendre le contrôle d'un pays par la terreur. Le 26 mai, sur un marché de Peshawar, un attentat fait 13 victimes. Le lendemain, d'autres actions spectaculaires concernent Lahore. L'attaque d'un immeuble de la police et d'un autre des services secrets y fait 30 morts. Deux kamikazes se font sauter devant deux points de contrôle à l'entrée de la ville, tuant trois soldats et deux civils, ces derniers devant un hôpital. Peshawar, du 8 mai au 9 juin, subit sept attentats meurtriers, dont celui du 9, à la voiture piégée, devant un grand hôtel : neuf victimes, dont deux fonctionnaires de l'ONU. Cette violence aveugle, notamment dans des mosquées, a pour résultat de mettre les taliban au ban de la nation, selon la presse pakistanaise. Le résultat immédiat est que les « fous de Dieu » reviennent à l'action souterraine. À Karachi, les familles des beaux quartiers sont rackettées par des correspondants anonymes disant appartenir au TTP[111].

L'arme de la terreur perdure sur fond d'affrontements intercommunautaires : avant les fêtes de l'Aïd, le 18 septembre 2009, un attentat-suicide fait 33 morts à Ustarza, une ville à majorité chiite du nord-ouest du pays. L'automne 2009 est donc marqué par une nouvelle vague d'attentats fomentés par le TTP contre des cibles civiles et gouvernementales. Celui du 9 octobre à la voiture piégée fait 52 tués et une centaine de blessés sur un marché de Peshawar. C'est la réponse aux tirs de missiles américains dans la zone tribale. Plus spectaculaire encore et geste de défi du TTP, les 10 et 11 octobre, le quartier général de l'armée pakistanaise est sous le feu pendant vingt-quatre heures à Rawalpindi. Une prise d'otages se solde par 19 tués parmi les militaires, autant chez les assaillants et 3 parmi les otages. Il ne se passe plus un jour sans qu'une ville pakistanaise, une école, un marché ne soit la proie d'attentats-suicides ou au véhicule piégé ! Par crainte des attentats, maints établissements scolaires restent fermés, ce qui traduit l'incapacité du pouvoir central à assurer la sécurité.

Pourtant, Baitullah Mehsud, le leader des taliban pakistanais, aurait été tué par quatre bombes lancées par un drone armé américain

111. *L'Express*, 16 juillet 2009, p. 20.

le 5 août 2009, donnant probablement lieu à une lutte fratricide pour sa succession au sein du TTP[112]. Le 11 septembre suivant, l'armée pakistanaise annonce l'arrestation du numéro deux du TTP, Muslim Khan, qui se cachait dans la vallée de la Swat. Les Pakistanais détruisent des bases arrière du réseau Haqqani. Mais la jonction avec les forces de la FIAS, de l'autre côté de la frontière, est loin d'être réalisée et le Waziristan – ses caches et ses maisons fortifiées – sert toujours de base arrière aux terroristes. À compter du 17 octobre, 30 000 soldats pakistanais et les forces spéciales entreprennent une offensive de grande envergure dans le sud du Waziristan pour tenter de mettre un terme aux attaques coordonnées des TTP dans les villes. Dans un relief très accidenté néfaste aux chars, l'adversaire oppose une vive résistance à l'arme lourde. Comme pendant la reconquête de la vallée de la Swat, le flot des réfugiés croît.

En outre, avions, hélicoptères pakistanais et drones américains ne cessent de frapper en zone tribale : une vingtaine de chefs d'Al-Qaida auraient été éliminés de la sorte, dont Saad Ben Laden, le fils. Le discours du 11 septembre 2009 attribué à Ben Laden montre pour la première fois une ouverture à la négociation – retrait des Américains contre arrêt du terrorisme –, signe qu'Al-Qaida, sans cesse sous le feu, semble marquer le pas. Mais en octobre 2009, le nouveau chef des taliban pakistanais, Hakimullah Mehsud, fait acte d'allégeance à Al-Qaida. L'hydre n'en finit pas de renaître...

L'offensive militaire pakistanaise entraîne un crescendo de violence dans le pays jusqu'à sa capitale économique Karachi. Les taliban espèrent, en vain, contraindre l'armée pakistanaise à desserrer son étreinte en zone tribale. Des carnages à l'irakienne perdurent : le 28 octobre, lors de la visite d'Hillary Clinton à Islamabad afin de réaffirmer le soutien des États-Unis à l'exécutif pakistanais, un attentat sur un marché bondé de Peshawar fait 118 tués et 250 blessés. Ce triste bilan évoque celui de l'attentat du 18 octobre 2007 à Karachi, lors du retour de Benazir Bhutto pour préparer les élections législatives : 139 morts. En cette fin d'année 2009, le flot de sang continue au Pakistan. Le 4 décembre, à Rawalpindi, c'est l'attaque d'une mosquée fréquentée par des militaires qui fait 40 tués et 42 blessés... Au total, de l'été 2007 à la fin décembre 2009, ce sont 2 800 Pakistanais qui ont trouvé la mort lors d'attentats terroristes.

---

112. *Le Monde*, 11 août 2009, p. 7.

Afghanistan, phase I : un nouvel esprit offensif parmi les coalisés

En Afghanistan, l'initiative est tour à tour aux taliban et à la FIAS. Les taliban mènent une quadruple offensive aux contours flous : garantir le chemin d'écoulement de la drogue, nerf de la guerre, par les provinces d'Herat, de Farah et de Nimroz et les 1 300 kilomètres de frontière avec le Tadjikistan ; maintenir ouverte la liaison Afghanistan-Pakistan ; tenter de couper la nouvelle route logistique septentrionale de la FIAS qui passe par Kunduz ; et poursuivre l'investissement puis l'attaque directe dans Kaboul par une série d'attentats meurtriers.

Pour ce faire, ils continuent de développer l'arme des IED, responsable des deux tiers des pertes parmi les coalisés. Pour les quatre premiers mois de 2009, l'ensemble des attaques-suicides et des pièges posés le long des routes augmente de 25 % par rapport à la même période en 2008, soit un total de 5 700 actions, pour une moyenne de 15 attaques par semaine[113]. Faut-il y voir l'application des directives du mollah Baradar qui multiplie les actions de guérilla tout en faisant le vide devant les grandes offensives des coalisés ? Il est troublant, en effet, de constater la coordination des actions de chaque côté de la frontière en territoire pachtoun lors, par exemple, de l'offensive pakistanaise dans la vallée de la Swat. Conscients que tout combat frontal tournerait à leur désavantage, les taliban accroissent les embuscades brèves là où on les attend le moins. Ils fixent de la sorte et tiennent en haleine les forces de la coalition dans les provinces de Khost, Paktika et Kandahar, toutes dans la zone pachtoune jouxtant la ligne Durand. D'autres types d'actions surviennent. Ainsi, le 12 mai, la ville de Khost subit l'assaut de onze kamikazes qui s'en prennent aux bâtiments gouvernementaux, tandis que trois autres attaquent un camp de la police afghane. Outre des explosions d'IED, le même jour, des tirs de roquettes visent des FOB américaines dans le Paktika, tandis que dans la province de Kandahar un poste de police à Spin Boldak est attaqué et quatre policiers afghans tués.

On pourrait multiplier les exemples. Certains chiffres traduisent l'intensité des combats. Pour le seul 1er avril 2009, il y eut 80 tués parmi les taliban selon un bilan de l'OTAN et, à midi ce jour-là, dans Kandahar, trois terroristes habillés en policiers se font exploser, provoquant la mort de 14 personnes parmi la population. Selon une source extérieure au conflit, pour le seul mois de juin, les taliban mènent 400 attaques sur

113. Philip Smucker, « Al-Qaida plays key role on both sides of Pakistan-Afghan border », McClatchy Washington Bureau, *McClatchy Newspapers*, 8 juin 2009, p. 1.

l'ensemble du territoire afghan, y compris dans les provinces septentrionales[114]. Par ailleurs, ils se montrent de plus en plus intrépides dans le harcèlement des grandes bases des coalisés, où les hélicoptères de surveillance ont tendance à voler à basse altitude pour échapper aux tirs. Le 28 avril, au camp de Warehouse à Kaboul, des roquettes tirées à moins de 6 000 mètres sur le bataillon français font trois blessés, dont un grave. Le 21 juin, c'est le sanctuaire américain qui est touché par le même type d'arme artisanale : deux GI et six autres Américains sont tués sur la base de Bagram. Un autre signe ne trompe pas quant à l'investissement de Kaboul par les taliban : à l'inverse des années précédentes, le 27 avril, il n'y a ni parade ni réjouissances publiques traditionnelles pour marquer la victoire contre les Soviétiques. Il faut dire que l'année précédente, lors du défilé des troupes, Hamid Karzaï avait échappé de justesse à un attentat.

Le premier semestre de 2009 est pourtant marqué par une reprise partielle de l'initiative par la FIAS. En l'absence de front, trois batailles sont menées simultanément : contrôler la frontière orientale et méridionale, notamment en faisant la reconquête de l'Helmand ; desserrer l'étau autour de Kaboul qui prend l'allure d'un camp retranché ; et tenir le *« ring »*, cette route qui fait le tour de l'Hindou Kouch.

Cette dernière reste l'enjeu logistique principal. Ulrich Fichtner, envoyé spécial de l'hebdomadaire *Der Spiegel*, raconte son voyage dans la province de Wardak, à l'ouest de Kaboul, en compagnie du gouverneur afghan. En quelques mois, la situation s'est dégradée. Le journaliste allemand note les tours fortifiées (comme en Indochine et en Algérie) qui servent à garder les ponts empruntés par les convois. Ces derniers sont protégés par des blindés légers ou des Toyata pick-up, armés chacun d'une mitrailleuse sur pivot ; trois véhicules en tête de convoi, trois autres à l'arrière. La route empruntée, l'artère vitale unissant Kaboul à Kandahar, est prise fréquemment sous le feu des taliban, non plus seulement près de Kandahar, mais à présent dans la grande banlieue de la capitale où 32 IED ont été désamorcées de janvier à mars 2009[115]. En réaction, la 10e DM américaine, après un long entraînement aux États-Unis pour se mettre dans les conditions les plus proches du théâtre afghan, et la 82e Airborne sont déployées dans les provinces du Wardak

114. ISN, Swiss Institute of Technology Zurich, 14 juillet 2009, p. 2.
115. Spiegelonline, 20 mars 2009, p. 3.

et du Logar. Elles ont comme priorité la sécurité de la *highway 1* entre la capitale et Kandahar.

L'arrivée de ces renforts, les succès locaux remportés, par exemple, par les Français en Kapisa, insufflent une nouvelle volonté parmi les troupes de la coalition. Dès la fin mars, sur les 1 200 hélicoptères américains attendus, 100 sont en service, soit autant que la totalité des voilures tournantes jusque-là employées dans les unités européennes – un chiffre tout de même bien maigre, d'où les pertes d'Uzbin. Dans le Logar, les Américains construisent une base capable d'accueillir des jets. Dans l'est de la province, ils bâtissent une base géante, trois fois plus grande que Camp Bastion, le camp le plus important des troupes britanniques.

Trois succès illustrent cet esprit nouveau. Tout d'abord, selon le *Washington Times* du 20 avril, qui ne précise ni le lieu ni la date, en mars 2009, dans la province d'Helmand où se vend un opium de grande qualité, les forces armées afghanes soutenues par des unités des forces spéciales américaines et des spécialistes du Drug Enforcement Administration interviennent dans un marché ouvert. Bilan après un rude combat de huit heures : 40 taliban tués, des centaines de gilets explosifs saisis, ainsi que des roquettes, des armes automatiques et des mitrailleuses lourdes antiaériennes russes type PKM[116]. Par ailleurs, d'après le *New York Times* du 17 avril 2009, dans la province de Kounar, vallée de la Korangal, sur les lieux mêmes où, en 2005, un commando de Navy Seal avait été détruit, une section de 30 hommes du 1er bataillon du 26e RI prend une revanche. Il s'agit d'une première embuscade de nuit réussie dans celle du 10 au 11 avril, qui évoque certaines actions du Vietnam mises en image en 1987 par Oliver Stone dans le classique *Platoon*. Elle permet de détruire une colonne de taliban bien armés à la lisière d'un couvert forestier. Des mines antipersonnel Claymore à effet directionnel puissant avaient été placées par les fantassins américains pour surprendre l'adversaire pris ensuite sous un feu nourri d'armes automatiques, dont des mitrailleuses légères, à très courte distance. Le bilan serait de 13 insurgés tués. Outre l'utilité des armes à visée nocturne, ce succès montre que le nouvel entraînement des troupes américaines porte ses fruits. Enfin, le 28 mai, dans la province de Paktika, près de Khost, après un assaut infructueux contre le camp Salerno sur la frontière afghano-pakistanaise, lors de la poursuite menée par les soldats de la FIAS,

116. Sara A-Carter, « US helps snare top Afghan drug lords », *The Washington Times*, 20 avril 2009, p. 1-5.

37 partisans de Jalaluddin Haqqani sont tués et les infrastructures d'un camp d'Al-Qaida en voie de reconstitution sont détruites.

À ces combats locaux s'ajoute la grande offensive des coalisés dans l'Helmand, l'une américaine (au sud), l'autre britannique (au nord), afin de couper un des chenaux principaux d'écoulement de la drogue. Dans la nuit du 1er au 2 juillet commence l'opération « Khanjar » (« coup d'épée »). Dans la vallée du fleuve Helmand sont engagés 4 000 marines de la 2e brigade expéditionnaire, aux côtés de 650 soldats de l'ANA. De gros moyens sont déployés en blindés et en hélicoptères, en plus d'une cinquantaine d'appareils. En application de la contre-insurrection, les ordres des généraux Petraeus et McChrystal sont respectés : pas de frappes aériennes avant le déclenchement de l'opération au sol. Reconquérir le terrain, détruire les laboratoires d'héroïne et contrôler les habitants correspondent à une volonté de « rester » : de petits postes sont construits parmi la population et l'administration locale afghane est remise en fonction grâce aux conseils d'une cinquantaine de réservistes juristes et administrateurs américains[117]. De leur côté, 3 000 Britanniques sont engagés dans l'opération « Griffe de panthère », précédée par la reprise du village de Babaji. Ils effacent de la sorte un échec de 2006, sur le lieu même. Les taliban refusent provisoirement le combat face à l'armada américaine, mais offrent une vive résistance aux unités anglaises et à l'ANA moins bien équipées, notamment en voilures tournantes. Ils confirment une tactique prouvant la coordination de leur commandement : frapper ailleurs pour montrer leur détermination. Cinq soldats britanniques perdent d'ailleurs la vie dans la semaine de l'offensive. Le lundi 6 juillet est l'un des jours les plus meurtriers de la guerre, deux Canadiens, un Britannique et sept Américains sont tués par IED ou attaques à l'arme automatique dans des provinces fort éloignées l'une de l'autre : Kunduz, Paktia et Zaboul.

Afghanistan, phase II : échec politique des taliban qui reprennent l'initiative sur le terrain

L'été 2009 est le plus coûteux en vies humaines depuis le début de la guerre. Le bilan des pertes pour les coalisés en juillet est de 76 tués. 49 GI et 22 autres soldats de la coalition tombent en août. Pour le seul mois d'octobre 2009, chiffre qui évoque le Vietnam en 1967-1968, 74 soldats américains sont tués. Le nombre des victimes civiles augmente de 24 %

117. *The Washington Post*, 2 juillet 2009, p. 1-3, et Le Monde.fr, 3 juillet 2009, p. 1.

sur les six premiers mois de l'année par rapport à la même période en 2008. Selon un rapport de la Manua, le conflit se déplace de plus en plus vers les zones habitées[118].

Au nord, fin juillet, pour la première fois, 300 soldats allemands sont engagés aux côtés de l'ANA dans une véritable opération de guerre afin de dégager Kunduz et sa route stratégique nord-sud, par où arrive désormais la logistique ayant transité par la Russie et les républiques d'Asie centrale. Le 31 juillet, deux convois de camions-citernes de l'OTAN sont détruits dans l'ouest du pays. Le 2 août, 9 soldats de l'OTAN tombent dans la même journée. Ce qui fait dire au général Stanley McChrystal, dans un entretien accordé au *Wall Street Journal* du 10 août, que les taliban ont repris l'initiative et qu'ils gagnent du terrain dans le nord et l'ouest du pays.

Leurs attaques se multiplient à l'approche des présidentielles (qu'ils demandent de boycotter), et les tirs de roquettes, y compris dans la partie de l'Helmand contrôlée par la coalition, frappent villes et villages. À cinq jours du scrutin, en geste de défi, dans le quartier le plus sécurisé de Kaboul, un 4 x 4 bourré de TNT explose entre l'ambassade des États-Unis et le QG de l'OTAN au passage de deux véhicules américains, faisant 7 morts et une centaine de blessés, en grande majorité des Kaboulis. À la suite de cela, des tracts affichés précisent que le 20 août les taliban passeront à l'attaque des bureaux de vote afin de décourager les 17 millions d'électeurs. Ils menacent ceux qui braveraient l'interdit de leur couper le doigt, marqué au moment du vote à l'encre indélébile. L'échéance électorale promet un déchaînement de violence. Le 17 août, un nouvel attentat à la voiture piégée dans la capitale, contre un convoi de la FIAS sur l'axe violet (la grande route qui mène à Bagram), fait 8 morts et 51 blessés parmi les civils ; des roquettes tombent sur la ville, dont l'une à proximité de la résidence présidentielle. Ce même jour, l'aéroport et la ville de Jalalabad essuient des tirs de roquettes, tandis qu'un bâtiment public à Kandahar subit un bref et violent assaut.

Le 20 août, qui aurait dû être la journée de tous les dangers, se déroule pourtant dans un climat de violence inférieur à ce qui était attendu. On recense 135 incidents et 50 tués, la plupart étant des attaquants taliban. À Kaboul, les tirs de roquettes accompagnent l'assaut

118. *Le Figaro*, 1er et 2 août 2009, p. 4.

d'un poste de police. Dans le Baghlan, des bureaux de vote sont attaqués et 22 assaillants tués. Mais le plus important est moins le résultat final que le fait que 95 % des 6 500 bureaux de vote soient restés ouverts et que le taux de participation ait atteint 38,7 %. Dans l'ambiance délétère d'un pays en guerre et malgré la fraude, c'est l'affirmation du rejet des taliban par une bonne partie du corps électoral ; ce que saluent le président Obama et le secrétaire général de l'OTAN, l'ancien Premier ministre danois Anders Fogh Rasmussen, en ces termes : « C'est la preuve de la détermination du peuple afghan à construire la démocratie. »

Cependant, la longue attente des résultats en raison de la fraude et la reconduction par défaut d'Hamid Karzaï à la tête de l'État le 2 novembre, en l'absence d'un second tour des présidentielles, ralentissent incontestablement cette marche vers la modernité exprimée par le corps électoral. La situation sur le terrain ne cesse de se dégrader. L'Afghanistan sera-t-il le Vietnam d'Obama, tombeau de l'empire américain comme il l'a été pour les Soviétiques ? En effet, l'année 2009 est la plus meurtrière depuis 2001. En 2008, le total des pertes dans le contingent étranger (OEF et FIAS) était de 295 tués (dont 155 GI). Il passe à 520 (dont 310 GI) en 2009.

De fait, les taliban se font de plus en plus incisifs. Ainsi, le 25 août, malgré le renfort de cinq bataillons américains dans la province, 40 personnes sont tuées dans un attentat à Kandahar et 100 autres blessées. L'adversaire affiche son impunité par vidéos interposées. Un incident est révélateur de leur force. Point n'est besoin à présent de tuer les membres de la police nationale afghane, l'ANP (Afghan National Police). Les humilier est une arme tout aussi efficace : le 17 août, à Pul-e-Khumi, un chef-lieu de district de la province septentrionale de Baghlan, des taliban, dont un jeune de 15 ans, hurlent des ordres à des policiers en les embarquant dans un pick-up pour les renvoyer désarmés et dépouillés dans leur caserne[119]. En Orient, perdre la face équivaut à perdre l'honneur ; on peut donc s'interroger sur le degré de crédibilité de l'ANP après une telle humiliation...

On conçoit le pessimisme du général McChrystal, révélé par le *Washington Post* du 21 septembre. Dans un rapport de 66 pages, il reconnaît que les taliban sont devenus « très agressifs » et estime que la coalition est engagée dans une course contre la montre. Soutenu par

119. Le Monde.fr, 21 septembre 2009, p. 1-3.

le général David Petraeus, il réclame un renfort de plus de 40 000 hommes, en attendant que les forces afghanes aient atteint un niveau suffisant pour assurer la sécurité dans le cadre de l'« afghnanisation » du conflit qu'il faut poursuivre. S'ils ne sont pas envoyés, la coalition risque selon lui de perdre la guerre avant fin 2010. Il dénonce la corruption de l'administration Karzaï, regrette que le système pénitentiaire afghan soit « une base et un camp » pour le recrutement des taliban, mais considère que la seule issue est de protéger la population. Pour faire de la contre-insurrection appliquée, les coalisés doivent sortir de leurs FOB. Et de préciser au *Figaro*, le 29 septembre 2009 : « Nous devons nous rapprocher de la population en nous débarrassant de tous ces blindages et autres gilets pare-éclats. Nos hommes doivent mieux connaître l'histoire et la culture afghanes afin de mieux agir de concert avec leurs camarades afghans. » Cette analyse témoigne du syndrome à la fois vietnamien et soviétique : pour le stratège Gérard Chaliand, moins de 10 % des forces de la coalition mènent des opérations[120]. Le fait que les autres restent cloîtrées indique une crise de moral récurrente.

Chef d'état-major de l'armée américaine, le général Casey doute que les troupes de métier puissent disposer de renforts importants au bénéfice de l'Afghanistan, alors que les dernières réserves sont encore employées en Irak. De son côté, le vice-président Joe Biden préfère un gel des effectifs, afin que les forces spéciales venues de leur sanctuaire de Diego-Garcia dans l'océan Indien puissent se concentrer sur la traque d'Al-Qaida, qui reste l'objectif principal, aidées des deux côtés de la ligne Durand par l'arme des drones et une concentration de troupes américaines. Ces divergences traduisent les hésitations de Washington face à la pugnacité des taliban, en attendant que le président Obama définisse une ligne stratégique claire. Il est vrai qu'il cède à son aptitude au compromis après trois échecs démocrates à diverses élections aux États-Unis et prend son temps pour consulter. Depuis le retrait d'Abdullah Abdullah du second tour des présidentielles, Obama désespère de l'élection d'un gouvernement légitime à Kaboul avant d'envoyer des renforts. Ceux-ci seront avant tout destinés à protéger l'« Afghanistan utile », solution « à la soviétique » précédemment évoquée, en plus des zones contrôlées en Kapisa ou dans la vallée de l'Helmand. Dans ce contexte, l'exécutif américain s'oriente vers une

120. *L'Express*, 5 novembre 2009, p. 82.

médiation entre les demandes des militaires et les réticences des politiques : en accordant des renforts *a minima*, continuer à poursuivre Al-Qaida même s'il devient très difficile de la distinguer des taliban qui lui font allégeance, contrôler les sanctuaires des taliban à l'est et au sud principalement, et tenir les forces vives du pays en reconstruction avant d'en confier les clés à un État de droit disposant de forces de sécurité crédibles.

Fin 2009 : la nouvelle stratégie américaine

Enfin, le 2 décembre 2009, contre l'opinion publique américaine favorable au repli, Barack Obama révèle les grandes lignes de sa nouvelle stratégie pour cette « guerre nécessaire » mais non illimitée dans le temps (retrait annoncé dès la mi-2011) : un renfort de 30 000 hommes, un appel aux alliés de l'OTAN pour qu'ils fassent un effort dans ce sens et un soutien sans faille au Pakistan. Le 4 décembre, le secrétariat général de l'OTAN annonce un renfort de 7 500 hommes. Avec l'arrivée progressive des renforts américains et otaniens jusqu'à la fin du printemps 2010, le nombre total des militaires étrangers présents en Afghanistan passera de 113 000 à 150 000 hommes – un chiffre supérieur de 30 000 hommes au contingent précédemment engagé par les Soviétiques dans ce pays.

Les principaux objectifs sont bien d'obtenir que, graduellement, le poids du maintien de l'ordre repose sur les forces afghanes, de presser l'administration Karzaï pour qu'elle mette un terme à la corruption endémique, tout en poursuivant la traque d'Al-Qaida des deux côtés de la ligne Durand. Ce programme à long terme repose sur du sable : il oublie l'obligation du contrôle des frontières et tire des plans sur la comète quant au prestige du régime du président Karzaï. Ce dernier indique que l'effort principal de son gouvernement portera sur la lutte contre la corruption. Il forme le 16 novembre 2009 une brigade anti-corruption destinée à éradiquer les « mauvaises habitudes » des forces de sécurité, notamment le racket routier dont l'ANP est coutumière en rançonnant des camionneurs afghans.

En fait, sur le plan politique, l'année 2009 n'est pas vraiment une « année tournant » en raison du manque de légitimité du président Karzaï, élu sans second tour alors même que les Afghans avaient confirmé par leur vote, lors du premier tour des présidentielles, le rejet d'un retour des taliban au pouvoir. L'issue du conflit reste indéterminée et, sur le terrain, la balance penche du côté des taliban. Chef du contingent canadien en Afghanistan, dont 2 800 hommes sont déployés dans la région de Kandahar, le général Jonathan Vance estime que la situation est « grave et désespérée » et qu'elle relève d'une « extrême urgence[121] ».

Pour les coalisés, la bataille de Kaboul continue. Un peu sur le modèle de celle d'Alger par la multiplication des attentats et par la caisse de résonance que représente la capitale où se trouvent les médias, au moment où les opinions publiques occidentales donnent dans le défaitisme. Défiant l'OTAN-FIAS les 7 et 8 septembre 2009, alors que des tirs sporadiques de roquettes continuent de tomber sur les positions de coalisés, le camp Phoenix, grande base américaine de Kaboul, subit une attaque, tandis qu'un 4 x 4 conduit par un kamikaze et chargé de 500 kg d'explosifs saute devant le siège de l'OTAN-FIAS au cœur de la capitale[122]. Dix jours plus tard, sur la route conduisant à l'aéroport, près de l'ambassade américaine, un véhicule bourré d'explosifs heurte un convoi de l'OTAN : six paras italiens sont tués et quatre autres sont blessés. L'ONU est aussi la cible de la vindicte des taliban : le 28 octobre une maison d'hôtes de la Manua est visée, faisant 15 morts dont 6 expatriés. Une semaine plus tard, 600 des 1 100 membres des Nations unies présents en Afghanistan quittent temporairement le pays. Le 15 décembre, en plein quartier des ambassades, un kamikaze réussit à déjouer tous les barrages et se fait exploser : huit Kaboulis sont tués. L'image d'une capitale afghane sécurisée où, selon les ministres français des Affaires étrangères et de l'Immigration, on peut renvoyer sans états d'âme des réfugiés afghans indésirables sur notre sol, tient de la propagande, version « bourrage de crâne ». Les tirs de roquettes se multiplient (26 décembre 2009, 7 et 17 janvier 2010) et, le 17 janvier 2010, un commando taliban attaque le cœur de la ville sur le modèle des attentats de Mumbay, faisant 12 tués et 71 blessés dans un centre commercial et aux alentours. De Kaboul à Kandahar, mais aussi dans d'autres villes et campagnes, l'insécurité est à présent généralisée.

Les 3 et 4 octobre, lors d'un violent et long combat proche de la ligne Durand, dans le Nouristan, où environ 700 taliban venus d'un sanctuaire du Pakistan attaquent des positions de l'ANA et de l'OTAN, prenant en otage treize policiers et deux journalistes afghans, huit soldats américains sont tués, après cinq autres la veille dans une autre province – une centaine de taliban auraient aussi été tués. Si on y ajoute les

121. *Le Figaro*, 16 octobre 2009, p. 6.

122. Trois civils sont tués, ainsi que quatre soldats de l'OTAN ; un Belge et trois Américains sont blessés.

trois tués parmi les forces de l'ordre afghanes, ces pertes sont les plus sévères pour la coalition depuis le combat d'Uzbin. La numérisation progressive du champ de bataille, l'appui feu aérien massif se sont révélés insuffisants. La série noire continue le 26 octobre dans la province de Badghis, lors d'une opération conjointe FIAS-ANA : trois hélicoptères américains sont détruits, deux par collision, l'autre par crash selon la version de l'OTAN. Le bilan est de 11 GI tués et autant pour l'ANA.

Deux éléments témoignent du mal-être d'une coalition qui a perdu confiance dans ses objectifs. Fin octobre, dans le Nouristan, les Américains évacuent la base de Kemdesh, clé de trois districts, sans prendre le temps de démonter toutes les installations et de passer le relais à l'ANA. Tout aussi préoccupante, la démission connue à la même date du baroudeur et ancien marine Matthew Hoh de son poste de représentant du département d'État dans la province de Zaboul, un des fiefs méridionaux des taliban. Il précise : « L'insurrection est nourrie par ce qui est perçu par les Pachtouns comme un assaut sur leurs terres, leur culture, leur tradition, par des ennemis intérieurs (l'armée afghane) et extérieurs (la coalition)[123]. »

Le général McChrystal se dit pourtant satisfait du renfort accordé par le président Obama qui lui permettra d'augmenter les capacités de l'ANA et de se déployer au sud et à l'est du pays où les taliban sont les plus forts. Le défi à relever est immense. En décembre 2009, taliban et Al-Qaida frappent au cœur en montrant les faiblesses du système de sécurité américain. Le 25, la menace terroriste à l'échelle mondiale redevient d'actualité : c'est l'attentat manqué contre un avion de ligne américain entre Amsterdam et Detroit par un Nigérian membre d'Al-Qaida et déjà fiché comme individu dangereux. Il a pu passer à travers tous les contrôles, mais le dispositif d'explosif, caché dans le sous-vêtement, n'a pas fonctionné. Le 30, tandis que des drones américains frappent des sanctuaires de la nébuleuse terroriste au Yémen où des ambassades occidentales sont directement menacées, le président américain, fort en colère, souligne la faille dans les services de renseignement lors d'une conférence de presse. Ce manque de coordination entre les services et leur impéritie est illustré, le jour même, par une victoire morale des taliban qui en viennent à défier l'Oncle Sam jusque dans l'un de ses sanctuaires afghans les plus sécurisés. En effet, passant aussi tous les

123. *La Croix*, 29 octobre 2009, p. 6.

contrôles – car déjà connu de ses anciens camarades de la CIA –, un kamikaze réussit à se faire exploser dans la FOB de Chapman, dans la province de Khost : 7 agents civils de la CIA sont tués. Or, dans cette base sont entraînées les forces spéciales afghanes...

Ce même 30 décembre, à Kandahar, au passage de leur véhicule blindé, un IED explose, faisant cinq morts canadiens : quatre soldats canadiens et une journaliste. Si on y ajoute l'enlèvement de deux journalistes français et leurs trois accompagnateurs afghans en Kapisa, le même jour, par des taliban locaux semble-t-il, sans verser dans la paranoïa d'actions concertées pour une même date en différents points du globe – et en Afghanistan en particulier –, force est de constater que c'est l'ensemble du dispositif contre le terrorisme qui est remis en question. L'hiver 2009-2010 est le plus sanglant depuis le début de la guerre et ne connaît pas de pause : dans les 25 premiers jours de janvier, 24 soldats de la coalition sont tués. Toutefois, cette série de mauvaises nouvelles pour le monde libre donne une légitimité à l'envoi de renforts en Afghanistan et pourrait être, enfin, à l'origine d'une prise de conscience : la menace est bien réelle et concerne tout un chacun. La conférence internationale de Londres le confirme, le 28 janvier 2010 : 70 pays au chevet de l'Afghanistan réaffirment leur volonté de combattre le terrorisme, tout en soutenant le gouvernement Karzaï.

V. SOLDATS FRANÇAIS EN PREMIÈRE LIGNE

Chef des armées, Nicolas Sarkozy a plusieurs fois rappelé : « Nous ne pouvons pas accepter un retour des taliban et d'Al-Qaida à Kaboul. La défaite nous est interdite, même si la victoire est difficile. » La France agit en tant que puissance du Conseil de sécurité et par solidarité envers ses alliés. Elle a progressé du septième au quatrième rang des contributeurs de la FIAS, tandis que la durée du séjour de ses militaires en Afghanistan est passée de quatre à six mois. Pour ceux qui servent dans ce pays depuis octobre 2001, une certaine culture de guerre s'est forgée, influant leur comportement envers les populations. Bientôt, en raison de la *noria* (« tournante ») des unités qui évoque, à petite échelle, celle des régiments organisée par le général Pétain lors de la bataille de Verdun, il y aura ceux qui y sont allés et ceux qui vont y aller. En Afghanistan, l'armée française est confrontée au combat prolongé et à la possibilité de la bataille. Elle se trouve en rupture par rapport au système des « compagnies tournantes » des interventions en Afrique. Auparavant, ceux qui revenaient d'un séjour exotique arboraient leur bronzage et racontaient force anecdotes faisant rêver leurs camarades demeurés l'arme au pied en métropole. Qu'on ne s'y trompe pas : certes à un niveau plus modeste, le conflit afghan suggère plus la guerre d'Espagne qui a saigné la Grande Armée qu'une projection de puissance en Côte d'Ivoire ou au Kosovo. Frapper au cœur du terrorisme international conduit à présent à payer le prix du sang dans ce conflit majeur, en redécouvrant que la technologie est au service du soldat et non l'inverse.

Des forces spéciales aux forces classiques

Les forces spéciales

L'Afghanistan constitue un défi pour les forces spéciales (FS) dépendant du commandement des opérations spéciales (COS), dont le poste de commandement se trouve à Taverny. Pour être plus efficace, il relève directement du chef d'état-major des armées. Créé en 1996 à la lumière des dramatiques événements de Bosnie, le COS est une armée en miniature. Il regroupe les paras du 1er régiment parachutiste d'infanterie de marine (RPIMa) de Bayonne, les hommes du 13e régiment de dragons parachutistes (RDP), les commandos marine de Lorient et de Saint-Mandrier (base navale de Toulon) et les paras du commando parachutiste de l'air (CPA-10) basés à Orléans, auxquels s'ajoutent l'escadron de transport Poitou et des unités d'hélicoptères. Entraînés sous toutes les latitudes, aptes à neutraliser un preneur d'otages, à tuer un *sniper* à 2 300 mètres en tir posé, ces soldats d'élite sont capables de sauter de nuit d'un avion à haute altitude, de dériver sous voilure pendant de longues minutes et d'atterrir dans la plus grande discrétion dans un petit espace. Ces « baroudeurs très spéciaux [1] », dont on ne connaît les missions que lorsqu'elles sont exécutées, ont donné les preuves de leur savoir-faire, des rives du Congo (exfiltration de ressortissants français en 1997) au Timor oriental deux ans plus tard.

En Afghanistan, au nom de l'article 5 du traité de l'Atlantique Nord, les Français engagent discrètement deux unités à partir de la fin 2001 : le CPA-10 et des éléments du 13e RDP. Ils assurent essentiellement des missions de renseignement au bénéfice de l'aviation américaine de l'OEF [2]. Puis, d'août 2003 à janvier 2007, dans le cadre de la mission Arès, incluse elle aussi dans l'OEF, outre ces deux premières unités, les FS, regroupant des spécialistes des commandos marine et du 1er RPIMa, étendent leur terrain d'action. Elles interviennent d'abord dans les régions de Mazar-e Charif et de Kaboul, puis autour de la ville de Spin Boldak, dans la province de Kandahar, à faible distance de la ligne Durand, dans une zone particulièrement aride. Fin 2005, environ 230 hommes du COS s'y retrouvent dans un camp spartiate à quatre tours de guet. Pour la première fois, des représentants des armées de

1. *L'Express*, 9 novembre 2000, p. 124.

2. Pascal Le Pautremat, *op. cit.*, p. 219. Voir aussi Éric Michiletti, *Les Forces spéciales en Afghanistan : guerre contre le terrorisme, 2001-2003*, Paris, Histoire et Collections, 2003, 175 p.

terre, de mer et de l'air vont œuvrer ensemble sur le long terme en développant une véritable culture interarmées.

Comme le note Pierre Servent, la principale mission de ces forces spéciales est de « faire de cette immense région – mi-montagneuse, mi-désertique – une zone d'insécurité maximale pour les groupes de combat des taliban[3] ». Rassemblés pour des missions de guerre, ils bénéficient également de l'expérience des agents de la DGSE, passés maîtres dans la guerre électronique, pour intercepter les messages ennemis – ce qui aurait permis de déjouer 40 % des actions de l'adversaire[4]. Les FS assurent aussi la protection des diplomates français. Ils mettent également sur pied des FS afghanes au camp Morehead, proche de Kaboul, à partir de la fin 2007, avec l'aide de leurs homologues américains. Leurs missions d'infiltration en zone ennemie (par équipes d'une demi-douzaine d'hommes) et d'embuscades (actions combinées avec des troupes américaines et appui feu si nécessaire) entraînent souvent une nomadisation de plusieurs jours sur un terrain qui évoque celui des commandos de chasse du conflit algérien. En Afghanistan, comme leurs prédécesseurs en Algérie que la vie en plein air finissait par confondre avec les *djounoud*, les FS doivent, pour passer inaperçus, ressembler le plus possible à des Afghans en adoptant leur accoutrement. Cette pratique est évoquée dans un témoignage, rare pour ce type d'unité, par deux membres des FS américaines, le capitaine Alan H. et le sergent-chef Adam R., dans leur ouvrage *Sur les traces d'Al-Qaida. Témoignage des forces spéciales*[5]. Le règlement français oblige toutefois les commandos à agir *in fine* en tenue de combat. Mais quelles que soient les distinctions entre les FS de différents pays, la plus grande efficacité leur est demandée.

Ces hommes doivent aussi convaincre les chefs locaux de la légitimité du gouvernement Karzaï. Ils opèrent dans la profondeur, soit pour acquérir le renseignement, soit pour neutraliser un chef *taleb* ou djihadiste désigné sous l'appellation de « cible de haute valeur ajoutée », traduction des HVT (*high value targets*). Le CPA-10 marque également les caches d'armes ou les PC à détruire à l'aide de laser ou en ouvrant le feu à longue distance à la 12,7 mm pour que la poussière de l'impact

3. Pierre Servent, *op. cit.*, p. 44.

4. P. Le Pautremat, *op. cit.*, p. 222.

5. Alan H. et Adam R., *Sur les traces d'Al-Qaida. Témoignage des forces spéciales*, Versailles, Alban Éditions, 2004. L'anonymat est de règle parmi les forces spéciales afin de protéger les familles, d'où l'emploi des initiales pour ces cadres issus de la garde nationale.

puisse guider l'avion avant que celui-ci lâche son missile[6]. Pour ce type de frappe ou d'appui feu, le « guidage avancé » est aussi pratiqué par des unités qui ne font pas partie du COS, tels que les CPA-20 ou 30 habituellement dévolus à la garde des bases aériennes. Sont également utilisées pour des opérations ciblées et discrètes les images reçues de satellites espions, de drones, d'hélicoptères et d'avions de reconnaissance.

On sait évidemment peu de chose de leurs actions sur le terrain, menées souvent conjointement avec la DGSE dans la quête du renseignement. Les FS bénéficient de différents matériels, comme le Transall d'écoute électronique Gabriel. Ainsi, en mars 2004, à en croire *L'Express*, les FS sont sur le point de capturer Ben Laden alors que les Américains préféreraient le tuer[7]. *Le Figaro* du 22 mai 2006 signale par ailleurs, sans pouvoir préciser, qu'un combat important opposant 200 taliban aux FS vient d'avoir lieu et que ces dernières déplorent deux tués et un blessé[8]. En raison de leur entraînement drastique et de leur discipline de feu, leurs pertes sont faibles en Afghanistan : sept tués (dont le propre fils du général Le Page, commandant le COS) et douze blessés, pour un total de 2 500 hommes engagés pour des séjours allant jusqu'à six mois.

Fin 2006, 200 hommes des FS gagnent Jalalabad, à l'est de Kaboul. Aux premiers jours de 2007, devant l'intensité croissante des actions de guerre et d'assistance aux forces afghanes, les troupes régulières prennent officiellement le relais de ces spécialistes de l'extrême envoyés vers d'autres théâtres d'opérations.

Les forces classiques : armée de terre et armée de l'air

En fait, les forces classiques sont présentes très tôt sur le terrain. En décembre 2001, le 21e RIMa doit « sécuriser » l'aéroport de Mazar-e Charif. Par la suite, c'est en juillet 2004, dans le cadre de la brigade franco-allemande, qu'arrivent d'autres unités. 1 000 Français sont présents dans le secteur d'Herat à l'ouest du pays. En 2005-2007, le Premier ministre, Dominique de Villepin, aurait souhaité retirer les

6. Témoignage du général de brigade aérienne Patrick Desjardins, responsable des forces de protection et de sécurité de l'armée de l'air de 2004 à 2008 ; séjour en Afghanistan en mai 2008. Entretien du 9 juillet 2009.

7. Jean-Marie Pontaut, « Afghanistan, Ben Laden : la traque française », *L'Express*, 5 avril 2004, p. 65.

8. « Les forces spéciales françaises en Afghanistan », *Le Figaro*, 22 mai 2006, p. 4.

unités françaises du théâtre afghan en raison des maladresses incontrôlables de l'OTAN. Mais dès son élection le président Sarkozy opte pour un renforcement. Lors du sommet de l'OTAN de Bucarest, en avril 2008, il décide d'impliquer davantage les troupes françaises et les déploie dans la province de Kapisa et au centre-est du pays, notamment sur l'axe Kaboul-Kandahar. Au sein de la FIAS, elles agissent d'abord au sein du RC-C (*regional command-capital* ou « commandement de la région autour de Kaboul »), dont la France prend la tête. Dans un des trois districts qui en dépendent, celui de Surobi, se trouve le bataillon français (Batfra) de 770 hommes sous le commandement du général Michel Stollsteiner en 2008-2009, agissant dans le cadre de l'opération « Pamir ». Une partie de cette unité est basée au camp de Warehouse où est situé l'état-major. La FOB de Tora, à vingt minutes de vol de Kaboul, est forte de 300 soldats et d'une section de l'ANA. Les Français doivent « trouver le *taleb* là où il se trouve[9] ». C'est notamment le cas du second bataillon de 630 hommes, déployé depuis juillet 2008 au sein du groupement tactique interarmes de la province de Kapisa (GTIA Kapisa) et dépendant du commandement américain du RC-East. Cette unité agit dans la vallée de Tagal. Par ailleurs, dans la capitale afghane sont installés les 530 hommes du bataillon de commandement et de logistique. 200 hommes sont en protection de la base aérienne de Kandahar ou dans des organismes spécialisés. Il faut aussi évoquer l'indispensable soutien médical décentralisé dans chaque régiment. Ainsi, le 8e RPIMa dispose de sa propre équipe dont les éléments avancés doivent être capables d'intervenir dans les dix minutes[10].

Nos troupes assurent aussi un rôle essentiel d'instructeurs puis de conseillers des forces afghanes en formation au sein des OMLT (*operational mentoring and liaison teams*). 405 hommes sont déployés comme conseillers de l'ANA et déplorent parfois les rivalités ethniques au sein d'une même troupe qui empêchent la cohésion et l'esprit de corps. La mission du lieutenant-colonel Jean-Bruno Despouy, de l'infanterie de marine, était d'assurer cet entraînement, de développer son aptitude à travailler en coopération avec les autres forces de la coalition pour sécuriser la route Kaboul-Kandahar. Il se souvient de ces premiers temps :

9. Journal d'un reportage à Surobi, 5 octobre 2008, *Assaut*, n° 34, octobre 2008, p. 32.
10. La section médicale de ce régiment comprend un médecin, un infirmier, cinq auxiliaires et un aide soigneur. Elle compte deux réservistes.

« Nous étions dans des postes isolés dans des entrées de vallées, à environ 2 000 mètres d'altitude. Les unités sont dispersées sur des pitons, quatre-vingts Afghans, huit Français sur deux kilomètres carrés, dans des postes sous tentes, avec des conditions de vie très sommaires[11]. » Ces unités ont une activité intense : 34 opérations sont menées en six mois, auxquelles s'ajoutent sept opérations majeures avec les Américains. Elles patrouillent aussi dans les villages : « Nous avons eu des tirs, des embuscades. Le groupe a eu dix blessés légers lors d'explosion d'engins. » Même vécu pour les 40 hommes du lieutenant-colonel Métayer, en octobre 2009, chargés de former 300 soldats de l'ANA en deux mois, aux côtés de 2 000 Américains dans la base de Maiwand, à 100 kilomètres au sud de Kaboul. Dans un reportage que leur consacre Canal+, ces Français constatent que les Afghans sont plus des guerriers que des soldats à qui il est difficile d'apprendre des manœuvres d'ensemble, parce qu'ils n'ont pas l'habitude de la cohésion et de la stricte discipline. Cette base subit presque tous les jours des tirs de roquettes et de mortier, ce qui en dit long sur le pourrissement de la situation[12].

Officiellement, il est hors de question, pour l'heure, que la France engage plus de 3 000 hommes. En fait, en comptant le personnel de la maintenance et de la logistique accompagnant de nouveaux matériels, les gendarmes et les mécaniciens nécessaires à l'entretien des avions et voilures tournantes, en mai 2009, l'effectif total en Afghanistan serait de 3 770 hommes.

L'armée de l'air est aussi active en Afghanistan par le biais de six avions (trois Mirage 2000-D et trois Rafale) basés à Kandahar. L'intensification de la guerre se lit dans l'accroissement du nombre de vols : d'octobre à décembre 2008, ces appareils accomplissent 400 missions[13]. Cette même base de Kandahar accueille parfois des Super-Étendard modernisés, lorsque le porte-avions nucléaire (PAN) *Charles de Gaulle* croise dans l'océan Indien où une composante navale française surveille tout débordement terroriste vers la péninsule arabique, aux côtés de la Task Force 150 américaine.

---

11. *Le Figaro*, 14 mai 2009, p. 6 (édition Bretagne).
12. Émission d'Anne-Sophie Lapix, « Dimanche + », série « Grande histoire », Canal +, 18 octobre 2009.
13. *Le Canard enchaîné*, 28 janvier 2009, p. 3.

Le dispositif français comprend également des avions de transport C-160 Transall, basés à Douchanbe au Tadjikistan, jusqu'en 2008, puis à Kaboul, et des ravitailleurs en plein vol C-135 FR. Un autre de ces ravitailleurs, basé au Kirghizstan, opère au bénéfice des appareils américains et de l'OTAN. Dès la fin avril 2008, sous commandement de l'armée de l'air, basé à Kaboul (à l'aéroport KAÏA), le détachement d'hélicoptères (trois hélicoptères de l'armée de l'air Caracal et trois Gazelle de l'armée de terre armés de missiles Hot) assure des missions d'évacuation sanitaire, mais aussi de logistique, d'observation et de collecte du renseignement, d'appui feu, de PC aérien, d'extraction... bref, tout ce que l'arme héliportée a acquis depuis la guerre d'Algérie, sans oublier les fonctions de liaison et l'héliportage de troupes et de tireurs d'élite sur les points hauts.

Le théâtre d'opérations afghan manque encore de voilures tournantes et le problème des hautes altitudes (au-dessus de 2 500 mètres) réduisant les capacités d'emport n'explique pas tout. Comme au temps des Soviétiques, les hélicoptères, même armés, sont loin d'être invulnérables, version afghane de *La Chute du faucon noir*[14]. En effet, dans la région de Chah-e Kot, à l'est de Ghazni, dès le début mars 2002, deux hélicoptères de combat américains sont abattus[15]. Faute d'engins disponibles, le soutien héliporté dans l'appui feu fait souvent défaut. En février 2009, Hervé Morin, ministre de la Défense, promet de nouveaux matériels, dont des Gazelle Canon, hélicoptères légers d'attaque. La nouvelle « bête de guerre », le puissant et trop rare Tigre de l'ALAT (aviation légère de l'armée de terre) est déployé en Afghanistan à partir de septembre 2009. À la fin de ce mois, trois Tigre sont engagés dans une série d'opérations, y compris de nuit, en couverture des Caracal et des troupes au sol, afin de desserrer l'étau des taliban en Kapisa.

Vers une armée au rabais ?

L'intervention française en Afghanistan relève du paradoxe. D'un côté, la France se sert du théâtre afghan comme vitrine de ses nouveaux matériels à la vente. De l'autre, elle s'abstient de s'y engager plus avant, tout en se montrant efficace sur le terrain. Le tout afin d'éviter un débat

---

14. *La Chute du faucon noir* est un film américain réalisé par Ridley Scott, sorti en 2001. Il relate l'intervention américaine en Somalie pendant la guerre civile de 1992-1993 et l'échec de l'opération « *Restore Hope* » sous l'égide de l'ONU et le commandement de troupes en majorité américaines.

15. *Le Figaro*, 5 mars 2002.

public nuisible au pouvoir politique en raison de l'interminable durée du conflit.

Certes, conformément aux promesses de Nicolas Sarkozy lors du sommet de l'OTAN à Bucarest, le *Livre Blanc* publié un mois plus tard, en mai 2008, redéfinit les priorités de notre défense par la révision en profondeur de la stratégie et de la sécurité nationale dans le cadre des risques de la mondialisation, tout en annonçant une réduction des effectifs de 18 000 hommes d'ici 2014. Mais ce document, qui puise dans le passé récent des expériences africaines et balkaniques sans tenir compte des nouvelles réalités afghanes, conserve l'illusion que la toute-puissance du renseignement, de la numérisation et de nouveaux matériels doit suppléer au nombre. C'est une erreur d'autant plus grave que la RGPP (révision générale des politiques publiques) prévoit par ailleurs une autre réduction drastique de 36 000 hommes d'ici 2014 pour l'ensemble des forces armées.

Par conséquent, l'armée de terre, en attendant de nouvelles coupes claires, est désormais inférieure en nombre à son équivalent italien ! Elle comporte aujourd'hui 120 000 militaires d'active [16], ce qui est bien peu pour près de 64 millions de Français. À l'heure de l'engagement à long terme en Afghanistan, cet effectif ne peut lui permettre d'assurer réellement une opération extérieure majeure totalisant l'engagement de 30 000 hommes (50 000 hommes dans le *Livre Blanc* de 1994), et une autre, secondaire, concernant 5 000 hommes, comme le stipule le *Livre Blanc* de 2008. Pour gérer la « crise », le haut commandement doit déshabiller Paul l'Africain pour habiller Jacques l'Afghan, tout en espérant que Pierre le métropolitain, réduit à la portion congrue, n'ait pas à se déployer à la suite d'attentats majeurs. En effet, le 28 janvier 2009, le Parlement adopte le projet gouvernemental allégeant le dispositif français pour les autres opérations extérieures en le réduisant à 13 000 hommes seulement ; d'où le retrait de 2 000 soldats de Côte d'Ivoire et du Tchad. En vérité, la France se retrouve dans la même situation qu'au temps de la petite armée de professionnels de Louis XVI où, à côté des 10 000 hommes du corps expéditionnaire de Rochambeau en soutien des insurgés américains, elle avait été incapable de monter une autre projection de puissance en Inde. Elle aurait permis au Bailli de Suffren, sans cesse vainqueur sur mer, d'effacer le

16. Chiffre du 27 mai 2009, en ligne à cette adresse : www.defense.gouv.fr/terre/decouverte/chiffres_cles/effectifs.

désastreux traité de Paris de 1763. Suffren espéra vainement l'arrivée d'un corps de débarquement et dut, brièvement, improviser avec ses marins épuisés. Or, en temps de guerre, il faut des hommes. Rien ne s'use plus vite qu'une armée de métier, longue à former et ne disposant que de réserves insuffisantes – 18 300 hommes en 2009 au titre d'un engagement spécial. La réserve dite « opérationnelle », péniblement mise en place pour les unités de l'armée de terre, ne pourra être engagée dans un autre conflit meurtrier que l'Afghanistan, même si les réservistes, citoyens-soldats, ont déjà rendu des services dans les Balkans – notamment les médecins.

Certes, le *Livre Blanc* prévoit que chaque régiment d'une base de défense aura effectivement quatre escadrons ou bataillons de combat, avec de nouveaux matériels. Mais comment faire, alors que la crise internationale entraîne des économies drastiques pour un pays dont 84 % du PIB, au 1er janvier 2010, est plombé par le remboursement de la dette publique ? Que l'on se souvienne de tous les dysfonctionnements en matériels obsolètes ou à bout de souffle (frégate en panne et hélicoptères lourds hors d'usage à Djibouti, surchauffe des moteurs du navire-école *Jeanne d'Arc*...), lors de l'opération « Ponant », en avril 2008, pour libérer les otages de ce voilier de luxe détenus par des pirates somaliens. Le « système D » propre à nos forces ne pourra pas toujours suppléer à tout...

En fait, l'affaire afghane arrive au mauvais moment. L'armée de métier, qui n'est pas dans notre tradition militaire, a bien du mal à recruter les engagés dont elle a besoin. Ces hommes ont des qualifications inférieures à celles des anciens appelés et plus particulièrement des VSL (volontaires service long) qui, au temps de la conscription, constituaient une pépinière de recrues de qualité. Ils sont plus lents à former, comme conducteurs de blindés par exemple, en raison de leur faible niveau scolaire. Pour une armée de professionnels qui en est réduite à accepter un engagé sur 1,2 à 1,5 homme qui se présente à la sélection et qui fait souvent le choix des armes par dépit parce qu'il est en situation d'échec, on conçoit que le niveau d'instruction de nos régiments soit, dans l'ensemble, inférieur à ce qu'il était au temps de la conscription.

Or, depuis la fin de la guerre froide et l'armée nombreuse non employée face au pacte de Varsovie, la petite armée de métier contemporaine est suremployée, de l'Afrique aux Balkans en passant par l'Afghanistan, sans disposer encore de tous les matériels dont elle a besoin dans le cadre de la numérisation du champ de bataille. On lui demande un taux de réactivité en un temps record, en fonction de l'adversaire rencontré : un coupeur de route ivoirien, un pillard kosovar ne se gèrent pas comme un *taleb* qui se fond dans la population. De plus, selon le mot du général Cuche, chef d'état-major de l'armée de terre jusqu'en juillet 2008, frappée par de continuelles restrictions budgétaires, l'armée est dans une phase de « paupérisation [17] ».

Certes, il s'agit de réduire les effectifs déployés outre-mer, mais la réalité des défis contemporains (accroissement des actes de piraterie dans l'océan Indien et opération internationale « Atalante » depuis la fin 2008 [18]) prouve par ailleurs le contraire, tout comme l'installation française dans le Golfe persique. Pour un bataillon à effectifs renforcés de 700 hommes sur le terrain afghan pendant six mois, il faut à l'entraînement une autre unité équivalente et, en réserve, un troisième bataillon apte à assurer la relève. Ce qui donne un total de 2 100 hommes (sans compter leur soutien logistique) indisponibles pour toute autre mission de sécurité nationale ou de projection de puissance sur un théâtre d'opérations autre que l'Afghanistan. Trois bataillons opérationnels, c'est beaucoup pour une petite armée de métier !

De plus, il y a une contradiction entre la RGPP et la multiplication des dépenses à la suite de la pleine intégration dans l'OTAN (170 millions d'euros par an) d'un côté, et l'effort de guerre en Afghanistan dont le coût croît de façon exponentielle de l'autre. Comme le fait remarquer le lieutenant-colonel Ivan Martin, chef du bureau opération-instruction du 35e RI en 2008 : « Cette mission [en Afghanistan] est tueuse de certitudes qui nous structurent tous depuis notre formation initiale. Les constructions intellectuelles fumeuses, la littérature militaire au langage parfois abscons, si elles font sourire sur les bancs du Collège interarmées de défense, semblent ici criminelles. Nous sommes encore trop souvent prisonniers du schéma de la ligne de front, du XIe échelon, de l'arrière

17. P. Servent, *op. cit.*, p. 224.

18. Après 120 abordages dus aux pirates du Putland somalien depuis janvier 2008, « Atalante » concerne tout d'abord une demi-douzaine de bâtiments européens et voit le retour des cheminements en convoi aux abords de la Corne de l'Afrique. Le 11 novembre 2008, la frégate britannique *HMS Cumberland* est le premier navire de guerre à intervenir. En raison des navires marchands détenus par ces pirates, des armateurs tels le Danois Moller-Maesk font désormais transiter leurs porte-containers par le cap de Bonne-Espérance. En octobre 2009, pour la première fois, des fusiliers marins embarqués sur des chalutiers français ouvrent le feu.

et des notions afférentes au besoin plus ou moins important en protection (en particulier dans le domaine de la logistique), sur le distinguo fallacieux entre combattants et arrière[19]. » Le manque chronique de culture en histoire militaire et le formalisme traditionnel expliquent cette bévue initiale d'une France à présent noyée dans les pesanteurs de l'OTAN sans avoir su muscler l'Europe de la défense.

L'Afghanistan, champ d'expérimentation

Quelles que soient ces réalités intrinsèques à l'armée française, force est de constater qu'elle met à profit son intervention au pays de l'insolence pour déployer ses tout derniers matériels. En ce sens, le conflit afghan, s'il permet un banc d'essai d'armes nouvelles comme pour toute autre guerre, est bien asymétrique. Testées au Centre d'expériences aériennes militaires de Mont-de-Marsan, des bombes autopropulsées à guidage laser équipent les Rafale[20]. L'armée de l'air déploie à la mi-février 2009 trois nouveaux drones SIDM[21] en Afghanistan, plus performants que les petits engins utilisés précédemment. Servis par une quarantaine de personnels (soit 1,3 % des effectifs français en Afghanistan sans que l'on ait parlé de renforts), ces drones sont basés à Bagram avec les Predator américains. La campagne d'Afghanistan, même si le terme n'est pas encore reconnu, permet le développement des drones SDTI (systèmes de drones tactiques intermédiaires), sans compter les mini-drones Drac et Skylark, ce dernier étant de fabrication israélienne[22]. Ces mini-drones d'un poids de 8 kg – certains sont lançables à la main –, dont l'utilité a été prouvée en Irak ou au Liban, sont destinés à « aller voir de l'autre côté de la colline[23] ». D'une autonomie d'une heure, portant à 10 kilomètres, cet engin offre des capacités de renseignement salutaires dans un pays compartimenté et propre à l'embuscade comme l'Afghanistan. L'armée de terre déploie aussi des drones SDTI en Afghanistan, mis en place par le 61e régiment d'artillerie. Ces engins, non armés, du système MALE (moyenne altitude longue endurance), ont le mérite d'assurer une

---

19. Chef de bataillon Karim Saa, *op. cit.*, p. 41.
20. *Armées d'aujourd'hui*, n° 337, février 2009, p. 51.
21. Avec le SIDM (système intérimaire de drones MALE), la France entre dans le domaine de la moyenne altitude longue endurance (MALE). Ce drone fourni par EADS peut rester une douzaine d'heures à 1 000 kilomètres de sa base de départ. Il vole entre 15 000 et 25 000 pieds, hors de portée des tirs sol-air.
22. *Armées d'aujourd'hui*, n° 337, *op. cit.*, p. 51.
23. *Libération*, « secretdefense », 18 février 2009, p. 2.

surveillance – ce que ne peut pas faire un avion – grâce à un système de transmission vidéo. Ils nécessitent l'utilisation de satellites commerciaux, ce qui pose une question : quand donc nos armées auront-elles leurs propres satellites de communication[24] ?

D'autres armements sont également présents sur le terrain. En attendant l'envoi en Afghanistan de matériels non prévus par la loi de programmation militaire, les *crash programs* (« programmes d'achat de matériels ») permettent une certaine souplesse. Un décret spécifique du Code des marchés publics est ainsi appliqué à la défense, permettant les UO ou « urgences opérations ». L'armée française dispose de 60 VAB dits « télé-opérés » à propos du nouveau dispositif de protection sous tourelleau de la mitrailleuse. Elle a aussi acheté aux Américains cinq véhicules d'intervention contre les mines Buffalo-MRAP du système Souvim (système d'ouverture d'itinéraire miné). En outre, 150 kits de protection pour véhicules logistiques protègent contre les IED[25]. Des véhicules de guerre électronique, fers de lance de la numérisation, accompagnent les unités sur le terrain. Les six premiers canons de 155 mm du système Caesar et camion blindé ouvrent le feu en Kapisa fin septembre 2009 à une portée de près de 40 kilomètres. Ce sont les éléments précurseurs des nouveaux équipements du programme « Scorpion ». Fruit des leçons d'Afghanistan, ce programme replace le fantassin au centre du combat terrestre avec tous les moyens les plus modernes pour le soutenir[26].

La leçon de cette campagne, c'est que la technologie n'est pas la panacée : en contre-insurrection, il faut des hommes sur le terrain, plus mobiles, mieux protégés. Le nouveau dispositif, dit « Félin », va dans le bon sens : à partir de 2010, bien des unités seront dotées au niveau des chefs de section et des caporaux et brigadiers dans un premier temps. Pesant 25 kg, il est modulable selon les missions, ce qui permet de ne prendre que le nécessaire. Tenant compte de la numérisation du champ de bataille où toutes les unités doivent savoir où elles sont par rapport à leurs soutiens (et ainsi éviter les méprises), tout en déterminant avec précision l'emplacement de l'adversaire, le système radio du fantassin fonctionne par ostéophonie (vibration des cordes vocales d'un côté et celle des os de l'oreille de l'autre). Il allie silence, légèreté et confort,

24. Le satellite européen *Galileo* permettant des localisations GPS indépendantes du système américain ne sera opérationnel, au plus tôt, qu'au début de 2014.

25. *Armées d'aujourd'hui*, n° 337, *op. cit.*, p. 51.

26. K. Saa, *op. cit.*, p. 78-81. Outre Caesar, Scorpion comprend le VBCI (véhicule blindé de combat d'infanterie successeur du VAB) et le PVP (petit véhicule protégé).

mais souffre d'une surinformation difficile à gérer. Disposant d'une caméra, fondé sur le principe « voir sans être vu », « Félin » réalise un très vieux fantasme militaire : le fusil à tirer dans les coins. Voulant conserver leur rusticité et leur discrétion, les forces spéciales s'interrogent sur l'emploi d'un système si compliqué. Comment donc un homme au combat peut-il utiliser une caméra et un ordinateur portatif qui lui permet, certes d'indiquer sa position et celle de l'ennemi, mais aussi de recevoir des messages cryptés, tout en plongeant à plat ventre dans la boue ou sur des cailloux pour éviter un tir de *sniper* et prendre son arme afin de sauver sa peau sous le feu ? On peut également subodorer les conséquences de la capture par les taliban d'un soldat français équipé d'un tel dispositif, application contemporaine de *Star Wars*. Les « bidouilleurs » d'Al-Qaida auraient tôt fait d'en percer les secrets, l'histoire nous apprend qu'aucun système d'arme n'est totalement étanche...

Enfin, des matériels plus anciens mais modernisés peuvent se révéler adaptés à ce type de conflit, dès lors que la guerre électronique les met en interopérabilité avec d'autres troupes ou matériels. Cela permet d'acquérir une supériorité tactique, non plus par le nombre mais par la maîtrise de la technologie. Les chars à roue AMX-10 RC du 1er REC, qui passent là où un VAB ne peut progresser, sont surnommés par la population locale les *taliban eaters* (« mangeurs de taliban ») en raison de leur efficacité[27]. Les obus explosifs et même les obus flèches antichars sont utilisés contre un adversaire retranché derrière des murets de pierre sèche ou pour détruire des caches d'armes. Outre sa puissance de feu, sa souplesse d'emploi, sa robustesse aux IED, le char à roue a un aspect dissuasif destiné à « convaincre » la population que la FIAS est là pour la protéger.

Toutefois, il semble indéniable qu'une bonne partie du déploiement de ces matériels est redevable au *fiat lux* d'Uzbin.

Le combat d'Uzbin et ses conséquences

Le drame d'Uzbin dans les faits

Dans le RC-C, les Français ont succédé aux Italiens dans le district de Surobi, à une cinquantaine de kilomètres au nord-est de Kaboul, en

27. *Assaut*, n° 34, *op. cit.*, p. 47. Le surnom de *taliban eaters* est confirmé par un brigadier-chef, conducteur d'AMX-10 RC, du 1er REC, Orange, témoignage du 23 juillet 2009.

direction du Pakistan. Une compagnie de 150 hommes tient la base opérationnelle de Tora, au confluent de cinq vallées (dont celle de la Kapisa), sur l'emplacement d'un ancien poste soviétique détruit par les moudjahidin. Au matin du 18 août 2008, en tête d'une colonne d'une centaine d'hommes, les Français exécutent une mission de reconnaissance mandatée par la FIAS. Cette colonne est composée de deux sections de l'armée française, deux sections de l'ANA et un petit détachement JTAC des forces américaines chargé du guidage d'un éventuel appui feu aérien.

Ce 18 août, par 30 °C à l'ombre, à 15 h 45, la section de pointe du 8e RPIMa – nom de code « Carmin 2 », 11 gradés et 19 hommes du rang – monte à pied les 1 500 mètres de dénivelé qui la séparent d'un col, les VAB étant restés en contrebas. À moins d'une cinquantaine de mètres de la ligne de crête, elle tombe dans une embuscade. En quelques minutes, un feu nourri occasionne plusieurs morts et la plupart des blessés. Le chef de section, l'adjudant Évrard, est blessé ; son adjoint, le sergent-chef Devez, tué ; ainsi que le radio, Alexis Taani, et l'interprète afghan. Plaqués au sol, abrités derrière des blocs de pierre, les paras sont pris à revers ou subissent des tirs de *snipers* équipés de fusils russes Dragonov. L'infirmier de ce groupe de pointe, le caporal-chef Rodolphe Penon, du 2e REP, est blessé à plusieurs reprises. Il assure jusqu'à la dernière limite avant de succomber la cohésion des survivants, dont les véhicules ont été mis hors de combat par des tirs de RPG-7. Dans ces heures de combat, deux autres paras tombent au champ d'honneur. L'entraînement intensif de ces jeunes soldats, l'esprit de corps qui évite le chacun-pour-soi ou la panique, et le lien tactique maintenu sur le terrain par le chef de section (bien que blessé) et l'infirmier de la Légion ont évité le réflexe grégaire de se regrouper sous la menace, ce qui aurait occasionné des pertes encore plus lourdes. La discipline de feu a par ailleurs évité de se retrouver rapidement à court de munitions avant le premier ravitaillement par hélicoptère.

En retrait, près du village de Sper Kunday, les hommes de la deuxième section se portent au secours de leurs camarades lorsqu'ils sont à leur tour pris sous un déluge de feu. Trop lent à intervenir en raison des difficultés du terrain et des dysfonctionnements dans la chaîne de commandement mis en relief par un dépôt de plainte[28], soit

28. Maître Collard dépose, le 30 octobre 2009, une plainte pour « mise en danger de la vie d'autrui » au nom des familles de Julien Le Pahun (8e RPIMa) et de Rodolphe Penon (2e REP).

1 h 20 après le début du combat, un sous-groupement en renfort arrive de Tora et couvre les deux sections prises à partie en déclenchant un feu nourri au canon de 20 mm, au mortier de 81 mm et aux missiles Milan. L'appui feu aérien a été demandé seulement une demi-heure après le début de l'engagement, mais les premiers A-10, arrivés à 16 h 20, ne peuvent agir : les taliban pratiquent leur tactique habituelle d'imbrication avec les forces qu'ils attaquent. Les hélicoptères français EC-725 Caracal, alertés par l'état-major de Kaboul, soutiennent les paras cloués au sol par le feu ennemi. Ils exécutent « pas moins de 28 rotations sur zone malgré sa dangerosité[29] ». À partir de 18 h 40, ils approvisionnent la section Carmin en munitions, protégés au sol par les commandos du CPA-20 héliportés par les Caracal[30]. Cette présence tempère le sentiment d'abandon que les combattants, comme dans toute action de ce type qui se prolonge, ont exprimé par la suite[31].

C'est seulement après plus de deux heures de combat intense, lorsque les deux sections peuvent commencer à se dégager, que les avions américains et des hélicoptères armés peuvent couvrir le repli. D'une manière audacieuse, les taliban tentent d'encercler les Français en les devançant au village de Sper Kunday, mais les renforts venus de Kaboul et la présence d'un drone américain, qui permet un réglage précis des tirs, redonnent l'avantage aux coalisés. Les taliban s'emparent toutefois à la nuit tombée d'une partie des équipements des paras de la première section. À 20 heures, 300 soldats français sont présents sur le terrain. Le village est repris vers 22 heures et un AC-130 Gunship, version tactique du Hercules hérissé de canons et de mitrailleuses, arrose toute la zone jusqu'au col. Les opérations cessent vers minuit. Ayant duré plus de huit heures, cette action de guerre évoque les plus rudes moments des guerres du Vietnam ou d'Algérie. Le lendemain, 19 août, vers 4 heures, un VAB participant à l'évacuation sanitaire tombe dans un ravin en raison d'un effondrement de terrain. Un soldat français est tué et trois autres sont blessés. L'évacuation des blessés se poursuit tard dans la nuit sous la protection de Predator. À 9 heures, les taliban attaquent à nouveau au mortier les unités françaises. Mais cette fois brièvement et sans faire de blessés. Le bilan est fort lourd : 10 tués, dont

29. P. Servent, *op. cit.*, p. 193.

30. Témoignage précédemment cité du général P. Desjardins.

31. « On était seuls au monde », estime le rescapé Kevin Gil dans *La Dépêche du Midi* du 6 septembre 2008, cité par P. Servent, *op. cit.*, p. 193.

8 du 8e RPIMa, et 21 blessés, ce qui fait dire au ministre de la Défense, Hervé Morin : « Jamais je n'oublierai Uzbin. »

Un tournant dans les consciences

Immédiatement, la polémique surgit sur Internet et dans la presse : pourquoi de telles pertes ? L'ennemi a laissé entre 30 et 40 corps sur le terrain, mais il a cependant été capable de manœuvrer, de tenir en échec pendant des heures, avec seulement 170 combattants, près du double de forces adverses pourtant appuyées par des mortiers. Pour *Le Canard enchaîné* des 10 et 24 septembre, il y a eu faute de commandement et de coordination à plusieurs échelons : pas de renseignement fiable, d'où la surprise, un soutien aérien arrivé trop tard, une incompréhensible coupure des liaisons radio avec une section afghane qui suivait à peu de distance et des hommes du RMT (régiment de marche du Tchad) restés en arrière du convoi, un manque de munitions qui explique que deux hommes aient été tués à l'arme blanche et leurs armes emportées...

Le journaliste Jean-Dominique Merchet a enquêté sur place en interrogeant les militaires français et leurs adversaires[32]. Due à une défaillance des services de renseignement qui n'ont pas fait correctement leur travail, il note l'erreur de jugement concernant les capacités des taliban et l'équipement inadéquat[33]. L'embuscade a été soigneusement préparée. Elle est concomitante, entre autres, avec une attaque de positions américaines dans l'est et le sud du pays, à l'aide de kamikazes bardés de ceintures d'explosifs[34]. Le jour d'Uzbin se déroulent des

---

32. Jean-Dominique Merchet, *Mourir pour l'Afghanistan*, Paris, Éditions Jacob-Duvernet, 2008, 189 p.
33. Voir *Assaut*, n° 34, *op. cit.*, p. 17 et p. 33, La revue *Assaut* souligne que les paras français, gagnant en moyenne 1 800 euros par mois, doivent dépenser environ 1 600 euros pour compléter leur équipement. Il s'agit essentiellement du gilet de combat Blackhawk, des pantalons et vestes guérilla, d'une trousse médicale personnelle, mais aussi de boîtiers de chargeurs de 200 coups (en vente libre en Belgique), de visée laser et de différentes améliorations pour le fusil d'assaut réglementaire Famas (lampes Surfire, rails Picatinny, poignées spéciales...). Par unité, les achats sont généralement groupés afin d'avoir les meilleurs prix avant le départ en Afghanistan. À Kaboul, l'équipement peut être complété par l'achat d'un bipied américain adaptable au fusil de tireur de précision, type FR-F2 ou Eryx, par exemple. Le général Georgelin réagit : « Un chef militaire n'a pas le droit de laisser un soldat qui est sous ses ordres acheter un équipement [...]. Le commandement doit imposer aux soldats le port de l'uniforme, au sens large, ce qui inclut l'équipement » (voir *Bulletin de la réunion des officiers de réserve du service d'état-major*, 108e année, n° 641, 2e trimestre 2008, p. 30). Depuis, le ministère de la Défense a fait un effort grâce à la procédure UO d'achats d'urgence.
34. Site Internet d'*Actualité*, 20 août 2008.

dizaines d'actions de guerre qui rendent peu disponibles dans l'immédiat les avions d'appui feu. En outre, on peut s'interroger sur le retard des secours venus par la route. Dans un cas similaire d'accrochage sérieux en Algérie, tout aurait été bouclé en une heure : héliportage sur les hauts d'unités paras, appui feu aérien quasi immédiat et soutien éventuel de l'artillerie, comme le fait remarquer un officier français, ancien du conflit algérien, Franck Leclercq[35]. Dans le cas d'Uzbin, on perçoit le manque de réserve stratégique immédiatement opérationnelle. En octobre 2008, selon Claude Angeli, généralement bien informé des questions militaires, le Centre de planification et de conduite des opérations français aurait constaté une « mauvaise coordination entre unités de nationalités différentes », une « collecte de renseignements déficiente » et une « reconnaissance aérienne aléatoire[36] » lors du drame du 18 août...

Uzbin marque un tournant, témoin de la logique de guerre qui règne en Afghanistan, où l'ennemi est capable d'une action coordonnée et même, contre toute attente, de tenir le terrain sous le feu des heures durant. Pour les Français, depuis l'attentat du Drakkar à Beyrouth en 1983 (58 morts), ce sont les pertes les plus importantes. Certes, on a négligé les engagements en Afrique, telles les combats d'Ati et de Djedda au Tchad en 1978 lors de l'opération « Tacaud », pour ne retenir que « la Légion saute sur Kolwezi[37] ». De même a été oubliée une opération de maintien de la paix où la France s'était distinguée par son esprit d'initiative, le 27 mai 1995, lors de l'assaut du pont de Vrbanja afin de sauver la ville de Sarajevo de l'asphyxie[38]. Ce dernier témoin de la vieille *furia francese* est une charge à la baïonnette des marsouins de la Ire compagnie du 3e RIMa pour enlever cette position. Ce coup d'audace (faisant 2 tués et 17 blessés côté français) a été occulté par les horreurs de la guerre de Bosnie, tel le massacre de Sebrenitza. Semblent bien oubliés également, lors de l'opération « Licorne » d'interposition dans

35. *Assaut*, n° 34, *op. cit.*, p. 5-6.

36. *Le Canard enchaîné*, 18 mars 2009, p. 3.

37. *La Légion saute sur Kolwezi* est le titre d'un ouvrage de Pierre Sergent. Il inspira un film français réalisé par Raoul Coutard et sorti en 1980. Il traite de l'opération « Bonite », du 19 au 28 mai 1978, menée avec succès par le 2e REP, au Katanga, pour libérer 3 000 otages français et belges des griffes de sécessionnistes armés et conseillés par des Cubains.

38. L'auteur de cet exploit, à présent devenu général, Hervé-Michel Gobillard, l'a raconté dans un entretien conduit par Barbara Guibal et Guillaume Désert, « La prise du pont de Vrbanja : un acte de guerre des soldats de la paix », publié dans la revue *Cités* des Presses universitaires de France, n° 32, 2007/4, p. 93-100.

la guerre civile ivoirienne, les 9 soldats français tués et les 31 blessés de l'affaire de Bouaké, le 6 novembre 2004, lorsque les Soukhoï du président Gbagbo bombardèrent l'école de la petite ville. Ces faits d'armes n'ont cependant pas marqué les esprits comme le combat d'Uzbin qui ouvre une nouvelle époque, celle d'une guerre longue et coûteuse. Comme le note avec humour Pierre Servent, « ne dites pas aux Français qu'ils sont en guerre, ils préfèrent croire à la paix perpétuelle avec, de temps en temps, une secousse tellurique lointaine[39] ».

Les paras-colos sont tombés sur des troupes aguerries commandées par un adjoint de l'ancien seigneur de guerre pachtoun, un ex-protégé de la CIA qui, rappelons-le, s'était déjà illustré contre les Soviétiques : Gulbuddin Hekmatyar. Dans une vidéo, il revendique la paternité de l'embuscade. Jean-Dominique Merchet souligne l'utilisation des médias et le véritable plan de communication de ce chef du Hezb-e-Islami. Uzbin confirme que les taliban veulent à tout prix maintenir ouverts les pistes et sentiers de montagne les mettant en contact avec leurs bases arrière au Pakistan. Ce qui leur permet aussi de resserrer l'étau autour de Kaboul et de tenir sous le feu la route menant à Kandahar. On conçoit qu'en 2008, la FIAS soit constamment sur la défensive.

Six semaines après Uzbin, neuf paras-colos du 8e RPIMa sont blessés dans une autre embuscade à l'est de la capitale. Ce régiment de Castres, sous les ordres du colonel Jacques Aragones, compte en quatre mois une centaine d'incidents dont 45 actions de combat, selon un reportage de *L'Express*[40] dans leur secteur de la province de Kapisa, sur un des chemins menant à Kaboul. Mais le chef de corps relève le défi : le 8e RPIMa assure la protection d'une route en construction en Kapisa. Les « artiflots » du 35e RAP semblent ravis de « dérouiller » leurs tubes en appui des paras assaillis. À en croire ce même reportage, ce régiment a tiré pour la même période plus de 400 obus.

Un autre témoignage saisissant des réalités afghanes est donné le 15 septembre 2008 par Tanguy Berthemet dans *Le Figaro* : « Avec les soldats français sur la route de Kaboul ». Les hommes du 35e RI, disséminés le long de la *highway 1*, entre Kandahar et Kaboul, ont fort à faire depuis leurs cinq camps de base. Bémol pour la contre-insurrection : « Dans cette région, les populations ne font que semblant de nous

39. P. Servent, *op. cit.*, p. 251.
40. Romain Rosso, *L'Express*, 20 novembre 2008, *op. cit.*

tolérer. Ils soutiennent les insurgés, soit par conviction, soit le plus souvent par crainte d'eux. » Il faut dire que le 35e RI subit tout d'abord des tirs de harcèlement, dans la tradition des postes en Algérie : « C'est pas toutes les nuits mais presque. Ils viennent, tirent, puis s'évaporent. » De quoi entretenir la crainte et l'insomnie. Les Français ne sortent plus qu'en convoi avec leurs blindés, à la merci d'une embuscade (trois VAB ont déjà été directement attaqués sur la *highway 1*) ou d'une explosion d'un IED – 83 IED explosent en trois mois le long de cette route à deux voies tandis que le 22 novembre 2008 une mine tue un Français près de Kaboul et en blesse un autre. Une des tactiques des taliban est de tirer de loin après avoir posé des IED dans la direction d'une éventuelle poursuite par nos troupes et de disparaître avant l'appui feu aérien ou le tir de mortiers de 120 mm. Une autre, difficilement détectable, consiste à s'infiltrer entre une troupe en mission civilo-militaire dans un village, et donc vulnérable, et les éléments restés en soutien, légèrement en arrière. Les engagements presque journaliers des 50 fantassins du 35e RI, en appui du 3e *kandak* (bataillon) du 201e corps afghan, traduit le contrôle progressif par les taliban, comme par capillarité, de la *highway 1* depuis Kandahar. Et le lieutenant-colonel Bartholdi, chef de corps, de reconnaître : « On vit ici presque tous les jours des scènes de combats que l'on ne rencontrait jusqu'alors pratiquement jamais. » De sorte que cet autre exemple montre bien le glissement, depuis la mi-juin 2008, vers une situation de guerre pour ce contingent français d'abord chargé de la formation des troupes afghanes, tout en assurant la liaison avec les autres forces de la coalition.

Les leçons d'Uzbin

La fin de l'année 2008 est marquée par la volonté du Batfra, depuis la FOB de Tora, de demeurer dans la région d'Uzbin et en Kapisa. De septembre 2008 à fin mars 2009, au sein de la Task Force Chimere sous commandement français, 14 opérations dites de « sécurisation » se déroulent du niveau de la compagnie à celle du bataillon. Celle de « Longbow », les 18 et 19 octobre, implique 650 Français et 80 soldats de l'ANA[41]. En décembre, les 3e RPIMa et 1er RI prennent le relais du 8e RPIMa au sein du Batfra et bénéficient du concours des forces spéciales pour tenir malgré l'hiver. La vallée de l'Uzbin demeure calme, sous la responsabilité des légionnaires du 2e étranger d'infanterie qui

41. Témoignage du général Michel Stollsteiner, *Doctrine*. n° 17, juillet 2009, *op. cit.*, p. 40.

ont « numérisé » l'espace de bataille[42]. Cette sécurité toute relative entraîne, à compter du 17 décembre 2009, 800 légionnaires, des Américains et des soldats de l'ANA, dans une grosse opération dont on sait peu de chose. Il s'agit sans doute de tenter de détruire définitivement le réseau de Gulbuddin Hekmatyar et de contrôler la piste reliant cette vallée au Pakistan.

L'ensemble des expériences vécues depuis les Balkans et la sévère leçon d'Uzbin sont à l'origine d'un corps de doctrine français consacré à la contre-insurrection et à la numérisation. Adaptant les recettes de la guerre à haute intensité technologique, elle replace le soldat au centre du combat en faisant de lui un vecteur de communication et un acteur parmi les populations. D'une soixantaine de pages, cette *Doctrine de contre-rébellion*, imprimée en janvier 2009, reprend le credo de la contre-guérilla en y ajoutant certains préceptes de la « pacification » coloniale, telle la méthode de la tache d'huile chère à Gallieni[43] (gagner la confiance des populations, village par village). Sur le plan tactique, certains principes sont redécouverts, tout en tenant compte de l'imbrication et de la complémentarité de toutes les armes au sein de la bulle aéroterrestre (BOA). Des officiers du 1er REC au combat en Kapisa, qui nous ont reçus au quartier Labouche, à Orange, le 24 novembre 2008, nous ont expliqué en quoi les leçons de la guerre d'Algérie étaient remises au goût du jour, y compris dans les jeux de guerre sur simulateur. Pour circonvenir l'ennemi, on en revient au bouclage d'une zone suivi du ratissage et du « peigne fin » pour en extirper les taliban. C'est donc le retour aux fondamentaux du combat de fantassin dans le cadre de la numérisation où les drones permettent de reconnaître et de frapper à coup sûr... enfin, en théorie. Sa puissance de feu est renforcée, notamment par de nouveaux lance-grenades de 40 mm.

Première dans l'histoire de l'armée française, les militaires reconnus aptes à une mission de projection de puissance au pays des faucons bénéficient désormais d'une mise en condition et d'un entraînement intensif de six à huit mois, c'est-à-dire plus que pour les officiers astreints au stage de l'École de contre-guérilla d'Arzew lors du conflit algérien. Au camp de Mailly, le Centre d'entraînement au combat envisage, depuis Uzbin, toutes les situations de combat

42. *Le Figaro*, 24 août 2009, p. 7.
43. Armée de terre, *Doctrine de contre-rébellion*, Centre de doctrine d'emploi des forces, janvier 2009, 70 p.

rencontrées en Afghanistan. C'est le principe de la mise en condition avant projection (MCP), dont le slogan pour l'Afghanistan se résume en ces termes : « Entraînez-vous comme vous combattrez en Kapisa[44] ». Autour de Briançon et de Barcelonnette, des stages d'aguerrissement et des marches d'endurance en haute montagne sont organisés jusqu'en novembre 2009 où, pour des économies de bout de chandelle, ces centres hautement qualifiés sont supprimés – et ce au détriment de la sécurité de nos soldats envoyés ultérieurement en Afghanistan[45].

La contre-insurrection reste cependant au cœur de la préparation. Rue Saint-Dominique, chargé du « retex » (le retour d'expérience des unités engagées dans des opérations extérieures), le lieutenant-colonel François précise : « Nous avons basculé dans le combat de contre-insurrection. En Afghanistan, dans 90 % des cas, nous nous contentons de réagir. Pour retrouver l'initiative, il nous faut des outils doctrinaux ainsi qu'une plus grande liberté d'action[46]. » Du ministère de la Défense au CID (Collège interarmées de défense), David Galula est cité : « Dans une contre-insurrection, il y a 20 % de travail militaire et 80 % de travail civil[47]. » Si on étudie les premiers essais de numérisation en Côte d'Ivoire puis en Afghanistan, on relit aussi Roger Trinquier et Lawrence d'Arabie au Centre de doctrine et d'emploi des forces, à l'École militaire, selon le général Ollivier qui dirige cet organisme de réflexion. En bref, on redécouvre l'eau chaude, à défaut d'avoir reçu un enseignement continu en histoire militaire. Il reste à souhaiter que l'Institut de recherche stratégique de l'École militaire, inauguré le 7 octobre 2009, aille dans ce sens et ne soit pas une nouvelle usine à gaz sans libre réflexion et dans l'oubli de l'acquis historique.

Les stratèges français étudient aussi le *surge* en Irak et les succès de l'armée colombienne sur la guérilla des Farc, fondés sur une approche globale (militaire, politique, économique et sociale) qui rappelle

---

44. *Doctrine*, n° 17, juillet 2009, *op. cit.*, p. 41.
45. La solution de remplacement n'est pas crédible : outre quelques sites propres aux chasseurs alpins en Savoie mais aux capacités d'accueil limitées, les militaires sont désormais entraînés à la haute montagne au camp de Canjuers, qui n'est qu'un plateau de basse altitude proche des gorges du Verdon, et au centre commando de Montlouis, dans les Pyrénées, certes belles montagnes, mais qui ne sont ni les Alpes ni l'Hindou Kouch. De plus, ce centre est déjà saturé, avec son annexe de Collioures, par tous les types d'entraînements commando que tout aspirant, sous-officier ou militaire du rang doit subir à des niveaux divers.
46. *Doctrine*, n° 15, septembre 2008, *op. cit.*, p. 56-60.
47. *Ibid.*, p. 4-9.

d'ailleurs le modèle des villages mis en autodéfense et les SAS du conflit algérien. Pour le général Ollivier comme pour le général Petraeus, il s'agit de « légitimer » les pouvoirs locaux et de « permettre aux Afghans de prendre eux-mêmes en charge leur sécurité ». Il fait écho à l'ambassadeur des États-Unis à Kaboul, William Wood, qui, dans une conférence de presse du 30 décembre 2008, expliquait comment les conseils locaux, les *shouras*, seraient à même de recruter, sur le modèle irakien, des volontaires capables de prendre les armes contre les taliban.

La bataille d'Alasay et la campagne de 2009

Pourtant, l'année 2009 commence sous de mauvais auspices. Le 11 février, au sud de Kaboul, province de Logar, une patrouille motorisée française assure la protection d'une section de l'ANA en avant d'un convoi qui tombe dans une embuscade. Un des véhicules français saute, victime d'un IED. Puis, la patrouille est prise sous un feu nourri avant que deux avions A-10 et un hélicoptère Apache interviennent. Bilan : le capitaine Patrice Sonzogni, du 35e RAP de Tarbes, est tué. L'heure des spécialistes de la montagne a sonné. En Kapisa, massif frontalier troué comme un gruyère, fief des taliban, arrivent les 600 chasseurs alpins du 27e BCA. Un document d'exception permet de suivre leur parcours, le reportage de Géraud Burin des Roziers, *Papa part à la guerre : d'Annecy à Kaboul, dix mois avec les soldats français et leurs familles*[48].

L'Afghanistan des chasseurs alpins du 27e BCA

Huit mois d'entraînement intensif sont nécessaires pour être capable de vaincre 600 mètres de dénivelé en une heure, équipé et armé, sans négliger la pratique de l'anglais. L'acquisition de la discipline de feu sous des tirs à balles réelles renforce la cohésion de chaque groupe de combat. L'entraînement est encore plus rude pour les 20 hommes du commando de montagne. Pour le colonel Nicolas Le Nen, chef de corps, cet entraînement spécifique permet d'« être fort dans sa tête » : au combat, les automatismes ressortent et l'emportent sur l'instinct de conservation. Et de préciser à propos de l'Afghanistan : « En Côte d'Ivoire, on boxait en poids plume. Là, on va boxer en poids lourd ! »

---

48. La première diffusion de ce reportage date du 19 mai 2009, dans l'émission de M6, « Zone interdite ».

Comme les autres unités, le 27e BCA est projeté par tranches d'octobre à décembre 2008. En octobre, pour la première VAM (voie aérienne militaire), c'est le départ de nuit de Roissy, à bord d'un Airbus militaire, pour rejoindre Kaboul à 6 000 kilomètres. De la capitale afghane, des C-130 Hercules emmènent les chasseurs alpins à Bagram, 80 kilomètres plus au nord. Les troupes séjournent ensuite quatre jours sur l'immense base où tout l'approvisionnement vient des États-Unis. Elles y reçoivent un complément de formation, notamment sur les effets des IED : blessures, retournement de blindé... Individuellement, les Français doivent rester six mois, les Américains font, eux, un service d'un an. Puis des Chinook birotors, les mêmes qu'au Vietnam, à raison de 30 hommes par appareil, déposent les chasseurs alpins sur les FOB de Nijrab et de Tagab, entourés de sommets de plus de 4 500 mètres.

Ces camps ont des allures de vastes fortins et évoquent plus le Vietnam que l'Algérie : ils comprennent un escadron de chars, des mortiers et de l'artillerie, une enceinte faite de ces gabions modernes remplis de terre et de béton, et des miradors sur les angles armés de mitrailleuses lourdes. Des abris en béton parsèment le camp en cas de tir de roquettes ou d'obus de mortier. La montagne, toute proche, est surveillée par des drones. Le poste de commandement est également renforcé. Avec 30 Américains, Le Nen coordonne les actions, prévoit les opérations, guide les appuis feu aériens. La FOB ressemble à un village de tentes, avec de grandes tentes pour les briefings et débriefings, une salle de sport, une salle de terminaux Internet... Ce n'est plus la promiscuité d'antan : dans les tentes pour quatre ou huit hommes, un espace de vie commun donne sur des alvéoles renforcées de charpente où chaque homme s'est aménagé son coin personnel. On y trouve sur les étagères : provisions, photos de la famille, de la fiancée, des clichés de pin-up... Le gilet pare-éclats et l'armement sont à portée de main en cas d'alerte, mais, signe des temps, les livres sont rares et remplacés par l'ordinateur personnel.

La vie quotidienne est faite de patrouilles de nuit, de reconnaissance de jour, où l'on espère éviter les surprises grâce aux drones et aux images en trois dimensions reçues des satellites espions... Les hommes du commando de montagne du 27e BCA sont répartis en deux équipes de dix. Autonomes, capables d'assurer des « recos » (reconnaissances) en profondeur, chaque équipe comprend des chasseurs alpins surentraînés remplissant chacun deux fonctions en dehors de leur propre spécialité. Ainsi, le caporal F. M., équipier-observateur, est aussi brancardier-secouriste et tireur de précision armé d'un FR-F2. L'hiver, le froid et l'altitude rendent toute sortie pénible, quand il faut effectuer des recherches de caches d'explosifs et perquisitionner des habitations sur renseignement[49]. Les leçons d'Uzbin ont porté, le plus souvent possible les hélicoptères armés américains accompagnent les incursions en territoire ennemi, tandis que les A-10, à moins qu'ils ne soient « surbookés » par d'autres opérations, interviennent rapidement. Les VAB amènent les hommes le plus loin possible, puis ce sont les heures de marche. Héliportés ou escaladant les flancs des reliefs, les hommes du commando et d'autres sections progressant par les crêtes sécurisent les flancs en repérant les caches et les postes de tir des taliban. Si l'un d'entre eux est conséquent, un A-10 le détruit. Dans la vallée, tout emplacement de tir est neutralisé à coups de missile Milan. Les tireurs de précision se tiennent prêts lorsque les troupes pénètrent dans un village. C'est la version afghane des reconnaissances et des tournées de police coloniale : le danger peut surgir à tout moment, il faut être sur le qui-vive et demeurer maître de soi en évitant de « tirer dans le tas ». Car l'objectif est d'inspirer confiance tout en montrant sa force.

Malgré l'obstacle de la langue et l'obligation de la présence de l'interprète, il faut entrer en contact avec la population. Le caporal F. M. se souvient que les enfants sont souriants parce qu'ils savent que les Français sont généreux. Mais les filles disparaissent dès l'âge de 13 ans, tandis que les ados et les adultes sont froids ou sourdement hostiles. Les anciens du village offrent le thé, reconnaissent sans mal que les taliban sont ici comme chez eux et qu'il leur arrive de passer une ou deux nuits. Cependant, il faut se méfier de ces sourires, ils peuvent préparer un « coup tordu » et le fait d'accueillir une troupe étrangère est aussi une quête de renseignement. De toute façon, la montagne a des yeux et tous les déplacements sont observés, la moindre erreur pouvant être exploitée par une attaque aussi brève que meurtrière – ce qui est rappelé à chaque débriefing d'opération. Toutes les semaines, comme en Algérie, a lieu la corvée du convoi devant ramener de la base logistique des munitions, des équipements neufs, de l'eau potable, des boîtes de conserve, des produits ménagers... C'est une mission à haut risque sur cette piste où tout véhicule est suspect. Sur une portion de route non empruntée depuis longtemps, où au moindre doute concernant la présence d'un IED interviennent des sapeurs-démineurs, des légionnaires du 2e REG, qui vivent dans les FOB du 27e BCA.

49. *Le Figaro Magazine*, 18 avril 2009, p. 49.

La bataille d'Alasay

Survient enfin l'ordre tant attendu de mener une opération majeure. Sous commandement et soutien aérien américain, le groupement tactique interarmes de la Kapisa, incluant une bonne partie du 27e BCA, doit reprendre le bourg d'Alasay et sa vallée. Le colonel Nicolas Le Nen, spécialiste de la guerre en montagne, qui a déjà l'expérience de trois séjours en Afghanistan, prépare depuis des semaines cette grande opération, « *Dinner out* » (« Dîner dehors »), impliquant 800 hommes (dont 400 Afghans de l'ANA). Il sait qu'il va tomber sur « du coriace ». Une semaine avant le déclenchement de l'offensive, l'équipe du commando de montagne dont fait partie le caporal F. M., l'URH 27 (unité de recherche humaine), s'est faite « allumer » à l'orée du bazar d'Alasay alors qu'elle était en reconnaissance. Le rôle de cette unité est justement de déceler tout indice de présence suspecte. Pour le chef de corps, si l'incertitude du combat existe, les leçons de l'histoire militaire permettent de réduire le hasard à sa plus infime part. De fait, le 13 mars 2009, une maquette géante sur le sol de la base de Tagab reproduit les conditions d'engagement. Y sont indiquées les positions adverses. En se déplaçant dans la maquette, les chefs de section et leurs hommes reconnaissent leurs emplacements pour le lendemain. Être économe de la vie de ses hommes en étant le plus efficace possible, c'est le propre de l'officier. Le caporal F. M. dépeint ainsi le colonel Le Nen : « Un chef froid et dur au premier abord, mais un super-chef, costaud, solide, qui impressionne tout le monde. Il nous a très bien menés et on a pu faire du super-boulot. »

Le 14 mars, les premiers à partir à 4 h 30 du matin sont les hommes du capitaine Gruet, héliportés sur les crêtes afin d'assurer le flanc-garde et éviter les surprises. Les autres sections embarquent dans les VAB. Il n'est pas utile d'être discret puisque les 200 à 300 taliban de cette vallée doivent s'attendre à être attaqués. C'est bien de cela dont il s'agit : reprendre l'initiative et installer de façon pérenne sur place des éléments de l'ANA afin de signifier que ce secteur passe sous contrôle du gouvernement de Kaboul. Le combat s'engage dès les premières heures de la matinée, tandis que les A-10 tournoient dans le ciel : il faut faire trois kilomètres sous le feu jusqu'au bourg d'Alasay. Un moment, devant l'intensité des tirs de l'ennemi abrité derrière des murets et des maisons, les troupes de l'ANA refluent. Un capitaine afghan les harangue et les fait de nouveau repartir en avant, mais cette fois-ci sous la protection du 27e BCA qui passe en première ligne. Et ce, sous un déluge de feu :

avions, chars, mortiers, missiles Milan et mitrailleuses des VAB. Le caporal F. M. témoigne : « Ça pétait de partout, un bruit d'enfer, artillerie, hélicos, avions, tout ce monde qui court ! » On se bat dans la vallée, sur les crêtes, dans les caches à flanc de montagne. La petite ville est bientôt prise en dépit des *snipers* et des tirs de roquettes sur le bazar. Quasiment sous le feu, des pelleteuses, qui suivent les blindés, entrent en action pour commencer à construire deux des trois FOB, confiés aux hommes de l'ANA, qui doivent tenir Alasay. C'est l'application de la contre-insurrection et du principe du *clear-hold-build* (« nettoyer-tenir-reconstruire »). Mais à 18 heures, les taliban contre-attaquent, une roquette entre par la vitre d'un des VAB et tue le pilote, le caporal Nicolas Belda. Sous le feu, on soigne les blessés (dont un chasseur alpin).

Le mérite du film de Géraud Burin des Roziers est de montrer la réalité de ce combat. Ancien lieutenant de ce même 27e BCA, comptant vingt et un ans sous l'uniforme, ayant couvert la guerre du Golfe et la Bosnie, ce grand reporter est le digne successeur de Pierre Schoendoerffer et sa célèbre *Section Anderson* sur la guerre du Vietnam. Rares sont les films de cette qualité. Les politiques devraient le regarder afin d'oublier leur langue de bois : c'est bien d'une guerre qu'il s'agit et la prise d'Alasay est bien une bataille. Dans la nuit ponctuée de traceuses, le reporter suit les chasseurs alpins qui vont rechercher le corps de leur camarade dans son VAB détruit. L'équipe du caporal F. M. tente une première fois d'extraire le corps, mais le tir nourri des taliban, les munitions qui explosent dans le véhicule incendié dissuadent d'exposer la vie des hommes. La seconde tentative, dans l'obscurité, est la bonne, illustration de la solidarité de la famille militaire, au sens fort.

Au matin du 15 mars, l'adversaire ne se manifeste plus, il laisse 70 tués sur le terrain. L'aumônier du 27e BCA dit une messe sur place en mémoire du caporal Belda, tandis que des actions sporadiques se poursuivent pour détruire les caches d'armes et les postes de tir des taliban dans la montagne. Sans doute reviendront-ils, mais l'ANA est à présent installée et soutenue. En convoquant dans les villages des *shouras* vient le temps de la guerre psychologique : convaincre que les taliban, retirés au fond de la vallée, ne sont plus invincibles et que le monde se préoccupe de ce coin perdu en distribuant l'aide humanitaire. Les chasseurs alpins, qui refusent qu'on les considère comme des occupants, distribuent aux enfants un objet culte interdit par les taliban : des cerfs-volants, symboles de liberté. Un signe de confiance qui ne trompe pas de cette estime forgée par le combat et l'écoute des populations : les habitants de la vallée indiquent désormais aux Français où se trouvent les emplacements des IED, ce que les villageois d'une autre vallée, celle de la Nijrad, faisaient d'ailleurs dès la fin 2008 pour les légionnaires du 1er REC et les paras-colos du 8e RPIMa[50]. C'est ce que constatent sur place les députés Jean Glavany et Henri Plagnol lors de leur enquête. Ils sont aussi témoins de cet esprit offensif ; un comportement différent de celui de 2008, quand les troupes françaises subissaient la pression de l'adversaire. Le troisième poste est construit peu après la bataille et reçoit le nom du caporal Belda tombé au champ d'honneur. Autre nouveauté qui porte témoignage de la montée en puissance de l'ANA, désormais ce sont les soldats afghans qui sont chargés de distribuer l'aide humanitaire[51]. Ce succès hivernal, archétype de la contre-insurrection appliquée, fait dire au colonel Nicolas Le Nen : « Nous avons regagné l'initiative. C'est le gain principal depuis que nous sommes engagés ici[52]. »

Les limites de la « pacification » en Kapisa

Pourtant, le 22 septembre suivant, le colonel François Chanson, commandant le groupement interarmes de Kapisa, estime que, dans la vallée d'Alasay, « il faut renoncer à vouloir contrôler militairement toute la zone ». L'enjeu reste bien la population qui n'a pas basculé dans le camp de la coalition. La clé est de cesser de lui faire peur et de continuer d'investir à son profit en construisant des routes, tout en tolérant les chefs coutumiers et la corruption locale. L'espoir reste le passage de relais, à terme indéterminé, aux forces afghanes[53].

En Kapisa, effectivement, l'insécurité croît de nouveau. À la fin mai 2009, 600 hommes de la 6e brigade légère blindée de marine (dont 450 du 3e RIMa de Vannes) prennent le relais. Le 21 juillet, un blindé français est pris à partie, faisant trois blessés (dont un grave). Le 2 août, un convoi d'aide humanitaire comportant des éléments de l'ANA, 160 fantassins de marine et 10 Américains, est pris sous le feu à l'orée du village de Ghayne Pain. Le combat dure 90 mm avant que les taliban se retirent. Le caporal Anthony Bodin, 22 ans, du 3e RIMa, est tué, et

---

50. Témoignage cité du brigadier-chef du 1er REC, Orange. Il précise même que les Afghans de cette vallée indiquent les passages des taliban, la nuit.

51. Rapport parlementaire de Jean Glavany et d'Henri Plagnol, *op. cit.*, p. 8-9.

52. Julian Borger, « Afghanistan diary : a hobbled march to victory as French Forces prevail », *The Guardian*, 3 mars 2009, p. 1-2.

53. Le Monde.fr, 22 septembre, p. 1-2.

deux de ses camarades blessés. Ancien de la Côte d'Ivoire et du Kosovo, ce jeune marsouin tombe au champ d'honneur alors qu'il protège ses camarades blessés[54]. Le 4 septembre, lors d'une ouverture d'un convoi logistique entre Bagram et Nijrab, de nouveau, les marsouins déplorent un tué, le caporal Johann Naguin, deux blessés graves, dont l'un décède trois jours plus tard, et sept autres atteints par l'explosion d'un IED qui a eu raison du VAB qui les abritait. L'été 2009 est marqué par une moyenne d'une attaque tous les deux jours dans le secteur français sous les ordres du général Druart, un chasseur alpin qui a succédé au général Michel Stollsteiner.

La « pacification » en Kapisa semble bien fragile, comme le montre, le 30 décembre 2009, l'enlèvement de deux journalistes de France 3 et de leurs accompagnateurs. Et ce, à la barbe du 13e BCA contraint de dresser des barrages routiers et d'opérer des fouilles au corps très peu appréciées des Afghans. Ce fait est d'autant plus grave que c'est bien la première fois que des journalistes occidentaux sont enlevés de la sorte pour servir de monnaie d'échange contre un chef taliban détenu par les Américains. Le 2e REP, qui s'apprête à prendre la relève dans la province, aura, lui aussi, fort à faire... En effet, le mois de janvier 2010 est marqué par l'agressivité des taliban. Le 5, au village de Jalokael, à 3 km d'une FOB, a lieu un accrochage lors de la réunion d'une *shoura*. Six jours plus tard, deux cadres français d'une OMLT sont tués alors qu'ils accompagnent une patrouille de l'ANA à proximité du bazar d'Alasay. Enfin, le 13, même cas de figure lors d'un convoi logistique entre Bagram et la FOB de Nijrab : un tué et deux blessés d'une OMLT de 32 Français.

La « *french touch* »

La vie quotidienne des hommes de l'armée française est aussi faite de gestes envers les Afghans, une *french touch*, un savoir-faire particulier hérité de l'époque coloniale et des interventions en Afrique. Cette longue expérience outre-mer donne aux Français une faculté d'adaptation qui dénote par rapport à d'autres armées, trop rigides dans leurs règlements datant de la guerre froide. Cette plus grande présence sur le terrain est aussi partagée par l'autre ex-grande puissance coloniale, la Grande-Bretagne.

54. *Ouest-France* du 2, 3 et 7 août 2009, p. 2-3.

Une image de « soldats de la paix »

À titre d'exemple, on peut citer une reconnaissance de la 2e compagnie du 8e RPIMa en septembre 2008, en Kapisa, vers le village de Nawrozkhel. Pour ce faire, outre l'appui aérien disponible pour la durée de l'opération, la section de reconnaissance est épaulée par une section d'appui, prête à intervenir avec ses tireurs de précision, mortiers et canons de 20 mm. Les hommes ont prévu une autonomie de vingt-quatre heures comprenant eau potable, rations, appareils de vision nocturne... Ils ont reçu une double dotation en munition de 5,5 mm, soit une douzaine de chargeurs de 25 cartouches par tête. Tout ceci, ajouté à l'armement, représente un poids de plus de 30 kg, sous 40 °C à l'ombre, alors qu'il faut courir, s'agenouiller, ouvrir le feu éventuellement en riposte, et repartir. Dans ce contexte, les nouveaux gilets pare-éclats, type Ciras Eagle, plus légers et plus ergonomiques que les anciens (taxés de « carapaces inconfortables et inadaptées »), sont des plus appréciés[55].

Spécificité française, ces patrouilles ont lieu à pied, après débarquement des VAB à proximité de l'objectif. Elles ne sont pas sans risques. Dans la plupart des cas rencontrés par les paras-colos, ces accrochages – treize majeurs depuis juillet 2008 – ont lieu à moins de 200 mètres de l'objectif. À l'orée d'un village, lorsque la population vient à votre rencontre, le fait de ne pas sortir de son VAB armé de pied en cap, de ne pas pointer son arme sur le premier quidam rencontré, d'ôter son casque, est apprécié en terre d'islam où le courage et l'honneur peuvent servir de bouclier. En 2009, le général Marcel Druart, commandant la Task Force La Fayette, ordonne que les deux tireurs placés en sécurité à l'arrière des VAB cessent les *warning shots* (« coups de semonce ») pour tout véhicule s'approchant à moins de dix mètres, distance de sécurité indiquée par un pictogramme rouge très explicite que le général fait aussi retirer[56]. En ce sens, cette *french touch* incarne ce qu'il faut entendre par « soldat de la paix ». On comprend mieux, dès lors, une remarque du jeune auteur afghan Atiq Rahimi. Dans un entretien accordé à *L'Express* du 13 novembre 2008, après l'obtention du prix Goncourt, il remarque que si les Américains ont commis des horreurs qui renforcent la propagande de l'adversaire, « les Allemands, les Français et les Turcs sont les seuls à

55. Reportage cité de Jean-Louis Tremblais (texte) et Georges Mérillon (photos), « En Afghanistan avec le 8e RPIMa », *Le Figaro Magazine*, 4 octobre 2008, p. 55.

56. Témoignage du 30 novembre 2009 du commissaire commandant Xavier Durand, directeur adjoint du Commissariat pour les forces armées françaises en Afghanistan, au camp de Warehouse, de juillet à novembre 2009.

être crédibles auprès de la population. Même si on peut se poser des questions sur la stratégie de la force internationale, elle doit rester ».

Tirant les leçons de l'engagement de la 2e brigade blindée de décembre 2006 à avril 2007, le lieutenant-colonel Benoît Paris note qu'il s'agit avant tout de « gagner le combat de la confiance auprès de la population afghane et de ses chefs locaux », car « chaque fois que la coalition tue un innocent, elle crée cinq insurgés[57] ». Les unités de la FIAS voient arriver un nouveau type d'officier, l'*off com*, qui évoque par certains côtés les cadres du 5e bureau de la guerre psychologique du conflit algérien. Parfois distinct de l'officier de presse ou de l'officier Cimic, il a un triple rôle. Équivalent français du PIO (*public information officer*) américain, il doit montrer le meilleur côté de son unité auprès des journalistes accrédités. Il est chargé de l'« environnement humain » et reste en contact avec les familles en France. Il intervient enfin auprès des populations locales pour expliquer, *via* un interprète, une opération en cours. Entre autres actions envers les civils afghans, les soldats français donnent des « kits » scolaires. On voit même des paras-colos, en 2008, distribuer des... poules dans un village. D'où ces photos surprenantes qui rappellent la « pacification » de la guerre d'Algérie : des soldats français amusant des enfants[58]. Ces bambins souriants sont-ils là pour simplement donner le change ?

Des aides concrètes

L'assistance médicale gratuite (AMG, sur le modèle algérien) est déjà comprise dans ces missions civilo-militaires, illustration de la volonté affichée par le général Petraeus et dans les traditions de nos troupes de marine « d'humaniser notre présence en apportant un peu d'aide et de développement là où l'on passe ». Lyautey disait déjà : « Donnez-moi un médecin, je vous rendrai un bataillon. » Cette recette coloniale, citée parmi les troupes françaises, est illustrée par les sections médicales des unités engagées sur le terrain. Ainsi, si l'AMG du 8e RPIMa traite 5 soldats français polycriblés par des IED en 2008, elle effectue 37 évacuations sanitaires et donne 1 000 consultations au profit de la population[59].

57. « La 2e BB en Afghanistan. Retour d'expérience », *Doctrine*, n° 15, septembre 2008, *op. cit.*, p. 78-81.
58. Une photo de la revue *Assaut*, n° 36, *op. cit.*, p. 27, montre un para du 8e RPIMa au milieu d'enfants qui sourient. Sur son casque, ses doigts esquissent les cornes d'un animal.
59. *Ibid.*, p. 59.

En bref : du muscle associé à la diplomatie, à la sociologie et à l'économie de marché. Le simple fait d'acheter sur place fruits, légumes, eau minérale, œufs et autres produits, à l'inverse des Américains qui font tout venir de leur pays, est un geste simple qui facilite le contact[60]. Prendre en compte l'environnement socioculturel afin de convaincre la population que son intérêt n'est pas le retour des taliban au pouvoir relève de la tradition française. Le contact se fait village par village, selon la méthode de la tache d'huile de Gallieni et de Lyautey, en gagnant la confiance des chefs locaux et des imans, en sécurisant la vie économique... Apprendre le nom des chefs de village, des commerçants et quelques expressions locales, c'est aussi une vieille recette coloniale déjà exprimée par le capitaine Paul-Louis Monteil, en 1884, dans son *Vademecum de l'officier d'infanterie de marine*[61]. À l'inverse, rouvrir les marchés ne tient pas du néocolonialisme. L'Afghanistan est un pays souverain qu'il faut remettre sur les rails et non un pays conquis à pacifier.

La contre-insurrection conduit à des réalisations effectives. Ainsi, pendant l'hiver 2008-2009 marquant un ralentissement dans l'affrontement en raison des rigueurs du climat montagnard, les 700 hommes du camp de base Morales-Frazier (chasseurs alpins du 27e BCA essentiellement), s'appelant eux-mêmes Task Force Tiger, se distinguent en construisant une route en asphalte dans la vallée de l'Afghaniya (au sud de la province de Kapisa). Elle double sur 15 kilomètres, soit un cinquième de sa longueur totale, la piste-fondrière reliant l'Est et le Nord. Les troupes américaines, qui ont stationné dans le même camp peu de mois auparavant, avaient été incapables de réaliser un tel ouvrage, estime Julian Borger, envoyée spéciale du quotidien anglais *The Guardian*. Elle est admirative, par ailleurs, des aides apportées à la population en nourriture et en soins médicaux par des soldats français avenants[62]. Et ce, au nez des taliban et du Hezb-e-Islami. Parallèlement, des troupes de l'ANA et des policiers de l'ANP effectuent ce qui ressemble fort au modèle colonial des tournées de police et de recensement de population,

---

60. Témoignage du commissaire commandant Xavier Durand cité précédemment.

61. Paris, Baudoin, 350 p. Membre de la Société de géographie de Paris, en 1892, sans tirer un coup de feu, il réussit l'exploit de traverser l'Afrique, de Saint-Louis du Sénégal à Tripoli, *via* le lac Tchad. Il est fêté en héros à Marseille et à Paris à son retour. Sur ce personnage méconnu, voir J.-C. Jauffret t. II, *Parlement-gouvernement, commandement : l'armée de métier sous la IIIe République, 1871-1914*, thèse d'État publiée, Vincennes, SHAT, 1988, 1 358 p., p. 766-767 et 778-779.

62. J. Borger, « Afghanistan diary », 3 mars 2009, *op. cit.*, p. 1.

sous la protection (à distance) des mortiers français et de deux hélicoptères de l'OTAN. En près de huit mois, les Français distribuent en Kapisa 60 tonnes d'aide humanitaire, assurent 2 200 consultations médicales et dépensent 85 000 euros dans des chantiers de reconstruction (clinique, école, mosquée)[63].

Mais cette *french touch* se heurte à présent à la politique de terreur pratiquée par les taliban. Ce qui en limite l'effet dans le cadre de la contre-insurrection. Ainsi, tandis que se déroule une grosse opération menée par 700 Français et 100 Afghans de l'ANA pour prendre le contrôle de la vallée de Tagal (d'où partent quelques responsables des attentats commis à Kaboul à 50 kilomètres de là), le 16 novembre, lors d'une *shoura* (assemblée des anciens) au bazar de Tagal entre des « barbes blanches » et des militaires français en présence du général Marcel Druart, à propos des nouveaux projets de développement, deux roquettes tirées de fort près (sans nul doute par les taliban) font 12 morts et une trentaine de blessés parmi les civils.

En 2009, l'aide de la France passe de 11 à 45 millions d'euros au profit de l'Afghanistan. Une partie de cette somme est destinée à reconstruire le district de Surobi au bénéfice de 1,5 million de personnes qui n'ont ni électricité ni eau potable. Pour ce faire, Pierre Lellouche, représentant spécial de la France en Afghanistan et au Pakistan avant sa nomination au gouvernement lors du remaniement de juin 2009[64], envisage d'accompagner la contre-insurrection selon les mêmes méthodes que celles préconisées par le plan Obama en matière d'assistance agricole et de construction d'infrastructures. Quitte à faire appel à de jeunes retraités ou à des volontaires ayant une expérience du développement et qui ne craignent pas de s'exposer dans un milieu non sécurisé[65]. Cependant, tout ne peut venir de l'extérieur dans un pays qui se méfie de façon traditionnelle des étrangers. L'idée est bien d'éviter l'assistanat et d'intéresser les Pachtouns à leur propre développement, sans verser dans un travers colonial lié à une quelconque notion de corvée.

Mais pacifier au XXIe siècle coûte cher : pour le seul village de Surobi, la garnison française de Tora verse 5 dollars par jour à tout paysan qui accepte de creuser, à l'aide de pioches et de pelles

63. Le colonel Le Nen estime que les taliban dans cette vallée en sont réduits au banditisme et sont rejetés par la population. Voir « Afghanistan : la progression des Alliés en Kapisa », *Le Figaro*, 7 juin 2009, p. 8.
64. En juin 2009, Pierre Lellouche est remplacé par Thierry Mariani.
65. Entretien de Pierre Lellouche accordé à *La Croix*, 31 mars 2009, p. 4.

généreusement distribuées, des rigoles destinées à capturer l'eau de pluie afin de planter des amandiers en terrasse[66] – il faut toujours avoir à l'esprit, répétons-le, qu'un Afghan ne s'achète pas, il se loue. Il s'agit d'encourager les initiatives locales en matière de développement, dès lors qu'elles résistent à la tentation du détournement de l'aide internationale. L'archétype en est l'ONG afghane Afghanistan Demain, dirigée par un Franco-Afghan : installée dans les quartiers les plus pauvres de Kaboul, elle distribue un repas par jour à des élèves avides d'apprendre à lire et à écrire[67].

Une culture de guerre

Ces moments forts partagés ensemble dans un pays farouche soudent davantage la famille militaire, forte d'une culture de guerre spécifique. Les expériences exotiques ou dans les Balkans n'ont pu générer un tel phénomène qui n'a d'équivalent, toutes proportions gardées, que pour la dernière (désormais l'avant-dernière) génération du feu, celle de la guerre d'Algérie.

Un langage de la guerre

Les différences se marquent d'abord par le vocabulaire. De nouvelles expressions apparaissent, telle « l'affaire est dans le trou du cul de l'âne », propre aux états-majors et aux gestionnaires, qui signifie que « l'affaire est lancée » ou que « le dossier est dans le tuyau ». Nouveau témoin du recul du français, avant même la pleine intégration dans l'OTAN, sous commandement américain au sein de la FIAS, les militaires français en Afghanistan emploient dans le langage courant des mots et expressions tirés de l'anglais opérationnel. Un jeune officier parachutiste, qui veut garder l'anonymat, nous a avoué que, chargé de rédiger le JMO (journal des marches et opérations) de son unité, il plaint sincèrement les historiens qui y auront accès : le langage sera incompréhensible, outre la surabondance de sigles devenus intraduisibles, c'est une langue de mutant qui apparaîtra, mêlant à un français résiduel des mots et expressions otaniens passés dans l'idiome commun des militaires.

66. Le Monde.fr, 21 juin 2009, p. 1-3.
67. Reportage de Paul Moreira, *Afghanistan : sur la piste des dollars*, *op. cit.*, 2009.

Des appellations comme Chicken Street, rue touristique de Kaboul, un peu le Cholon (Saigon) local, surgissent de façon épisodique parmi les témoins. De même, le terme de « zone verte » est réservé au quartier des ambassades, des palais gouvernementaux et des villas sécurisées par les mercenaires de la capitale. D'autres, traductions de sigles, apparaissent sous forme de mots ordinairement utilisés. Ainsi, on ne dit plus « mission de pacification » selon la tradition coloniale française, mais « cimic », d'après l'acronyme américain Cimic (*civil-military co-operation*). De même, on ne dit plus « poste », selon un vocable évoquant les guerres d'Indochine et d'Algérie, mais FOB (*forward operational base*) ou « base avancée ». On réserve parfois les termes de *fire base* (« base de combat ») pour les éléments au contact de l'ennemi, telle Spin Boldak.

S'amorce également en Afghanistan une autre forme de culture issue du vocabulaire spécifique des armes. Facile à retenir, l'expression TIC (*troop in contact*) ou « troupe au contact » désigne à la fois un accrochage et un appel pour un soutien d'artillerie ou un appui feu aérien. Tombée dans la vulgate, l'expression *shot to kill* (« tir à tuer »), mais en fonction des SOP (*standing operation procedure* ou « procédure opérationnelle permanente »), modèle standard de procédure d'opération type OTAN. De l'aviation provient un grand nombre de sigles, tels JTAC (*Joint Tactical Air Control*) ou « coordination des actions tactiques aériennes », indispensable pour une demande d'appui feu. Enfin, forgés en fonction des découpages administratifs mis en place par la coalition, apparaissent des sigles qui traduisent des réalités de terrain. On peut rappeler PRT (*provincial reconstruction teams*) ou « équipes de reconstruction régionale » et RC (*regional command*).

Cette nouvelle génération du feu se reconnaît également par un certain nombre de signes. Un raccourci très en vogue, Afgha, pour désigner ce pays, semble récent. Le lieutenant-colonel Gérald Lacoste, de l'infanterie mécanisée, ne se souvient pas l'avoir entendu, y compris à Kaboul en 2006-2007[68]. Autre particularité, les noms de lieux ne sont pas encore fixés, selon qu'on les prononce à l'anglaise ou à la française. Ainsi, l'Hözbin des géographes, devenu Uzbin le 18 août 2008, demeure Uzbeen dans les médias anglo-américains. De même, la ville et le district de Saroubi, que le quai d'Orsay (division archives) préfère dénommer en 2004 Sarôbi, deviennent Surobi. Quant à la province de la Kapissa,

68. Entretien avec Gérald Lacoste, 14 avril 2009.

son orthographe perd un « s » entre la période soviétique[69] et les opérations actuelles en Afghanistan.

Un terme issu de la guerre d'Algérie fait florès parmi les troupes françaises : « choufer » ou observer. Avant toute opération, il faut prendre soin de repérer les « choufs » ou observateurs potentiels (bergers, marchands ambulants...). Un autre mot apparaît parmi les premiers soldats rencontrés pour signifier le caractère implacable de l'ennemi : *bouzkachi*. Ce sport équestre violent, propre aux populations de la steppe (Ouzbeks et Turkmènes surtout) du nord de l'Afghanistan, consiste à s'emparer d'une dépouille de bouc sans tête qu'il faut déposer, après un parcours de longueur variable matérialisé par deux poteaux, dans un « cercle de justice », comme le décrit Joseph Kessel dans *Les Cavaliers*. « Bunkérisée » se dit d'une troupe qui se calfeutre dans sa base au confort moderne. Il s'agit de la version locale de ce qu'on appelait, pendant la guerre d'Algérie, la « politique du *bordj* » (fortin), autrefois employée pour qualifier des troupes de secteur renonçant aux embuscades et à toute « pacification active ». François Hauter, envoyé spécial du *Figaro*, a fait sienne cette expression empruntée aux militaires : « Dans la capitale, comme dans les bases militaires, des Occidentaux se sont "bunkérisés" ; ils ne sortent plus de leurs ambassades ou de leurs casernes[70]. »

Les sentiments du combattant

L'étude de la culture de guerre débouche sur la problématique des sentiments du combattant. Sans doute est-il encore bien tôt, en raison de l'impérieux devoir de réserve, alors que la guerre fait encore rage en « Afgha ».

De soldat de métier à combattant en campagne, quelques détails révélateurs : à la veille d'embarquer dans un Airbus A330 ou A340 de l'escadron Estérel de l'armée de l'air en partance pour l'inconnu, outre le groupe sanguin qui doit être indiqué sous le gilet pare-éclats, chaque soldat reçoit, pendue à son collier fait de petites billes d'acier, sa plaque d'identification dont le tiers inférieur peut être détaché et vissé sur un « sac à viande » en cas de décès. Le caporal-chef Sené, du 27e BCA, marié,

69. Carte des provinces afghanes, Patrick Franceschi, *Guerre d'Afghanistan*, La Découverte, 1984, 170 p., p. 24.

70. François Hauter, « Afghanistan : la guerre contre les talibans s'intensifie », *Le Figaro*, 20 mars 2009, p. 1.

deux enfants, d'origine sénégalaise, déclare être fier d'aller gagner 3 000 euros par mois pour offrir à son épouse un logement décent à son retour[71]. Pour la même somme (2 700 euros versés sur son compte et 300 autres donnés sur place), le caporal F. M., célibataire, se dit prêt à repartir au pays des turbans noirs quand il sera sorti de l'École des sous-officiers de Saint-Maixent.

Mais combien sont-ils à être dans le même état d'esprit ? C'est « la peur de revenir dans une caisse », selon une expression familière de toutes les guerres, qui fait de l'Afgha autre chose qu'une promenade exotique. Seuls les menteurs ou les imbéciles n'éprouvent pas la peur, le tout est de savoir la dominer. Elle surgit lors du baptême du feu. Elle apparaît avant ou après l'action, suivant la croissance puis la retombée du taux d'adrénaline. Ce n'est pas tant les balles ou les éclats qui sifflent à vos oreilles que le spectacle de camarades blessés ou déchiquetés devant soi qui impressionne. Cependant, ces soldats de métier, plus âgés en moyenne de deux à quatre ans que les appelés de la guerre d'Algérie, savent gérer l'angoisse, encore qu'aucune statistique sur les traumatismes post-combat au sein des troupes françaises ne soit pour l'heure disponible. Toutefois, comme leurs prédécesseurs d'autres conflits, le soir, de retour à la FOB, quand « on ne la ramène plus », on compense par quelques bières bien fraîches et une bonne bouffe. Géraud Burin des Roziers montre ce défoulement au camp de Tagab où la bière coule à flots avant que n'arrivent, donnés par les Américains, pinces de crabe et homards grillés.

Le cafard, ce compagnon de guerre bien connu, peut surgir à tout moment. L'avantage du soldat professionnel, c'est qu'il n'espère aucune « quille » hypothétique, il sait qu'il est là pour un séjour de six mois et qu'il a intérêt à « garer ses fesses » s'il veut revenir entier. Certains attendent que « cela se passe », dans l'ennui du quotidien en dehors des alertes et des patrouilles. Ils ont le sentiment d'accomplir une corvée pendant un séjour à la fois trop court, mais trop long quand on le passe loin des siens, sans véritable goût d'« aventure » lorsqu'on est consigné dans le camp de Warehouse, à moins de 20 kilomètres du centre-ville de Kaboul. Construit par les Allemands, mais géré par les Français, si quelques-unes de ses constructions sont en dur, ce camp garde un aspect de *stalag*[72] fait de toits en tôle et de petites baraques préfabriquées en

71. Reportage de Géraud Burin des Roziers, *Papa part à la guerre*, *op. cit.*, 2009.
72. Les *stalags* étaient des camps de prisonniers, situés principalement en Allemagne, dans lesquels étaient enfermés les sous-officiers et les soldats des armées alliées.

bois (marque Algeco type Corimec) reposant sur des *bastion walls* remplis de pierres, alignées sur des ruelles boueuses. Dans ce camp capable d'accueillir plus de 2 000 hommes, les drapeaux sont presque toujours en berne en raison des pertes de la FIAS. Malgré la petite tour Eiffel en métal qui indique le foyer français où se trouve le très apprécié Restaurant de France (mess international), et en dépit de l'air conditionné dans les logements et les lieux de vie, un certain vague à l'âme perdure[73]. « Je commence à en avoir ras le c... », lâche un soldat de 22 ans lors d'une mission à l'aéroport de Kaboul en juillet 2009[74]. « Qu'est-ce qu'on fait là ? » confie le général Patrick Desjardins dans son témoignage. Il précise après une mission en mai 2009 à Kaboul et Kandahar : « On est comme une pièce rapportée dans un univers qui n'est pas le nôtre et dans lequel on n'est pas le bienvenu. On a des difficultés à faire prendre conscience à la population que l'on n'est pas une force d'occupation. » Dans le monde clos des FOB, comment tenter une intégration locale de ceux qui se présentent comme des libérateurs d'un pays que l'on veut souverain, alors que tout doit être fait pour mettre en avant ANA et ANP et que, de plus, ces forces de sécurité apparaissent, pour nombre d'Afghans, comme des fantoches aux ordres des occupants ? Quelle connaissance peut-on avoir d'un pays que l'on traverse à toute vitesse, pour éviter les IED à l'aide du brouilleur d'ondes embarqué sur un blindé ?

Tant que l'on ne pourra pas consulter les précieux rapports sur le moral par unité se posera la délicate question de l'état d'esprit des troupes selon les périodes, les lieux et les missions. En amont, on peut aussi s'interroger à propos d'une affaire inimaginable au temps de l'obligation du service militaire : le refus d'obéissance de soldats français musulmans. Pour des « raisons confessionnelles », trois ou quatre Evat (engagés volontaires de l'armée de terre) ont refusé d'aller combattre d'autres musulmans en Afghanistan début 2008. Un nouveau cas est signalé en octobre, au sein du 1er RI en Alsace. Interrogé par le journaliste de *Libération* Jean-Dominique Merchet, le ministre de la Défense Hervé Morin indique que leur contrat serait résilié et que « l'engagement au service de la France n'est pas à géométrie variable[75] ». Cette affaire n'est-elle pas le signe d'une première crise de moral d'une armée professionnelle qui dépend du flux aléatoire des engagements et des

73. Témoignage cité du colonel F. Schwenin.
74. Romain Rosso, « Armée, la Grande... pipelette », *L'Express*, 9 juillet 2009, p. 27.
75. BFM TV, 16 janvier 2009.

rengagements ? Si le 8e RIPMa et le 27e BCA voient leur prestige grandir et les volontaires affluer depuis la gloire du combat, en Afghanistan la mort noble est rare – tout homme normalement constitué redoutant par exemple d'être déchiqueté par un IED. On sait à présent que cette peur endémique des conflits modernes (Irak, Afghanistan) est à l'origine d'une crise du recrutement, en nombre et en qualité, dans l'armée américaine. La même menace guette-t-elle l'armée française ? Le général Jean-Louis Georgelin reconnaît que « dans de nombreuses familles, on incite les jeunes à ne plus s'engager[76] ».

Par ailleurs, les militaires se sont offusqués des photos du *Paris Match* du 4 septembre 2008[77]. Elles montrent les assaillants d'Uzbin et leur chef présumé, le commandant Farouki, interrogé par Éric de Lavarène et photographié par Véronique de Viguerie. Farouki exhibe treillis, montres et armes pris sur trois cadavres. Devant de tels clichés et face à l'atonie de l'opinion, en dépit de quelques protestations dans la presse (dont celle du socialiste Pierre Moscovici), les paras ne se sentent pas soutenus par la nation, si on en croit un numéro d'exception, fait de témoignages sans langue de bois, de la revue internationale spécialisée *Assaut*, dans sa livraison de janvier 2009. Y figure ce cri du cœur à propos du para : « Maintenant, cette putain de guerre, il faut la gagner et il faut qu'on t'en donne les putains de moyens et surtout qu'on ait la volonté de la gagner[78] ». Si le para dit, comme en Algérie, « faire la guerre sans haine », il regrette qu'on l'empêche de la mener avec hargne pour « casser du *taleb* ». Certains en viennent même à regretter ce badge américain à tête de mort, une hache enfoncée dans son turban. Ce badge illégal porté en Afghanistan reprend le modèle de la célèbre maxime du général Grant à propos des Indiens : *« Only a dead Taliban... is a good Taliban*[79] *»* (« Seul un taliban mort est un bon taliban »). Le combattant enrage d'être empêtré par toutes sortes de règlements, onusiens ou otaniens, au moment où l'ennemi le tire comme un pigeon ou le piège par des IED de plus en plus diaboliques. Mais, dans le même temps, on lui a appris à dominer ses nerfs et à être à l'écoute de l'autre. Dans quelle

76. *Bulletin de la Réunion des officiers de réserve du service d'état-major, op. cit.*, p. 277.
77. Éric de Lavarène, « La parade des talibans avec leurs trophées français », *Paris-Match*, 4 septembre 2008. Cet article, notamment les photos montrant l'armement capturé aux Français, fait polémique à sa publication. L'hebdomadaire aurait-il payé 50 000 dollars aux taliban pour ces photos ?
78. *Assaut*, n° 36, *op. cit.*, p. 18.
79. *Ibid.*, p. 27.

mesure cela est-il possible au crescendo de la guerre ? Toutefois, certains de ceux qui vivent dans une FOB, comme ce brigadier-chef du 1er REC interrogé le 23 juillet 2009, finissent par se sentir vraiment concernés par l'assistance aux populations, tout comme les personnels des OMLT.

La « génération Web »

Tous ont un besoin viscéral de rester en contact avec l'arrière, cette métropole à la fois lointaine et si proche, par les moyens modernes de communication. La nouvelle génération du feu demeure fidèle à ses devancières, le soldat ne raconte pas le combat à sa famille ; une pudeur qui se retrouve après une blessure. Ainsi, Christophe, chasseur alpin du 27e BCA, blessé et sauvé par son gilet pare-éclats lors de la bataille d'Alasay le 14 mars 2009, explique à Géraud Burin des Roziers qu'il ne peut rien dire à ses proches, et ce pour longtemps. Pour vaincre le traditionnel isolement du combattant, la bonne vieille lettre est en voie de disparition. Pourtant, l'heure du courrier est toujours attendue : lettres familiales, mot d'un camarade blessé qui écrit depuis un centre de convalescence de la métropole, carte postale d'un autre qui « en bave » en entraînement commando à Djibouti... L'ouverture des colis revêt une grande importance pour le bon moral d'une troupe en base avancée. Ce paquet enveloppé de papier kraft, c'est le lien familial. C'est aussi un symbole de solidarité des hommes en guerre, par le cérémonial de son ouverture et partage de ce qu'il contient (du foie gras à Noël par exemple). Selon les consignes de sécurité, les enveloppes de colis portant les adresses des expéditeurs sont systématiquement brûlées ou déchiquetées afin d'éviter que les identités ne puissent échouer dans de mauvaises mains, comme cela peut parfois apparaître par l'usage immodéré du Web.

À l'inverse de leurs aînés d'Indochine ou d'Algérie, les militaires en Afghanistan sont étonnamment bavards. En se servant de tous les moyens de communication, ils mettent fin au traditionnel isolement du combattant. La modernité du contact permanent avec les siens doit beaucoup à l'ordinateur portable, qu'ils retrouvent le soir dans leur coin personnel. Par Internet, ils confient leur vie quotidienne illustrée de photos. Grâce aux webcams, ils peuvent voir l'être aimé, le dernier-né... Ce lien a un effet pervers : il émiette le mental de l'homme au combat qui se sent moins impliqué dans la mission par ce regret permanent de son ailleurs à lui, de son chez-soi. Cela le rend particulièrement vulnérable à la notion de perte : il ne voit pas en quoi il lui faudrait risquer sa peau pour aider ces gens, certes pauvres, mais qui n'hésitent pas à lui tirer dessus. La solidarité de la famille militaire, prégnante par les automatismes acquis devant le danger, souffre de cette concurrence de la cellule familiale. Comment également interpréter la réaction de parents qui poursuivent devant la justice le commandement qu'ils estiment responsable de la mort de leurs fils à Uzbin ? N'est-ce pas la plus sérieuse menace sur le métier même de soldat que cette contestation du sacro-saint axiome : « La discipline est la force principale des armées » ? Cette remise en question de l'indéfectible solidarité d'une troupe au combat est-elle la marque d'une fragilité caractéristique du combattant du XXIe siècle[80] ?

Par sécurité, le commandement prend un certain nombre de précautions sur la circulation de l'information. Lorsqu'un homme se sert du téléphone portable ou du réseau Wi-Fi des bases[81], il lui est interdit de donner des noms de lieux, d'unités, ou des dates pour toute action militaire – mais combien l'appliquent ? Le réseau Internet est toutefois brouillé avant chaque opération et les coupures sont fréquentes[82]. La presse étant interdite dans les FOB, c'est parfois par la famille que l'on a des nouvelles de la guerre et du monde. La voix des siens est aussi présente grâce au téléphone portable personnel : « Le portable, c'est comme avoir sa femme dans sa poche », précise un soldat[83]. L'arrière n'est plus un éden perdu, il est là pour soutenir en permanence le moral de la troupe.

Autre particularité de l'Afgha : la multiplication des blogs privés. Ce besoin vital de communiquer de façon quasi permanente, de s'épancher sur la Toile permet, en racontant un peu du quotidien, d'évacuer l'ennui ou le stress. Ces journaux personnels, qui risquent fort d'être lus par l'ennemi, offrent aussi l'occasion de dire à ses proches sa colère, son émotion. Les blogs des militaires français, bien moins nombreux que ceux de leurs homologues américains – 209 sur le site sécurisé armees.com – attendent une véritable structure de surveillance, sur le

---

80. Sous toute réserve, un témoin qui veut conserver l'anonymat nous a fait part du fait qu'après les pertes subies par une compagnie d'un régiment français en 2009, nombre d'hommes, devenus inaptes au combat, ont été réaffectés au camp de Warehouse à diverses occupations (cuisine...).

81. Les militaires peuvent pour cela acheter une carte mensuelle à 15 euros. Celle-ci est parfois donnée aux hommes de troupe.

82. Témoignage du 24 novembre 2009 du colonel de réserve François Schewin, chirurgien-dentiste, membre en mai-juin 2009 au camp de Warehouse du groupe médico-chirurgical.

83. *L'Express*, 9 juillet 2009, p. 27.

modèle américain mis en place dès 2006. On peut difficilement lutter contre ce phénomène de mode qui frise l'inconscience en temps de guerre. Depuis le 14 juillet 2009, le ministère de la Défense met en service une « chaîne » sur *Dailymotion* destinée à filtrer les informations. Une des conséquences de ce bavardage est inattendue : le chef de section ou le commandant de compagnie n'a plus à annoncer à la famille d'un de ses hommes la blessure ou la mort, ses camarades s'en chargent dès leur retour à la FOB. Le lieutenant-colonel Bruno Troussard précise : « Oui, la messagerie et le *chat* restent encore les meilleurs moyens de communication depuis l'Afghanistan avec la famille, à cause du coût des communications et du décalage horaire. Non, nous n'avions pas le sentiment que nos courriels étaient lus ou consultés, mais c'est une affaire difficile à cerner. *A priori*, pas de blog dans la mission "Épidote". Cependant, j'ai dû intervenir auprès du DPSD[84] local pour faire fermer le blog d'un ancien de la mission qui donnait des renseignements "opérationnels" (horaires, itinéraires, etc.). » Quant à l'usage du téléphone portable, « nous avons sensibilisé [les hommes], mais nous étions essentiellement composés de cadres et peu avaient de téléphone portable, les communications restent encore très onéreuses[85] ».

Le monument aux morts

Un dernier élément traduit que nous sommes bien en présence d'une nouvelle génération du feu : le monument aux morts. Sur ce point, les Français n'ont fait qu'imiter leurs alliés. Placé à côté de plaques commémoratives d'autres nations ayant subi des pertes, le monument français se trouve dans la banlieue de Kaboul, au sein de la base de Warehouse. Le ministre de la Défense Hervé Morin est venu s'y recueillir le 31 décembre 2008. Il s'agit de deux plaques de marbre gris, à gauche de l'allée centrale. Décorée des drapeaux français et afghan, la première porte les noms des 14 soldats tombés au champ d'honneur du 31 août 2007 (caporal Murat Yaggi) au 21 septembre 2007 (adjudant-chef Laurent Pican). Sur la seconde, surmontée du drapeau national et du sigle OTAN, sont inscrits les noms des tués du combat d'Uzbin avec le nom de leur unité, à l'inverse de la première où figurent seulement les mentions « Armée de terre », « Armée de l'air » (caporal-chef Sébastien Planelles) et « Marine » (premier-maître Loïc Le Page, chef de groupe

84. Direction protection sécurité défense (ex-sécurité militaire).
85. Témoignage du lieutenant-colonel Bruno Troussard, 6 juin 2009, *op. cit.*

du commando Trépel)[86]. À la date du 13 janvier 2010, 40 noms devraient y être inscrits, dont ceux des 4 soldats français décédés le 27 septembre 2009 à la suite d'accidents, conséquences d'un orage lors d'une opération de nuit en Kapisa. N'y figurent pas encore les noms de deux tués par accident de la route en octobre 2004 et d'un suicidé en 2005[87]. On ne peut distinguer ceux qui sont morts au combat des victimes des IED, comme le premier d'entre eux dans la région de Spin Bolak le 17 septembre 2005, le caporal-chef Cédric Crupel du 1er RPIMa.

Une question se pose à terme pour ces « morts pour la France » de 2008-2009 sous le sigle de l'OTAN : quelle sera leur place dans la mémoire collective à côté des « grands morts » de 14-18, de ceux de 39-45 (dont les héros de la Résistance) et des tués d'Indochine et d'Algérie qui avaient donné leur vie pour « une certaine idée de la France », c'est-à-dire une puissance souveraine ? À défaut d'Europe, peut-on accepter de mourir pour une Alliance, fût-elle atlantique ?

86. Trois photos du lieutenant-colonel Bruno Troussard, issues du témoignage précédemment cité.

87. P. Le Pautremat, *op. cit.*, p. 235.

VI. QUELS MOYENS POUR NE PAS PERDRE ?

Lors du défilé du 14 juillet 2009, le général Jean-Louis Georgelin répond à une question d'un journaliste de TF1 sur le retrait des troupes françaises d'Afghanistan. Il annonce qu'il sera possible lorsque trois conditions seront remplies : les taliban militairement contenus, des actions civilo-militaires réussies pour le développement local et une bonne gouvernance permettant de passer le relais aux autorités afghanes et à leurs forces de sécurité.

La communauté internationale a déjà beaucoup investi au pays des faucons. En avril 2008, le bilan s'établit ainsi : 83 % de la population aurait accès aux soins, contre 9 % en 2004, grâce à 4 000 hôpitaux et dispensaires bâtis depuis 2004 ; le PIB a doublé depuis 2004 ; 100 000 Afghans ont aujourd'hui accès au microcrédit ; l'accès à Internet est possible dans 150 villes... Toutefois, outre les destructions dues aux taliban, en dehors de quelques réussites, ces chiffres sur la hausse du niveau de vie restent souvent théoriques. Sur le terrain, l'application de la reconstruction obéit aux règles d'un sport national : le détournement de l'aide internationale. À titre d'exemple, le plus grand hôpital de Kaboul, capable d'accueillir 10 000 malades, rénové et agrandi voilà cinq ans, victime de malversations, de commissions abusives et matériaux de mauvaise qualité, est devenu une ruine neuve où aucune prise de courant ne tient à des murs fissurés qui suintent d'humidité[1].

1. *Afghanistan : sur la piste des dollars*, reportage de Paul Moreira, *op. cit.*

L'Afghanistan est toujours en état d'urgence humanitaire : le 3 février 2009, l'ONU lance un plan d'action à hauteur de 604 millions de dollars, dont 50 % consacrés aux besoins immédiats en eau potable, aliments et semences. 60 % des Afghans vivent sous le seuil de pauvreté et 78 % n'ont toujours pas accès à l'eau. Cela entraîne des décès de 25 % supérieurs à ceux dus aux violences de guerre. Aux trente-six ans d'anarchie, de conflit et de détournement de l'aide internationale, s'ajoutent une série d'années sèches, dont celle de 2007 qui détruit 85 % de la production de blé. De Genève, le sous-secrétaire général aux urgences humanitaires, John Holmes, indique qu'en 2008 l'Afghanistan a dépendu au tiers du programme alimentaire mondial et des ONG, dans un pays où 80 % des activités relèvent du secteur primaire[2].

S'il est nécessaire de rester au chevet de ce pays, la FIAS ne peut y demeurer indéfiniment. Pour le général Petraeus, « il faut assurer la sécurité de la population, que nous devons servir. Il faut promouvoir le concept de réconciliation. Notre tâche est de faire en sorte que l'on ne nous voit plus comme des occupants, mais comme des libérateurs[3] ». Cette réminiscence de Lyautey (« Rien de durable ne se fonde sur la force ») débouche sur une interrogation concernant la manière de rétablir l'État de droit en Afghanistan tout en l'aidant à forger son épée. Assurer la sécurité en proposant une alternative au trafic de drogue – un des enjeux vitaux de cette guerre –, c'est également s'interroger, en se battant toujours au nom du droit, sur l'accès à la modernité qui passe par l'école et la cause des femmes. Cette philosophie de l'engagement est résumée en ces termes par Pierre Lellouche : « Il faudra rendre les clés aux Afghans en laissant derrière nous un État stable[4]. »

Restaurer la sécurité de l'État de droit

Le premier devoir de l'État est d'assurer la sécurité en usant de ses pouvoirs régaliens : police, justice, armée. À la tête du RC-C de Kaboul, le

2. Article de la journaliste indépendante indienne Aunohita Mojumbar en poste à Kaboul, « Afghanistan : food insecurity, the problem that never went away », Eurasianet.org, 10 février 2009, p. 1-3.
3. Entretien accordé au *Figaro*, 25 septembre 2008, à Paris.
4. *La Croix*, 31 mars 2009, p. 7.

général Michel Stollsteiner estime que « les 58 000 hommes de la force de l'OTAN ne nous permettent pas de tenir le terrain et [qu'] on ne pourra le faire qu'avec les forces de sécurité afghanes[5] ».

La FIAS espère forger un outil de guerre et de sécurité crédible, dans le cadre de la contre-insurrection. Encore faudrait-il inspirer confiance en cessant d'apparaître comme une armée d'occupation. Comme le remarque le commandant Amin Wardak, ancien de la lutte contre les Soviétiques : « Les militaires ? Je les sens perdus. Ils courent derrière la population afghane qui recule devant eux parce qu'elle a peur[6]. » L'issue du conflit dépend d'une solution afghane. Il faut distinguer l'armée afghane (ANA) de la police (ANP), sans oublier les solutions locales et hasardeuses liées aux milices.

Une armée : l'ANA

La naissance de l'ANA doit beaucoup aux États-Unis et à leurs alliés, particulièrement français, tout d'abord au sein de l'OEF. Une armée ne vaut que ce que valent ses cadres. Depuis février 2003, la mission « Épidote », forte de 45 personnels, permet aux Français d'instruire des officiers afghans. Trois bataillons de l'ANA sont ainsi formés de juin 2002 à février 2003. Il a fallu tout apprendre aux futurs militaires afghans (hors du maniement de l'AK-47) et tenter de transcender les jalousies et rivalités ethniques[7]. Vitrine du savoir-faire français, « Épidote » se consacre désormais à l'instruction des officiers supérieurs. À présent dans le cadre de la FIAS, la formation initiale de l'ANA dépend des OMLT (*operational mentoring and liaison teams* ou « équipes opérationnelles d'instruction et de liaison »). En 2009, sur les 52 OMLT sous commandement OTAN ou ANA, sept sont sous la responsabilité de 405 Français : cinq sont rattachées au 201e corps afghan de Kaboul (RC-C) dans les provinces du Wardak et du Logar, une autre au RC-S de Kandahar au bénéfice du 205e corps, et une dernière, dans la province d'Orozgan, dépend du contingent néerlandais.

Au début de 2008, l'ANA compte 57 000 hommes, des volontaires qui ne gagnent environ que 4 dollars par jour, soit trois à quatre fois moins que leurs adversaires bénéficiant de l'argent de la drogue. Le 19 avril 2009, le ministre afghan de la Défense, le général

5. *La Croix*, 12 juin 2009, p. 7.
6. Entretien accordé à *La Croix*, 27 octobre 2009, p. 28.
7. Karim Saa, *op. cit.*, p. 48.

Abdul Rahim Wardak, et le général McKiernan tiennent à Kaboul une conférence de presse : des 86 000 hommes sous les armes, l'ANA doit passer à 92 000 hommes en août 2009 afin d'encadrer les élections présidentielles. Le coût estimé de l'ANA portée à 122 000 hommes en 2010 serait de 1,85 milliard d'euros, dont seulement le tiers peut être supporté par le Trésor afghan[8]. L'effectif devrait atteindre 134 000 hommes en 2011. 150 000 hommes supplémentaires doivent être recrutés au bénéfice des commandos et des gardes-frontières aptes à tenir la ligne Durand. Au total, en 2011, l'effectif théorique total sous les armes serait de 400 000 hommes. Début 2009, le 201ᵉ corps de l'ANA est certifié « CM1 » par l'OTAN, qui lui reconnaît ainsi une autonomie le rendant capable de conduire des opérations. Pour le général McChrystal, le renforcement constant de l'ANA est la seule condition qui permettrait de pouvoir envisager un retrait programmé de la FIAS.

Pour que cette armée soit crédible, encore faut-il avoir pour elle un peu de considération et ne pas tomber dans le travers des Soviétiques envers leurs vassaux afghans au temps de l'occupation. Si les Français et d'autres cadres européens font des efforts dans ce sens, les Américains affichent encore un certain mépris et commettent bien des maladresses. Ainsi, à l'aéroport militaire de Kaboul (dont une moitié est à présent gérée par l'ANA), dès qu'un représentant de celle-ci veut entrer en zone OTAN, il doit passer sous un portique et subir une fouille au corps quel que soit son grade – ce qui n'est pas le cas lorsqu'il s'agit, en sens inverse, d'un combattant de la FIAS. Cette troupe prend parfois des allures d'armée de Bourbaki selon nombre de témoins français : uniformes américains trop grands qui font ressembler les Afghans à des personnages de dessins animés, des baskets au lieu de rangers... Toutefois, l'armée afghane connaît en août 2009 un premier succès, politique : c'est elle qui assure l'essentiel de la sécurité des bureaux de vote lors des élections présidentielles et régionales.

Les coalisés agissent aussi pour redonner à l'Afghanistan une armée de l'air, par le biais d'un programme à long terme (jusqu'en 2016) représentant un investissement de 5 billions de dollars. En attendant, le colonel James A. Brandon dispose d'un vieux Mi-17 soviétique de récupération, de huit instructeurs américains qui tentent de faire voler

8. François d'Alançon, « À une heure de Kaboul, la contre-guérilla a commencé », *La Croix*, 24 mars 2009, p. 8.

33 appareils de l'Afghan Air Force dont les pilotes ne parlent pas anglais[9].

Les forces armées afghanes bénéficient depuis peu d'une gendarmerie chargée de contrôler les districts repris aux taliban, formée grâce au savoir-faire des pays européens membres de la coalition qui disposent chez eux d'une telle force multifonctions. Au sommet de l'OTAN à Strasbourg-Kehl en avril 2009, Bernard Kouchner, fort de son expérience du Kosovo, où il a vu la gendarmerie à l'œuvre, propose d'envoyer 150 gendarmes français en Afghanistan. Ils sont compris dans l'effectif des 400 à 500 hommes prélevés dans la Force européenne de gendarmerie (créée en 2004) pour être envoyés en Afghanistan. Mais, en raison de divers atermoiements propres à une Europe politique qui continue de se chercher en se dotant d'une présidence insignifiante, 250 d'entre eux seulement y sont engagés en 2009. Selon le général Rolland Gilles, directeur général de la gendarmerie, les gendarmes français doivent agir dans les zones couvertes par nos troupes dans la province de Kapisa et le district de Surobi. Formés en six semaines, les gendarmes afghans ne sont pas des parents pauvres, car ils sont dotés des mêmes blindés et matériels que leurs homologues européens. C'est sur cet axe d'effort que repose l'aide que la France est à même d'apporter à la nouvelle stratégie du président Obama, définie dans son discours de West Point du 2 décembre 2009. La conférence de Londres du 28 janvier 2010 confirme que l'effort consenti par la communauté internationale doit permettre l'« afghanisation » de la sécurité. Dès la fin 2010-début 2011, des provinces réputées calmes devraient passer sous la direction de l'ANA et de l'ANP.

Une police : l'ANP

Également œuvre de longue haleine, la constitution de l'ANP sur le modèle irakien de contre-insurrection suscite bien des interrogations. La police afghane est recréée au début de 2003. À Kaboul et dans les principales provinces, des académies de police forment 149 000 recrues entre 2003 et 2008. Depuis 2007, les policiers afghans représentent 60 % des pertes de la totalité des forces de sécurité, y compris les unités de la FIAS[10]. Ils sont les premières cibles de la politique de terreur des taliban : 900 fonctionnaires tués en deux ans. L'ANP, elle, est accusée d'abus de

9. *The New York Times*, 28 février 2009, p. 1-2.
10. Rapport parlementaire, *op. cit.*, p. 10.

pouvoir et d'utilisation de la torture[11]. Selon le journal numérique *The Washington Independent*, qui y a consacré plusieurs articles en septembre 2008, les policiers afghans compensent leur faible salaire (environ 50 à 60 dollars par mois) par des vols commis aux domiciles de suspects et des rackets auprès de commerçants qu'ils sont censés protéger. En 2007, des camionneurs afghans se sont mis en grève pour protester contre les coupeurs de route en uniforme qui leur extorquaient des fonds. Salim Ahmad, chef d'un village de la région de Kandahar, se plaint de ces policiers qui arrivent après la récolte pour réclamer de l'argent aux fermiers[12]. À l'inverse des forces armées recrutées sur le plan national, l'ANP dépend d'un recrutement local qui entraîne bien des compromissions.

Le plan Obama entend porter rapidement les forces de police afghanes de 76 000 à 82 000 hommes tout en luttant contre la corruption. Dans chaque district se met en place un programme de huit semaines intensives d'entraînement à la contre-insurrection, le FDD (*focused district development*), qui a déjà instruit 3 000 policiers, tout en bénéficiant de l'aide de l'IPCB (International Police Coordination Board). Le paiement électronique de la solde et le contrôle des cartes de police devraient permettre de redorer le blason de l'ANP. Toutefois, il semble bien difficile de supprimer une propension à l'utilisation de la drogue ou à tirer bénéfice de ce trafic. Selon des officiels britanniques, dans la province d'Helmand 60 % des membres de l'ANP sont concernés par ce fléau[13].

Faut-il pour autant renoncer ? La police doit être réformée afin de lutter contre la corruption qui la mine, mais elle demeure indispensable, particulièrement dans les zones urbaines. Un accroissement des effectifs permet d'offrir des emplois. C'est prendre le contre-pied du recrutement par l'argent des taliban. L'équation est simple : un *taleb* gagne en moyenne 300 à 600 dollars par mois, soit six à dix fois plus qu'un policier. Une augmentation substantielle des soldes s'avère donc nécessaire. Pour cela l'aide internationale est conséquente : 1,5 milliard d'euros par an selon l'évaluation du secrétaire général de l'OTAN, Jaap de Hoop Scheffer. L'Union européenne est par ailleurs

---

11. Andrew Legon, « The Afghan National Police Challenge », ISN, 24 juin 2009, p. 1-5.
12. Francis Dupuis-Déri, *L'Éthique du vampire : de la guerre en Afghanistan et de quelques horreurs du temps présent*, Paris, Lux Éditions, 2009, 300 p., p. 269.
13. A. Legon, *op. cit.*, p. 3.

de plus en plus sollicitée. Depuis juin 2007, sur les ordres du général de police danois Kai Vittrup, elle détache en Afghanistan une mission spécifique pour trois ans : des spécialistes issus de l'organisation Eupol sont chargés d'« établir une police viable et efficace respectant les standards internationaux[14] ». Ces bonnes intentions butent cependant sur les défauts intrinsèques de l'Europe : sa faiblesse et ses tergiversations habituelles. Le plan d'action du 27 octobre 2009 de l'Union européenne en faveur de l'Afpak reste très vague, révélateur des divergences d'une Europe sans nerfs. Le sénateur UMP du Morbihan, président de la commission des affaires étrangères, de la défense et des forces armées, Josselin de Rohan, s'interroge : « Comment être crédibles quand la mission Eupol, chargée de former la police afghane, cherche toujours des volontaires et ne compte que 236 personnes sur les 400 promises pour 2008[15] ? »

Toutefois, une mission spécifique de police œuvre pour mettre un terme à la protection tribale des personnalités afghanes. Jusqu'à présent, en effet, elle dépendait de stipendiés de même origine ethnique, tribale et parfois clanique que la personne à protéger. C'est contre ce système médiéval qu'entend lutter la communauté internationale. Pour la sécurité des ministres et hautes personnalités de l'État afghan, la France en 2009 aide à former 500 policiers spécialisés, grâce au savoir-faire du Service de protection des hautes personnalités dirigé par l'inspecteur général Jean-Louis Fiamenghi[16]. Cet effort pourra-t-il enrayer le fléau des mercenaires, « affreux[17] » incontrôlables, à la gâchette d'autant plus facile qu'ils sont plus exposés que les troupes régulières confinées dans leurs FOB ?

Les milices

Outre la surveillance des élections d'août 2009 aux côtés des soldats de l'ANA, l'ANP est aussi susceptible d'intervenir sur le terrain. Ses effectifs

14. Documentation de la représentation française près de l'Union européenne, Bruxelles, mai 2009, *La Croix*, 23 octobre 2009.

15. Débat sans vote du 16 novembre 2009, Sénat, *op. cit.*, p. 7.

16. *Le Figaro*, 25 mai 2009, p. 10.

17. Lors des convulsions qui ont suivi l'indépendance de l'ex-Congo belge et la sécession à répétition du Katanga, on réservait le terme d'« affreux » aux mercenaires de tout bord, comme le Belge Bob Denard. Ce terme fut aussi employé pour désigner les soldats perdus ayant participé au putsch d'Alger, ou encore l'OAS à la fin de la guerre d'Algérie (dont certains membres devinrent des mercenaires au Katanga ou en Amérique du Sud).

ne lui permettent cependant pas d'être partout à la fois. En juin 2009, la FIAS autorise l'ANP à reconstituer ou à entériner l'existence de milices aux ordres des seigneurs de guerre ; la seule condition étant de se plier à un entraînement de trois semaines avant de recevoir un AK-47. Ainsi, un ancien chef des moudjahidin contre les Soviétiques, To Gol, rétablit sa petite armée privée dans le Wardak en faisant allégeance à l'administration Karzaï. Une telle dérive peut se révéler contre-productive.

En effet, le recours à pareille solution locale suscite la polémique, bien qu'elle corresponde à la théorie de la contre-insurrection en tenant compte de ses aspects socio-économiques. Les chefs de village et les assemblées locales (*shouras*) doivent être intéressés au développement économique, par exemple en créant de petites centrales hydroélectriques, ou en installant des panneaux solaires grâce à l'aide internationale. L'intérêt porté aux *shouras* devrait également favoriser le recrutement de milices. Il s'agit d'insuffler un élan nouveau à l'opération « Tolo », effective dans 60 des 400 districts du pays au bénéfice des PRT, en développant des « îles » sécurisées et économiquement viables. D'autre part, fort des leçons irakiennes, le général Petraeus encourage lui aussi la levée de milices locales. Mais la difficulté concerne leur contrôle et leur composition ethnique[18]. Jusqu'à présent, les 12 000 hommes de la force de police auxiliaire levés par l'administration Karzaï n'ont guère convaincu et les désertions ont été nombreuses[19]. En accord avec l'« afghanisation » du conflit, le plan Obama envisage pourtant de recruter, sur le modèle des 100 000 miliciens levés en Irak, l'équivalent en Afghanistan. Dans le Wardak, à 50 kilomètres au sud-ouest de Kaboul, à Maidan Shahr, le lieutenant-colonel Kimo Gallahue met sur pied une telle troupe d'irréguliers. En pays pachtoun, elle est susceptible de protéger les habitants de ce bourg ayant bénéficié des largesses du plan de reconstruction contre des éventuelles représailles des taliban. Ainsi, sans le savoir sans doute, cet officier supérieur américain illustre une vieille recette coloniale française, remise à l'honneur en Algérie, lors du recrutement des harkis et de la mise en autodéfense de villages. En effet, il a fait appel à onze « vieux sages » pour encadrer le dispositif et le rendre crédible, mais, reconnaît-il, ce système a ses limites si

18. Bien que ce plan de recrutement soit approuvé par Hamid Karzaï, le Sénat afghan redoute des exactions que pourrait commettre une milice uniquement composée de Pachtouns, *The New York Times*, 24 décembre 2008, p. 1.

19. Site de l'ISN de Zurich, 6 janvier 2006, p. 2.

l'ennemi continue de faire peur et s'il est capable d'acheter des complicités locales[20].

L'État de droit par la justice

L'État de droit pourra-t-il tolérer ces solutions locales aléatoires ? Le rapport du 2 août 2009 de la commission des affaires étrangères de la Chambre des communes anglaise dénonce d'ailleurs la réforme trop lente des forces de police et « l'échec dans la création d'un système de justice ». Or, tout pays a besoin de sécurité afin que l'autorité judiciaire puisse se faire respecter. En 2008, 80 % des juges afghans n'ont pas de diplôme universitaire. En fait, la justice coutumière est assurée par les chefs de village. Parmi eux, la corruption est considérée comme la part variable du salaire. Dans la tradition afghane, la corruption n'a pas le même sens qu'en Occident : il est coutumier d'honorer un potentat local ou un juge, qu'il soit religieux ou civil, d'un petit « cadeau » pour montrer à la fois sa déférence envers lui et obtenir une faveur ou un passe-droit. Par conséquent, au pays des faucons, deux condamnés sur trois ne font pas de prison. En mai 2009, dans la province d'Helmand, une cour de justice condamne un assassin à seulement six mois de prison après que sa famille a graissé la patte du juge[21]. Pourtant, la communauté internationale veut conduire l'Afghanistan vers la modernité. Le comité militaire de l'Union européenne renforce la mission civile envoyée dans ce pays (400 personnes début 2009). Les magistrats italiens s'y distinguent. Les juges sont formés dans le cadre du *National Justice Program* sous l'égide de l'ONU, pour un coût de 360 millions de dollars. Cet investissement à long terme permet de tripler leur nombre, de 200 en 2007 à presque 600 en 2008, dont 130 femmes[22].

En ce sens, la FIAS peut apparaître comme une distributrice de droits et du droit, mettant fin à l'arbitraire et aux petites compromissions locales. La réforme de la justice accompagne également celle, longue à mettre en place, de l'administration. Jean Glavany et Henri Plagnol suggèrent de créer sur le modèle français un Institut régional d'administration pour former des gouverneurs de province et des cadres territoriaux, afin de mettre un terme à une sous-administration chronique[23].

---

20. *The New York Times*, 15 avril 2009, p. 1-3.
21. A. Legon, *op. cit.*, p. 4.
22. Afghan Report, *op. cit.*, p. 21.
23. J. Glavany et H. Plagnol, rapport parlementaire, *op. cit.*, p. 23.

État de droit ne veut pas nécessairement dire démocratie en sciences politiques, mais pays qui a une loi reconnue par la communauté internationale. Dans le cas de l'Afghanistan, il faut tenir compte des traditions, tout en œuvrant pour plus de liberté. Certes, mais comment ?

Les coalisés ne peuvent l'emporter militairement sur le terrain, mais ils pourraient affaiblir l'adversaire pour qu'il ne constitue plus une menace mortelle pour le précaire État afghan aux frontières poreuses. Et un officier français, qui garde l'anonymat, de suggérer : « L'Algérie nous a appris que combattre l'ennemi sans lui laisser la porte ouverte pour négocier ne servait qu'à radicaliser la rébellion. Il faut toujours considérer que l'adversaire d'aujourd'hui peut être l'ami de demain[24]. »

Des compromis avec la démocratie

La première hypothèse serait de tenir compte de l'héritage ethnique et clanique sans vouloir à tout prix imposer une démocratie à l'Occidentale. On peut s'interroger avec Antoine Sfeir, rédacteur en chef des *Cahiers de l'Orient*, et le journaliste Christian Chesnot sur le caractère insoluble de l'islam dans la démocratie sans qu'il y ait eu auparavant, comme en Turquie, éducation et initiation au pluralisme[25]. Jean Glavany et Henri Plagnol proposent de composer avec les traditions du pays – une approche plus réaliste pour une société demeurée conservatrice[26]. En effet, chaque ethnie pourrait gérer ses propres affaires. Ce n'est pas franchement la démocratie athénienne, mais on peut aussi imaginer de donner la gestion des affaires courantes aux *shouras* de district, de vallée ou de village. Cette solution présente toutefois des effets pervers. À en croire un quotidien britannique, dans la province d'Helmand, avec l'accord du secrétaire d'État aux Affaires étrangères, David Miliband, et du président afghan, les Anglais achètent la loyauté de chefs de tribus, en leur versant un salaire mensuel afin qu'ils se retournent contre les taliban[27]. La principale difficulté de ces pots-de-vin est que ces *maleks* sont de la même ethnie, pachtoune en majorité, que les taliban...

---

24. *Le Figaro*, 30 décembre 2008, p. 3.
25. Christian Chesnot, Antoine Sfeir, *Orient-Occident, le choc ? Les impasses meurtrières*, Paris, Calmann-Lévy, 2009, 300 p.
26. J. Glavany et H. Plagnol, rapport parlementaire, *op. cit.*, p. 18.
27. Site de *The Independent*, 26 novembre 2008, p. 1.

À Kaboul, pour l'instant, on ne relève qu'un seul ralliement spectaculaire d'un seigneur de guerre important, en décembre 2001 : celui du sulfureux général Dostom (maître de Mazar-e Charif) et ses Ouzbeks ainsi que des représentants tadjiks de l'Alliance du Nord. Ce sont eux, autour du frère du commandant Massoud, qui garantissent la sécurité du Panchir et tiennent la portion, en Hindou Kouch, de la route stratégique nord-sud reliant Kaboul à Kunduz. Il faut aussi savoir composer avec les roitelets locaux, tel Hadj Abdul Qadir qui a repris son administration mafieuse de Jalalabad[28]. Mais armer les seigneurs de guerre peut à terme précipiter de nouveau la guerre civile.

Se concilier les différentes ethnies

Jouer une ethnie contre une autre peut aussi réveiller les vieilles rivalités dans ce manteau d'Arlequin que constitue l'Afghanistan. Les chiites, Hazaras principalement, majoritaires dans les provinces de Daikundi et de Bamiyan, soutiennent l'administration d'Hamid Karzaï. Maints exilés sont rentrés au pays après la défaite des taliban en 2001. Certains sont diplômés et participent à la reconstruction du pays. Leurs femmes, en ville, sont plus émancipées que leurs consœurs sunnites et ont voté massivement lors des élections de 2004. Mais pour donner le change à ce soutien chiite en vue de préparer sa réélection en août 2009, Karzaï est allé jusqu'à faire voter une loi, en mars 2009, rétablissant la charia pour leurs femmes. Une telle négation des droits humains entraîne une vague de protestation au sein même du gouvernement afghan et de la communauté internationale. Si bien que l'interdiction à la conjointe de sortir de chez elle sans le consentement de son mari a été levée, mais il n'en demeure pas moins que la loi autorise le « viol de l'épouse[29] ». Sous la pression internationale, Karzaï retarde la promulgation de cette loi sur la charia jusqu'à la veille des élections présidentielles d'août 2009. Pour nombre d'Afghans, il apparaît d'ailleurs comme un fantoche aux ordres des occupants.

En outre, vouloir mettre en avant les Hazaras, c'est jouer avec le feu en favorisant des amis de la Perse. L'Iran, en effet, en dehors de ses largesses dans la province d'Herat, a construit à Kaboul une université, des lycées, des mosquées, et encourage un programme de reconstruction

28. *L'Express*, 17 janvier 2002, p. 29.
29. *The Washington Post*, 11 avril 2009, p. 1.

d'immeubles[30]. C'est aussi marginaliser les autres groupes, dont les Pachtouns. La vieille politique des races, avec son parfum colonial, est donc des plus risquées. Pour une spécialiste de l'Afpak, Mariam Abou Zahab, il faudrait réintégrer les Pachtouns dans le jeu politique, car l'erreur a été de les marginaliser dès 2001[31]. Soumis aux aléas de la guerre et aux frappes aériennes des deux côtés de la frontière, ils ont le sentiment, précise-t-elle, d'être victimes d'un génocide.

Peut-on parler avec les taliban ?

La troisième hypothèse serait de tenter de dissocier les taliban de leur allié Al-Qaida, comme cela avait été esquissé fin 2001. Ancien ministre des Affaires étrangères des taliban entre 1996 et 2001, Wakil Ahmed Muttawaki déclare en octobre 2008 : « Al-Qaida ne sera pas autorisée à être un obstacle. Les Afghans ont le droit de négocier la paix[32]. » Hamid Karzaï lui-même propose la paix, dès 2004, aux taliban « non liés à Al-Qaida » et serait même allé jusqu'à faire des offres au mollah Omar[33]. Pire, il est soupçonné de poursuivre des contacts avec Gulbuddin Hekmatyar à qui des députés ont fait allégeance[34]. Sur le modèle du président algérien Abdelaziz Bouteflika, Karzaï donne par ailleurs des gages aux islamistes les plus radicaux. Ainsi, depuis octobre 2007, Sayed Pervez Kambash, étudiant en journalisme, est incarcéré à Kaboul pour avoir téléchargé et diffusé un article sur les droits des femmes en mettant en cause des extraits du Coran. Condamné à mort, puis à vingt ans de prison en appel, son sort commence à peine à intéresser des médias. À la faveur de cette injustice, le journaliste Christophe Barbier se demande si les taliban n'ont pas « déjà investi Kaboul en passant par le cerveau de Karzaï[35] ».

Une telle approche relève d'une politique de la main tendue envers une troisième force – que les Français avaient vainement tenté de constituer en Algérie – et nécessite la recherche des taliban dits modérés. Il paraît bien difficile de distinguer, sur le modèle de la Turquie actuelle, les « anciens » attachés à la lecture fondamentaliste des « modernes »

30. *The Washington Post*, article de Pamela Constable, 4 janvier 2009, p. 1-3.
31. Mariam Abou Zahab, « Le dialogue avec les taliban aurait dû être engagé en 2001 », Le Monde.fr, 29 mai 2009, p. 1-5.
32. Isabelle Lasserre, *Le Figaro*, 29 octobre 2008.
33. *Le Point*, 27 novembre 2008, p. 70.
34. J. Glavany et H. Plagnol, rapport parlementaire, *op. cit.*, p. 15.
35. Christophe Barbier, éditorial de *L'Express*, 9 mars 2009.

capables de s'arracher à l'obscurantisme. Malgré cela, le président Obama, comme il l'a indiqué lors du sommet de l'OTAN à Strasbourg-Kehl le 4 avril 2009, demeure favorable à cette solution. Cette ouverture vers d'hypothétiques modérés a le soutien du secrétaire américain à la Défense Robert Gates et du vice-président Joe Biden. Ce dernier estime à Bruxelles, au siège de l'OTAN, en mars 2009, que cela vaut « le coup d'être tenté » parce que 5 % seulement des « rebelles » afghans seraient de vrais irréductibles ; les autres étant soit hésitants, soit motivés par l'argent[36]. Ce que confirme David Miliband, ancien ministre anglais des Affaires étrangères : « Il y a des taliban idéologues, des taliban à dix dollars la journée [...], des criminels, des trafiquants de drogue, des seigneurs de la guerre et des gens qui aspirent à détenir les clés du pouvoir[37]. » Dans les premiers jours d'août 2009, Bernard Kouchner et le nouveau secrétaire général de l'OTAN, Anders Fogh Rasmussen, ont une analyse semblable et estiment opportun de prendre langue avec les taliban les moins radicaux.

Cette nouvelle approche, soutenue par le diplomate norvégien Kai Eide à la tête de la Manau, connaît une première esquisse, non aboutie, fin septembre 2008. Selon la revue américaine *The Christian Science Monitor*, à La Mecque et dans les Émirats arabes unis, Jalaluddin Haqqani, à la tête de son groupe proche d'Al-Qaida, aurait permis la rencontre entre certains de ses lieutenants et ses ex-amis des services de renseignement américain (qui lui avaient fourni des armes au temps de la guerre contre les Soviétiques). Lors de ces discussions, Jalaluddin Haqqani, soupçonné d'être à l'origine des attentats de Kaboul du début 2009, fait monter les enchères en réclamant le rétablissement de l'émirat islamique[38] ! C'est en présence du roi d'Arabie saoudite Abdallah que ce contact a pu avoir lieu. Un personnage clé représentait Hamid Karzaï, le mollah Abdul Salam Zaeef, que l'on définit comme le type même du *taleb* modéré. Ancien ambassadeur de l'émirat islamique afghan à Islamabad, à la fin des années 1990, prisonnier à Guantanamo, il a rallié l'administration Karzaï, comme le mollah Waleek Ahmed Mottawakil qui aurait amorcé le dialogue avec ceux qui se battent au pays des faucons contre les occupants[39].

---

36. Jean-Jacques Mével, « Afghanistan : Biden met la pression sur l'Europe », *Le Figaro*, 11 mars 2009, p. 15.

37. Entretien accordé au *Figaro*, 28 février-1er mars 2009.

38. *The Christian Science Monitor*, 19 mars 2009.

39. Frédéric Bodin, « Voyage dans les subtilités afghanes, à la recherche des "taliban modérés" », Le Monde.fr, 4 avril 2009, p. 1-2.

Dans le même sens, à Kaboul, le Conseil des oulémas (sages de l'islam) suggère de poursuivre la démarche, en se servant des bons offices de l'Arabie saoudite. Toutefois, l'expression occidentale « taliban modérés » est rejetée des Afghans. Hamid Karzaï préfère évoquer ses compatriotes qui ont basculé dans le camp du mollah Omar en raison des fautes des coalisés. Pour le mollah Mottawakil, qui réside toujours à Kaboul, il est possible de dialoguer, mais à la condition qu'un climat de confiance apparaisse, dès lors que les étrangers auront quitté le sol afghan [40]. Dans la capitale afghane, des intellectuels se déclarent contre cette démarche, que ce soit la députée Shinkai Zahine, fille d'un chef pachtoun, la journaliste vedette Jamila Mujahed, ou le Dr Sher Shah, historien [41].

Comment reconnaître un *taleb* modéré ? Pour le ministre britannique de la Défense, John Hutton, il ne faut pas donner l'impression que la guerre est déjà perdue : « Nous devons investir dans le temps et l'effort de réconciliation, mais dans l'immédiat, il est préférable de négocier en position de force plutôt que de faiblesse [42]. » Le général McKiernan se montre aussi réservé. Il envisage un éventuel dialogue avec les Pachtouns qui seraient prêts à déposer les armes [43], mais se demande à quoi peuvent bien ressembler des taliban modérés [44]... Serge Michaïlof estime que l'on se trompe en pensant qu'il existe une telle engeance. Les hommes du mollah Omar pérorent, les offres de négociation de l'autre camp sont pour eux un signe de faiblesse et fortifient leur conviction qu'ils finiront par l'emporter [45]. Pour Jean Glavany et Henri Plagnol, vouloir rechercher ce qui n'existe pas est une vue de l'esprit. Dans leur neuvième proposition pour sortir de l'enlisement afghan, ils suggèrent de prendre langue directement avec les insurgés, une fois l'État de droit établi [46].

La conférence de Londres, du 28 janvier 2010, marque une évolution de la politique de Karzaï, à la recherche d'une issue. Le président afghan tend la main aux « taliban repentis ». Il affiche une volonté de réconciliation en créant une « *jirga* de la paix » (assemblée) et fait appel aux bons offices du roi Abdallah d'Arabie saoudite pour « guider et

40. Le Monde.fr, 4 avril 2009, p. 1-2.
41. *Le Figaro*, 7 avril 2009, p. 6.
42. *Los Angeles Times*, 20 mars 2009.
43. *Le Monde*, 12 mars 2009, p. 1.
44. *Le Canard enchaîné*, 8 avril 2009, p. 3.
45. « La guerre en Afghanistan est-elle perdue ? », Le Monde.fr, 30 juin 2009, p. 1-3.
46. J. Glavany et H. Plagnol, rapport parlementaire, *op. cit.*, p. 20.

assurer » le processus de paix. En position de force alors qu'ils ont repris partout l'initiative, les taliban ont, pour l'heure, rejeté une telle offre.

Vers une issue politique ?

Reste donc – quatrième hypothèse – l'issue politique par la voie légale. En ce sens, les élections présidentielles de 2009 sont primordiales puisqu'elles engagent le devenir du pays en transcendant les vieilles rivalités. Déjà, le 19 mars 2007, pour donner une plus grande légitimité à son gouvernement, le président Karzaï favorise la création du Front national uni qui se veut au-dessus des clivages ethniques. Il comprend des anciens commandants moudjahidin du temps de la guerre contre les Soviétiques : pour les Tadjiks, le frère du commandant Massoud, Ahmad Zia Massoud, et le général Mohammad Fahim ; pour les Ouzbeks, le général Abdul Rachid Dostom ; pour les Hazaras, Sayyid Moustapha Kazimi. D'anciens apparatchiks communistes font aussi partie de cette nouvelle composante, tel l'ancien ministre de l'Intérieur Sayyid Mohammad Golalzaï, et l'on trouve même Mostafo Zaher, le petit-fils du dernier roi d'Afghanistan Zaher Chah[47]. Mais cette coalition hétéroclite se distingue par son incapacité à lutter contre la corruption et le trafic de drogue dont certains de ses membres tirent des revenus occultes, comme le propre frère du président, Ahmed Wali Karzaï. Celui-ci serait même payé par la CIA pour organiser une force paramilitaire à Kandahar pour protéger la résidence du président...

Les présidentielles sont donc une occasion de mettre en avant la crédibilité du pouvoir central. Si Hamid Karzaï, soutenu par Ban Ki-Moon (secrétaire général des Nations unies), bénéficia d'une certaine sympathie à ses débuts, en raison de la tenue des premières élections libres en octobre 2004, le détournement de l'aide internationale et le crescendo de la guerre l'ont peu à peu marginalisé. L'image de marque de l'administration Karzaï est passée de 53 % de bonnes opinions en 2005 à 38 % trois ans plus tard, et la corruption d'une évaluation de 72 % à 85 %[48] ; encore qu'il faille nuancer ce dernier chiffre. En effet, en dehors de cas flagrants de détournements de l'aide internationale, en Orient, le clientélisme traditionnel propre à toute forme de pouvoir n'est pas nécessairement la marque de la corruption. Quoi qu'il en soit,

47. Bassirat.net, 23 mars 2007.

48. Sondage réalisé par ABC News/BBC/ARD Poll, *Afghanistan : where Things Stand*, 9 février 2009, cité précédemment.

la relation privilégiée entre Bush et Karzaï n'existe plus et une crise du pouvoir perdure dans la capitale afghane depuis l'arrivée au pouvoir de Barack Obama[49]. Le vice-président Joe Biden, lors d'une visite à Kaboul en février 2009, lui signifie publiquement sa méfiance[50]. Hillary Clinton estime que l'Afghanistan de Karzaï n'est qu'un narco-État, une zone de non-droit gangrenée par des pratiques mafieuses. Au 8 mai 2009, 44 candidats se sont déclarés pour les présidentielles. Cinq d'entre eux ont déjà exercé des charges politiques et semblent crédibles. Selon Frédéric Bobin, envoyé spécial du *Monde* à Kaboul, les Américains encouragent la candidature du Premier ministre de Hamid Karzaï, Ashraf Ghani, ex-professeur à Berkeley. Toutefois, le challenger de Karzaï est Abdullah Abdullah, ancien secrétaire du commandant Massoud. Il bénéficie du soutien des Tadjiks et anime un vrai débat politique.

Dans ce jeu de poker menteur de présidentielles sous haute surveillance – 300 000 hommes y compris les forces supplétives des milices y sont affectés –, les Occidentaux évitent de paraître s'immiscer dans les affaires intérieures d'un État que l'on veut souverain. Il s'agit pour eux de protéger la consultation électorale, mais sans pouvoir éviter la fraude. Comment alors présenter un résultat crédible pour une consultation électorale tenue en pleine guerre, alors qu'aucune suspension d'armes n'est possible ? En outre, selon une accusation publique de Richard Holbrooke, l'établissement des listes donne lieu à des falsifications notables, notamment par les seigneurs de guerre. Autour du général Philippe Morillon, l'homme de Srebrenica[51], l'Union européenne envoie des experts au printemps 2009 pour préparer les présidentielles (listes, bulletins...), mais ils ne peuvent empêcher la fraude lors du scrutin puis au moment du décompte des voix, en faveur du président sortant. Pour Bernard Kouchner, le simple fait que cette élection puisse avoir lieu, malgré les menaces des taliban, est déjà un succès[52]. Toutefois, elle est entachée d'un grand nombre d'irrégularités et il faut deux mois pour pouvoir départager les vainqueurs – un délai rendant caduc la notion

---

49. « Le président afghan lutte pour sa réélection », Le Monde.fr, 23 mars 2009.

50. Interrogeant le président afghan sur la corruption au sein de son gouvernement, sans obtenir de réponse, au bout de 45 minutes, Joe Biden quitte la table officielle, *The New York Times*, 8 février 2009, p. 1.

51. Le général Philippe Morillon a dirigé les forces de l'ONU en Bosnie-Herzégovine, entre septembre 1992 et juillet 1993. Il est l'un des premiers à découvrir le massacre de Srebrenica dans lequel périrent 8 000 jeunes Bosniaques sous le feu de l'armée serbe.

52. Intervention sur France Inter, 17 août 2009, journal de 8 heures.

de ballottage démocratique entre les deux candidats, Abdullah Abdullah et Hamid Karzaï. Si ces élections démontrent que les taliban ne dictent pas leur loi, l'ampleur de la fraude et le temps passé pour arriver à concevoir un second tour affaiblissent d'autant le régime protégé par la coalition. Fixé au 7 novembre, le scrutin du second tour n'a finalement pas lieu : sans avoir eu de garanties quant à la transparence de l'élection, Abdullah Abdullah se retire. Avec 49,7 % au premier tour, Karzaï, seul en lice, est donc élu par défaut. L'Afghanistan vient d'inventer un nouveau type de régime, celui d'une présidence par défaut.

Un chef d'État désigné de la sorte est-il légitime, malgré le blanc-seing du secrétaire général de l'ONU présent à Kaboul ? Peut-il proposer un véritable programme de gouvernement détaché des petits arrangements au jour le jour avec les chefs de tribus et les seigneurs de guerre comme il l'a fait jusqu'à présent ? Dès le 3 novembre, Hamid Karzaï promet de lutter contre la corruption et tend la main aux taliban qui le traitent immédiatement de « fantoche ». L'année 2009 s'achève sur une crise politique profonde qui affaiblit le soutien de la coalition à un exécutif sans prestige, disposant d'une légitimité a minima. Alors que les taliban agissent à peu près où et quand ils le veulent, on conçoit cependant que, toute honte bue après l'évidente fraude lors du scrutin, de Ban Ki-Moon à Bernard Kouchner jusqu'à Hillary Clinton, l'ensemble des dirigeants occidentaux se presse au chevet de ce régime fragile, pour l'heure seule solution politique.

Contrôler le trafic de drogue

L'Afghanistan, un narco-État

Établir un État de droit suppose d'éradiquer la production d'héroïne, dont 80 % sont consommés dans les pays européens. En mars 2000, un rapport de l'Office des Nations unies contre la drogue et le crime (ONUDC) classe l'Afghanistan comme premier pays producteur d'opium, avec plus de 75 % de la production mondiale. Six ans plus tard, en septembre 2006, le même organisme estime que la récolte d'opium représente 92 % de la production mondiale, soit une augmentation de 59 % en un an. En 2007, 100 000 hectares cultivés en zone pachtoune donnent une récolte record : 8 000 tonnes d'héroïne. L'Afghanistan fournit alors 97 % de l'opium mondial, ce qui constitue 52 % du produit intérieur brut – avec un prix de 70 dollars le kilo d'opium en 2009. Ce dernier chiffre illustre toute la problématique d'un pays dont le seul secteur économique en développement réel est bien celui des stupéfiants. Certes, taliban et djihadistes contrôlent le nerf de la guerre en bénéficiant de complicités et de frontières poreuses. Ils prélèvent un impôt de 10 % en moyenne sur les récoltes et taxent tout convoi transitant par les territoires qu'ils contrôlent. Mais ils n'en sont pas les seuls bénéficiaires dans un pays où la corruption est intimement liée au trafic de stupéfiant. Ce dernier est aussi le fonds de commerce des seigneurs de guerre, mais pas seulement.

Le lieutenant-colonel Gérald Lacoste, dans son témoignage, se souvient d'un attentat à l'IED près de Mazar-e Charif, début 2007, contre un blindé du bataillon suédois, faisant deux morts et un blessé grave. Cet engin, du type télécommandé avec fil, avait explosé en représailles d'une trop grande curiosité des Suédois qui, à la demande des responsables du PRT local, voulaient mettre un terme au trafic de drogue dans la région. Cette mission gênait tout le monde, des sbires du général Dostom, dont la fortune vient en partie de l'héroïne et qui tient la province, aux policiers locaux et supposés taliban, encore rares à cette époque dans le nord du pays. Par conséquent l'enquête sur cet attentat n'aboutit jamais. Les réalités du terrain sont souvent étranges. Gérald Lacoste se souvient également, pour la province de Bakh, de deux faux attentats. Ils avaient été montés par la police locale qui déclarait avoir désamorcé, début 2007, deux IED. Il s'agissait pour elle de se mettre en avant, d'obtenir une gratification de la part du gouverneur (peut-être lui-même impliqué), tout en paraissant intègre aux yeux de la FIAS afin de continuer tranquillement à trafiquer. En fait, les coalisés se retrouvent dans la même situation interlope que les Américains au Laos entre 1968 et 1973. À l'époque, les forces légalistes tiraient leurs revenus de l'héroïne, tout comme la résistance du Pathet Lao ; ce que montre le film de Roger Spottiswoode, *Air America*, réalisé en 1990.

Peut-on dire néanmoins que le conflit afghan aurait également dans ce domaine des similitudes avec la guerre du Vietnam ? Les taliban ont l'arme de l'héroïne à leur disposition, comme le Viêt-cong envers les GI ou les moudjahidin à l'égard des Soviétiques. Mais les coalisés vivent dans un univers confiné et n'ont que peu de contacts avec la population. Vu la peur des IED et des attentats-suicides, les FOB sont gardées comme des coffres-forts. S'agit-il d'un silence assourdissant ? Pour l'heure aucun média ne fait état d'une contamination par stupéfiants. Le commandement met en garde contre tout commerce illicite. De plus, signe des temps, la plupart des bases des troupes occidentales sont équipées de salle de sport ou de musculation. Au retour d'une opération, pour aider à évacuer le stress, il est conseillé de se défouler en pratiquant une activité physique. Ce qui évite le désœuvrement qui a coûté si cher aux Américains au Vietnam et aux Soviétiques en Afghanistan.

La lutte contre la drogue : priorité de la contre-insurrection

Le 10 octobre 2008 à Bucarest, les ministres de la Défense des pays membres de l'OTAN ont « reconnu un rapport clair entre le trafic de drogue et l'insurrection » et pris la décision de combattre le trafic d'héroïne. À compter du dernier trimestre 2008, la FIAS entreprend son éradication, en détruisant des champs de pavot et en s'attaquant aux chaînes de transport et de fabrication. L'archétype de ces dispositions est l'opération « Diesel » menée par les Britanniques et des éléments de l'ANA du 6 au 11 février 2009 dans le district de Sangin, province d'Helmand. Elle permet la destruction de quatre laboratoires, de 1 295 kg d'opium mouillé, et une saisie importante d'armes, dont des mitrailleuses, trois RPG-7 et une moto préparée pour une attaque-suicide[53]. Cependant ces actions spectaculaires sont loin de suffire à éradiquer la culture du pavot, plante peu exigeante qui pousse sur des sols pauvres.

La lutte contre la drogue est bien au centre de la contre-insurrection. Sur le terrain, encouragé par le général David Petraeus en 2008-2009, le général Jeffrey Scloesser, chef des forces américaines dans l'est de l'Afghanistan, déclare mettre tout en œuvre pour vaincre le fléau. Des experts agricoles américains sont accompagnés de spécialistes des narcotiques. Malheureusement, on en reste le plus souvent au stade du vœu pieux en se contentant d'images de propagande montrant des policiers afghans, nonchalants, détruisant quelques arpents de pavot à l'aide de bâtons.

Le criminologue Xavier Raufer estime que les Afghans se jouent de la naïveté des Occidentaux : dans ce pays, chaque champ de pavot dévasté est remplacé par... un champ de cannabis ! 70 000 hectares lui sont à présent consacrés sur les 230 000 hectares relatifs à des plantations illicites en 2008[54]. La CIA en vient à suggérer de débloquer des

53. Afghan Report, *op. cit.*, p. 30.
54. « Drogue, ce qu'on ne vous dit pas », *Valeurs actuelles*, 30 avril 2009, p. 28.

fonds afin que les paysans afghans ne fassent rien pousser[55] ! Richard Holbrooke estime que le plan de reconversion de l'ONUDC ne sert à rien (« C'est le plus coûteux [800 millions de dollars par an] et inefficace en quarante ans ») car les Afghans empochent la subvention et continuent à produire[56]. Ce plan ne gêne donc en rien les taliban. Parallèlement, le Triangle d'or (Birmanie, Laos, Thaïlande) voit sa production d'héroïne renaître, tandis que des groupes islamo-mafieux au Turkménistan et dans la région du Turkestan oriental[57] financent leurs activités par ce trafic. Richard Holbrooke souligne l'échec de cette politique antidrogue au sommet du G8 des ministres des Affaires étrangères, à Trieste, sous la présidence de Franco Frattini, le 27 juin 2009. La raison : les principaux champs de pavot sont dans les provinces méridionales contrôlées par les taliban. Devant la menace d'une centaine de milliers de morts pour la seule année 2009, dus aux overdoses d'héroïne afghane en Russie, en Iran, en Europe de l'Ouest et en Amérique, les ministres présents décident d'injecter non quelques dizaines, mais des centaines de millions de dollars sur plusieurs années, tout en se concertant pour mener une lutte contre l'ensemble de la filière, en proposant notamment des cultures de substitution[58].

Cette dernière solution est la voie de la sagesse, sur le long terme, à la condition que parmi leurs multiples tâches, les coalisés puissent effectivement en surveiller les éventuels progrès. La France aide à la relance de la filière cotonnière et encourage l'horticulture. D'autres puissances favorisent la reprise de la production de blé. L'Iran, dans l'ouest de l'Afghanistan, encourage la culture du safran iranien dont la valeur marchande est supérieure à celle du pavot[59]. En matière de développement de cultures alternatives à la drogue, la ténacité d'Yves Faivre, à la tête de l'ONG Afrane Développement, mérite d'être reconnue. Depuis dix-huit ans, il fait pousser des amandiers à Deh Sabz, un village situé à 20 kilomètres au nord de Kaboul[60].

Reste aussi à envisager de redonner un emploi ou une formation aux Afghans. Le 12 janvier 2010, à Abou Dhabi, pour 35 000 « combattants »

55. *The New York Times*, 24 juillet 2009, p. 1.
56. Le Figaro.fr, 23 mars 2009, p. 2.
57. Soit le Tadjikistan et, dans une moindre mesure, l'Ouzbékistan, États frontaliers avec l'Afghanistan.
58. *The New York Times*, 27 juin 2009, p. 1-3.
59. J. Glavany et H. Plagnol, rapport parlementaire, *op. cit.*, p. 30.
60. *Le Figaro*, 2 janvier 2009, p. 4.

détournés ainsi de la guérilla, le coût estimé est d'un milliard de dollars[61]. Une vue de l'esprit, en raison de l'intensification de la guerre et du sentiment des taliban que la victoire est, peut-être, à portée de la main.

Défendre l'école et la cause des femmes

Pour l'écrivain marocain Tahar Ben Jelloun, qui a vu le film de l'Afghan Siddik Barmak, *Opium War* (2008), « la guerre en Afghanistan tourne autour de l'opium et de la femme. Il faut contrôler les deux, sinon, c'est la fin de la tragédie par la barbarie au nom d'un islam étranger à ces pratiques ». Il montre que les intégristes, héritiers d'une culture de discrimination sexuelle, ont un vrai problème avec la femme. Ils abusent d'elle, mais sans vouloir reconnaître le plaisir féminin, car : « Que vient faire la loi dans la chambre d'un couple[62] ? » Cet aspect totalitaire est une particularité de ces combattants ignares et complexés, qui se disent étudiants en religion parce qu'ils font des autodafés de livres scolaires et de tout ce qui n'est pas le Coran, comme les nazis brûlaient en place publique les écrits attribués à un écrivain ou savant juif. Pour une des premières fois dans l'histoire des guérillas, ces hommes ne mènent pas une guerre de libération sociale mais cherchent avant tout un retour aux temps obscurs, au nom d'une interprétation très réductrice de l'islam.

Les femmes, victimes de guerre

Les femmes sont au premier rang des victimes de guerre, notamment à Kandahar. En 2006, Safia Amajan, chargée de la condition de la femme pour la province, est assassinée, tout comme, deux ans plus tard, la célèbre femme policière, le capitaine Malalaï Kakar. Le 12 avril 2009, c'est au tour de Sitara Achakzaï de succomber sous les coups de taliban qui revendiquent son meurtre, perpétré devant chez elle alors qu'elle rentrait d'un meeting sur le droit des femmes. Militante de 52 ans luttant pour la liberté féminine en Afghanistan – où elle était retournée en 2004 après un séjour en Allemagne, au temps de l'émirat islamique –, elle s'était distinguée en 2008 en tentant d'organiser, en compagnie de

61. *L'Express*, 21 janvier 2010, p. 24.
62. « Afghanistan : l'opium et l'obsession de la sexualité féminine », Le Monde.fr, 10 avril 2009, p. 1-3.

1 500 Afghanes, une réunion dans la plus grande mosquée de la ville lors de la Journée de la femme[63]. Sachant l'écho médiatique que ces attentats ont en Occident, frapper les femmes entre dans la stratégie globale de terreur de la nébuleuse Al-Qaida et de ses alliés taliban.

Der Spiegel a plusieurs fois dénoncé cette violence inouïe faite aux femmes dans les zones contrôlées par les taliban : femmes mortes de faim, fillettes forcées au mariage, écolières brûlées à l'acide, mutilations au couteau ou au rasoir pour des filles qui écoutent de la musique occidentale... Ils restent fidèles à leur programme de 1996, qui consiste à chasser la femme de l'espace public, ce qui accentua, par exemple, la déshérence de l'État. En avril 2000, toutes les femmes fonctionnaires, qui composaient de 30 à 50 % des administrations, en avaient été exclues. Tombés dans la clandestinité depuis 2001, les taliban multiplient les atteintes à l'intégrité du corps féminin dans une sorte de danse macabre. À Kandahar, ils arrosent des lycéennes au vitriol en novembre 2008. De janvier à août 2009, une centaine d'écoles sont incendiées à l'essence dans la province de Kandahar[64]. En mai 2009, une série d'attaques au gaz vise des écoles de filles dans d'autres provinces[65].

L'espoir de la scolarisation

Nombre d'attentats viennent illustrer la politique de terreur contre toute forme d'école qui ne soit pas coranique. Crime inqualifiable niant tout respect de l'enfance, le 28 décembre 2008 une voiture-suicide explose devant un collège de Ghazni alors que des élèves étaient venus consulter des résultats d'examen. Bilan : 16 tués, dont 14 enfants[66]. Le lendemain, dans la province de Khost, à un barrage militaire, des écoliers défilent lorsqu'un camion piégé conduit par un kamikaze explose : 17 tués, dont 15 enfants âgés de 8 à 10 ans. Le 9 juillet 2009, dans la province de Logar, un autre camion piégé, accidenté, explose lorsque des policiers de l'ANP veulent l'inspecter. Il était abandonné à proximité immédiate d'une école : on déplore 25 tués, dont 12 écoliers. En janvier 2009, bien avant leurs exactions dans la vallée de la Swat, plusieurs écoles au Pakistan sont dynamitées par les taliban qui refusent la scolarisation

63. *The Guardian*, 13 avril, p. 1-3.
64. Gilles Jacquier, *École, le tableau noir*, reportage de 31 minutes diffusé sur France 2 dans « Envoyé spécial », le 3 septembre 2009.
65. J. Glavany et H. Plagnol, rapport parlementaire, *op. cit.*, p. 19.
66. Journal télévisé de 20 heures de France 2, 28 décembre 2008.

des filles. On pourrait, hélas, égrainer en Afpak ce chapelet d'horreurs qui, hormis les nazis et les Khmers rouges, n'a pas de précédent dans l'histoire du totalitarisme. Ces écoliers sont les premiers témoins et les premières victimes du terrorisme parce qu'ils veulent accéder à la connaissance. L'assassinat des maîtres, la volonté de dissuader les Afghans de mettre leurs enfants dans des établissements dépendant de l'administration Karzaï ou construits par les Occidentaux montrent bien que l'école constitue un enjeu majeur de cette guerre.

Parce qu'elles combattent pour leur dignité, des écolières relèvent le défi. À Kaboul où, en 2008, près de 60 000 enfants sont livrés à eux-mêmes après trente ans de guerre, malgré les menaces des islamistes, la soif de savoir est telle pour les petites filles qu'elles acceptent les conditions les plus précaires, comme étudier en plein air, dans le froid, dans ces écoles sans toit ni murs où sont organisées trois rotations d'élèves par jour[67]. Golden Globe 2003 du meilleur film étranger, *Osama*, de l'Afghan Sedigh Barmak, raconte l'histoire d'une fille de 12 ans qui, sous le régime des taliban, se déguise en garçon pour aller à l'école. Dans *Le Cahier* (2007), grand prix du film de San Sebastian, l'Iranienne Hana Makhmalbaf montre le combat d'une petite fille de 6 ans, Baktay, qui, à Bamiyan, s'obstine, malgré les interdits, à vouloir aller à l'école.

L'apport international

L'aide de la communauté internationale est des plus conséquentes dans le domaine de l'éducation. L'OTAN revendique plus de 7 millions d'élèves en 2009, dont 2 millions de filles, dans 3 500 écoles et 19 universités[68]. Chaque nation membre de la FIAS apporte sa contribution. Dans la province de Kandahar, l'ONU en vient à former clandestinement 2 600 enseignantes en liant la fréquentation des écoles à la distribution de nourriture[69], parce que 70 enseignants afghans sont tombés au champ d'honneur du savoir en 2008. En ce sens, l'expérience afghane est proprement unique dans l'histoire de l'aide au développement. La France, par exemple, soutient deux lycées français de la capitale, Malalaï pour les filles et Esteqlal pour les garçons. Certes, les armées de métier n'ont plus à leur disposition ces instituteurs du contingent qui

---

67. Reportage de P. Moreira, *op. cit.*

68. Afghan Report, *op. cit.*, p. 32. Ces chiffres ne disent pas par qui ces enfants sont scolarisés, ni dans quelles conditions...

69. Reportage de G. Jacquier, *op. cit.*

firent merveille en Algérie dans les *bleds* les plus déshérités, mais les coalisés sont interpellés par l'urgence éducative. La propagande de l'OTAN/FIAS s'en fait écho : le numéro de mars 2009 de la revue *Mirror* montre un sapeur britannique en train de faire l'école à de petits Afghans (dans quelle langue ?). Certaines initiatives privées s'intéressent au sort des écolières afghanes. À Montpellier, disposant de subventions de la mairie et du département, l'Association des Afghans de la ville entreprend de construire en septembre 2009 deux ou trois classes à Chakar Darrah, à 30 kilomètres de Kaboul, où les écolières suivaient jusque-là un enseignement dans des tentes installées dans la cour de l'établissement des garçons[70]. « Nominé » au Nobel de la paix en 2009, l'infirmier américain Greg Mortenson, directeur de l'ONG Central Asia Institute, fondée en 1996, a en treize ans, tant au Pakistan qu'en Afghanistan, construit 131 écoles – pour 54 000 élèves dont 38 000 filles[71]. Sa méthode : toujours agir avec l'aval des chefs de villages, partir du Coran qui enseigne que les enfants doivent être instruits, y compris les filles, mais en rejetant l'enseignement fondamentaliste radical. En outre, la création d'école est parfois accompagnée de celle d'un centre d'apprentissage, d'un dispensaire, d'un réseau d'adduction d'eau potable, de l'ouverture d'une piste, de la construction d'un pont... Mortenson part du principe que ce sont les Baltis du Pakistan ou les Pachtouns d'Afghanistan qui doivent prendre leur destin en main pour sortir, par l'école, de la pauvreté et accéder ainsi à la modernité dans le respect de leurs traditions.

Des femmes « en résistance »

Condition féminine et promotion de l'éducation sont étroitement liées en Afghanistan. Des femmes, telle l'ancienne députée Malalaï Joya, rappellent que la constitution afghane adoptée en janvier 2004 garantit les droits de l'homme et de la femme. Le Parlement compte 27 % de femmes. Deux candidates se présentent aux présidentielles d'août 2009 et, pour les élections provinciales concomitantes, malgré les menaces dont elles sont victimes, 328 femmes sont éligibles, soit 10 % des candidats. Au soir du 20 août, le secrétaire général de l'ONU, Ban Ki-Moon,

---

70. *La Croix*, 11 septembre 2009, p. 24.
71. Voir son témoignage : Greg Mortenson et David Oliver Relin, *Trois Tasses de thé, la mission de paix d'un Américain au Pakistan et en Afghanistan*, Grenoble, Glénat, septembre 2009, 458 p. Voir surtout les pages 274-289 et le chapitre 22, « L'ennemi, c'est l'ignorance », p. 403-425.

adresse ses félicitations aux Afghanes pour le courage dont elles ont fait preuve en allant voter.

On conçoit que l'imposition de la charia aux épouses hazaras ait soulevé leur ire. À Kaboul, le 15 avril 2009, 200 femmes et 300 hommes, derrière une cinquantaine d'avocates, défilent devant une université de la capitale pour dénoncer cette loi d'infamie et réclamer le respect des droits de la personne humaine. Elles protestent contre ce statut personnel qui les ravale au rang d'irresponsables et d'objets sexuels. L'article 132, par exemple, organise pour le confort du mâle les rotations régulières entre épouses qui peuvent être au nombre de quatre. L'article suivant précise que l'époux peut interdire à sa femme un emploi qu'il n'approuve pas. Même si l'âge du mariage passe de 9 à 16 ans, certaines clauses permettent encore le mariage d'enfants moyennant une compensation financière[72]. Lors de la dispersion de la manifestation, quelques militantes sont caillassées par des mâles qui ne sont pas nécessairement affiliés aux taliban... Ce sont ces écolières, ces lycéennes qui reçoivent des cours d'instruction civique, ces étudiantes bénéficiant des efforts de la communauté internationale qui refusent le port de la burqa. Le réflexe semble le même de l'autre côté de la frontière orientale. Ainsi, le 8 mai 2009, au deuxième jour de l'offensive pakistanaise de la vallée de la Swat, la télévision d'État montre des populations enthousiastes brandissant des banderoles écrites en anglais en faveur des droits de la femme et de l'éducation[73].

L'enjeu est considérable en Afpak. L'expérience démontre que c'est par les femmes qu'un pays se modernise. Aux Émirats arabes unis, islam et condition féminine cohabitent en harmonie : les femmes exercent librement une profession et conduisent seules leur voiture. À Riyad, le 24 septembre 2009, est inaugurée la première université mixte d'Arabie saoudite où les femmes, chercheuses et étudiantes, peuvent librement circuler sur le vaste campus sans être obligées de porter *hidjab*, gants et robe noire islamique. En ce sens, l'aide internationale apparaît comme indispensable en Afghanistan pour remettre ce pays à l'endroit : 50 % des 10 000 personnels afghans des professions médicales formés récemment sont des femmes qui ne pouvaient exercer sous le régime des taliban.

Un des piliers de la contre-guérilla repose aussi sur l'assistance médicale dévolue aux femmes. L'antenne médicale et chirurgicale des

72. *Le Figaro*, 28 avril 2009, p. 10.
73. Journal télévisé de 21 heures de France 24, 8 mai 2009.

unités françaises est à la disposition des populations misérables. La place des infirmières est des plus importantes : en terre d'islam, le mari assiste souvent à la consultation de l'épouse. Il faut du tact pour le convaincre que celle-ci doit se dérouler sans burqa. Dans ce pays misérable, il faut savoir improviser et être capable d'accoucher par césarienne avec peu de moyens ou de soigner une parturiente que l'on vous amène sur une brouette. Cette assistance semble appréciée : le reportage de Géraud Burin des Roziers sur le 27e BCA montre l'installation de l'antenne médicale du bataillon à l'orée d'un village. Toute la journée, des femmes et des enfants surtout affluent. Les patients ayant été victimes des fléaux de la guerre (brûlures de la peau à la suite d'une explosion, etc.) sont pris en charge, puis dirigés vers l'hôpital de la mère et de l'enfant remis en service à Kaboul par la coalition.

Se battre au nom du droit

Au temps du dernier roi, il était possible de conjuguer, en ville surtout, traditions musulmanes et droits de l'homme. Or, selon la formule de Cicéron, *Ubi societas, ibi jus*, la survie de toute société repose sur le droit.

L'antidote du totalitarisme islamique doit beaucoup aux grands auteurs afghans, Khaled Hosseini, Atiq Rahimi, au Pakistanais Nadeem Aslam et à l'Algérien Yasmina Khadra, qui ont fait comprendre au monde l'enfer vécu depuis trois générations en Afghanistan et dans leurs pays respectifs. Il semble que le cauchemar laissé dans la mémoire collective par les turbans noirs suscite suffisamment de crainte parmi certaines populations citadines pour qu'elles aident les troupes de la FIAS. À en croire le journaliste américain Michael O'Hanlon, à Kandahar 80 % des IED sont neutralisés avant leur explosion grâce à l'aide de citadins qui signalent leur présence[74].

Une intervention dans le cadre du droit international

Il faut aussi tenir compte du fait qu'à l'inverse de l'invasion soviétique en Afghanistan et de l'intervention des Américains au Vietnam puis en Irak, c'est au nom du droit international, sous mandat de l'ONU, que les Occidentaux se sont engagés en Afghanistan. Il s'agit là d'un des

74. *The Washington Times*, 12 décembre 2008, p. 1.

principes politiques de la guerre définis par Ferdinand Foch. Le droit doit être respecté pour ne pas nourrir la propagande de l'adversaire, même si cela est difficile dans le cas d'une guerre subversive. Les Français obéissent à un Code du soldat strict depuis 2000[75]. À l'inverse de quelques exemples de la guerre d'Algérie, la mort de soldats français après Uzbin n'a pas entraîné de représailles. C'est ce que rappelle le colonel Benoît Royal dans son ouvrage établi sur des témoignages d'actualité, *L'Éthique du soldat français*[76]. Cette question est désormais inhérente à toute contre-insurrection pour gagner la confiance de la population que l'on est censé protéger. Hors des actions de combat, la violence doit être rejetée. Cela induit un usage maîtrisé des armes, selon la doctrine d'emploi de la force en vigueur dans l'armée française.

La présence dans les troupes anglo-américaines d'officiers dits *legads* en est un autre exemple[77]. Nos alliés confient à ces baroudeurs spécialisés et diplômés le soin de dire le droit[78], de traiter des captifs à qui est toujours refusée, cependant, la reconnaissance du statut de prisonniers de guerre. Il n'est plus question de reproduire les erreurs d'Abou Ghraib et les « dérapages » de certains officiers britanniques à Bassorah. Tout manquement, en théorie, est passible de la cour martiale. Le droit de la guerre relève aussi de la guerre psychologique dans un monde médiatisé. Mais sur le terrain, comme le fait remarquer un reporter du *Washington Post*, il est parfois difficile de résister à la tentation de la violence après un combat où des suspects ont été capturés... L'enjeu reste pourtant considérable, comme le souligne le politologue français

---

75. Sur cette question, voir la conclusion de notre ouvrage : Jean-Charles Jauffret, *Ces officiers qui ont dit non à la torture. Algérie 1954-1962*, Paris, Autrement, 2005, 180 p., p. 126-141.
76. Benoît Royal, *L'Éthique du soldat français*, Paris, Economica, 2008, 124 p., préface d'Henri Hude, postface du général Jean-René Bachelet, 14-15 février 2009, p. 16. Voir aussi, sous sa signature, « La guerre se gagne avec l'opinion publique », *Le Figaro*, 14-15 février 2009, p. 16.
77. Corps créé en 1948, mais dont l'emploi en opération extérieure est à géométrie variable (comme pendant la guerre du Vietnam et le conflit en Irlande du Nord).
78. Le 30 avril 2008, à Cascais, centre de commandement de l'OTAN au Portugal, lors d'une rencontre avec le lieutenant-colonel D., ce Britannique aux allures de Rambo, titulaire d'une thèse de droit, expliquait ainsi sa mission : conseiller directement le chef de corps sur les conséquences juridiques de ses actes, lui rappeler les limites juridiques de son mandat, éviter tout « dommage collatéral » envers les civils... Les *legads* sont responsables des prisonniers, toujours affiliés à des terroristes, sur le territoire afghan. Sur le modèle de la KFOR au Kosovo, ils relèvent pour leur jugement de la justice locale réintroduite au Kosovo, mais impossible à appliquer dans un pays en pleine anarchie soumis à la *charia*. À la question relative au devenir des prisonniers remis aux services secrets et exfiltrés du pays, notre sympathique témoin a préféré ne pas répondre alors que sévissaient encore les directives de l'administration Bush...

Michel Terestchenko dans *Du bon usage de la torture, ou comment les démocraties justifient l'injustifiable*, publié, il est vrai, avant l'élection de Barack Obama[79].

Force est de constater que la nouvelle administration américaine, qui succède aux néoconservateurs et à la dégradation de l'image de marque de l'Oncle Sam, entend bien retrouver le chemin du droit et des conventions internationales. Après l'arbitraire des détentions dans des centres d'internement et de sévices de Bagram à Guantanamo, Barack Obama indique à plusieurs reprises : « L'Amérique ne torturera pas[80]. » Dès son arrivée aux affaires, il prend la décision de fermer la base de Guantanamo, même si le Congrès renâcle à l'idée d'héberger des terroristes islamistes dans les prisons américaines. Dans un premier temps, il presse Robert Gates, secrétaire d'État à la Défense, d'y procéder avant 2010[81]. Puis, la recrudescence du terrorisme, notamment après l'attentat manqué du 25 décembre 2009 sur le vol Amsterdam-Detroit par un Nigérian d'Al-Qaida formé au Yémen, retarde la fermeture de cette base de non-droit, où les médias ne signalent toutefois plus de cas de tortures physiques ou morales. L'exécutif américain y veille. En effet, dès le 16 avril 2009, le président américain dévoile les méthodes fortes employées par les agents de la CIA au temps de l'administration Bush et de ses divagations sur le *hard power* (pouvoir de la force). Si les membres de la CIA bénéficient d'une amnistie bien contestable, en revanche ceux qui sont à l'origine de ces ordres dans l'administration Bush auront à en répondre. Cette orientation correspond au nouveau principe du *smart power* (puissance intelligente) dont la secrétaire d'État Hillary Clinton s'est faite le porte-drapeau, tandis que les directives, nous l'avons vu, du général McKiernan et de son successeur vont dans le sens des règles de la guerre. L'administration Obama, au nom du respect du droit, infirme la seule forme martiale de la guerre pratiquée par l'administration précédente qui exhuma le dangereux principe du conflit préventif en Irak[82].

---

79. Michel Terestchenko, *Du bon usage de la torture, ou comment les démocraties justifient l'injustifiable*, Paris, La Découverte, 2008, 216 p.

80. *Le Figaro*, 14-15 février 2009, p. 16.

81. Ouvert en 2002, le camp de Guantanamo a compté 800 prisonniers et, en décembre 2008, 250 personnes y sont encore détenues, la plupart yéménites, souvent sans chef d'accusation ni procès. 520 détenus ont été renvoyés dans leur pays d'origine faute de preuves de liens avec Al-Qaida. Voir *Le Figaro*, 20-21 décembre 2008.

82. Sur la notion de guerre juste, voir la synthèse d'un chercheur du Centre d'études et de

En effet, la guerre préventive, depuis la fin du second conflit mondial, conduit généralement à l'échec politique et moral pour une démocratie. Désormais, pour l'Oncle Sam, il s'agit de ne pas imiter les erreurs de son allié traditionnel, Israël, graduellement mis au ban des nations depuis la guerre des Six-Jours en 1967 et la constitution du « Grand Israël ». Bien que victime aussi du terrorisme, pour une éphémère victoire militaire, Tsahal a laissé son âme dans l'opération « Plomb durci », dans la bande de Gaza en janvier 2009. Richard Falk, rapporteur spécial de l'ONU pour les territoires palestiniens, déclare qu'Israël a délibérément violé les conventions de Genève. Sans ménager le Hamas, le rapport du juge sud-africain Richard Goldstone est adopté par le Conseil des droits de l'homme de l'ONU, le 16 octobre 2009, et par l'Assemblée générale des Nations unies à une large majorité, le 5 novembre suivant : pour la première fois, les crimes de guerre israéliens sont dénoncés. Outre l'utilisation d'obus au phosphore blanc, les Israéliens, pourtant dotés d'un code d'éthique depuis une dizaine d'années, ont multiplié les raids sur des cibles civiles. Le 6 janvier, dans une école des Nations unies, une quarantaine de femmes et d'enfants périssent. En occupant des immeubles, outre le massacre de sang-froid d'une famille entière, des réservistes et des soldats d'active israéliens se sont parfois comportés en soudards, pillant et détruisant ce qu'ils ne pouvaient emporter, allant jusqu'à souiller le drapeau tricolore du consulat de France. Bémol dans le consensus qui a accompagné « Plomb durci », en Israël, le quotidien *Haaretz* fait entendre une voix discordante en montrant le désastre politique et moral de cette inutile opération (les tirs de roquettes du Hamas ont repris le mois suivant, en février) qui donne une image très négative du sionisme. Il dénonce aussi les 700 kilomètres du nouveau « Mur de la honte ». Ces fautes successives ont pour résultat de fortifier la propagande des groupes terroristes. Elles donnent, en quelque sorte, une légitimité à leur combat. Reproduire un tel contre-modèle en Afghanistan aboutirait au même résultat.

La nouvelle forme du renseignement

La guerre au pays des faucons conduit à une véritable refonte du renseignement opérationnel qui respecte le droit, ou le devrait. En sus de l'utilisation des drones et de la photo aérienne, une large part est donnée

---

recherches internationales, Ariel Colonomos, *Le Pari de la guerre. Guerre préventive, guerre juste*, Paris, Denoël, 2009, 368 p.

aux satellites. Leçon récente de l'Irak, les Américains ont enfin compris l'importance du renseignement d'origine humaine, ou *humint.* En 2009, outre des civils contractuels employés comme interprètes, chaque grande unité américaine dispose d'une ou de plusieurs sections de spécialistes du renseignement connaissant la culture et les us et coutumes locales. Ils sont aptes à réunir toutes les informations avant et après une opération. Cette nouvelle méthode de l'identification de l'ennemi à partir de la notion de suspect, dont la FIAS encourage le développement au sein des forces afghanes, est illustrée dans le reportage réalisé par Géraud Burin des Roziers sur le 27e BCA. Fin 2008, en Kapisa, le colonel Le Nen reçoit l'ordre de rechercher un chef insurgé dans un village, dans sa maison aux allures de fortin. 400 hommes sont déployés. Au petit matin, les chasseurs alpins formant la section du commando de montagne investissent la maison. La fouille permet de découvrir du matériel servant à fabriquer des IED. Des sapeurs-démineurs exhument des roquettes du jardin. Tous les résidants sont interrogés par l'interprète et un policier afghan cagoulé. La nouveauté, c'est qu'à l'inverse de l'Algérie, les suspects ne sont ni tabassés ni passés à la gégène[83]. La guerre du XXIe siècle, c'est la révolution de l'investigation scientifique. En effet, des gendarmes qui font partie de l'opération prélèvent un échantillon de salive de tous les habitants de la maison surpris au petit matin. Ils comparent leur ADN avec ce qu'ils ont trouvé sur les matériels IED. Tous les suspects sont photographiés avec un appareil de biométrie qui prend l'empreinte de la rétine. En temps réel, à partir d'un fichier détenu par les Américains, il est alors possible de savoir si tel ou tel est recherché. Deux suspects sont remis à la police afghane, dont un, selon le vocable employé dans ce reportage, est un « mauvais ». Ce que cette police fait des suspects ensuite pour les faire parler est une autre affaire... La torture, les méthodes fortes, si elles semblent bien avoir disparu des centres de détention américains en Afghanistan – notamment à Bagram, de sinistre mémoire, sur les mêmes lieux utilisés pour leurs basses œuvres par les Soviétiques –, il serait naïf de croire que tout est pour le mieux dans le meilleur des mondes possibles parmi les forces de sécurité

83. La gégène est une dynamo électrique manuelle utilisée pour torturer l'adversaire pendant les guerres d'Indochine et d'Algérie. Un film réalisé en 2007 par Florent-Emilio Siri, d'après le livre de Patrick Rotman, *L'Ennemi intime*, montre comment, en guerre subversive, comme ce fut le cas en Algérie, des officiers et des hommes de troupe de l'armée d'une démocratie en viennent à perdre leur âme en utilisant la torture (pour des résultats aléatoires) ; une pratique qui annihile leurs rapports avec la population.

afghanes : elles « s'occupent » bien souvent *in fine* des « suspects » ou des terroristes supposés ou avérés...

Juger les criminels de guerre

Faire la guerre au nom du droit, c'est également désarmer la propagande ennemie en franchissant un nouveau seuil, qui a cependant de fortes chances d'en rester au stade du vœu pieux : le jugement des criminels de guerre. Dans le cas d'un hypothétique Nuremberg afghan, les bancs seraient surpeuplés par djihadistes et taliban, mais pas seulement. Les crimes du général Dostom de novembre 2001 relèvent des articles 3 et 20 de la convention de Genève sur le respect des prisonniers de guerre. La vice-présidente du Sénat italien et fondatrice de No Peace without Justice, Emma Bonino, estime qu'il ne peut y avoir d'État de droit à Kaboul si les criminels de guerre ne sont pas jugés[84].

De même, l'ouverture intempestive du feu dans la nuit du 6 au 7 janvier 2009 dans le village de Massamut Olia (16 civils tués) relève de la législation des crimes de guerre. La justice internationale pourrait aussi poursuivre l'ensemble de la chaîne de commandement et vérifier la fiabilité du renseignement à propos des victimes des « dommages collatéraux ». Ces derniers relèvent de la notion de crimes de guerre, résultant d'une violation des lois et coutumes de guerre d'une exceptionnelle gravité. Ces éléments de réflexion sont primordiaux lorsqu'on pense à une future paix civile en Afghanistan car, fondement de la justice internationale, « il ne peut y avoir de paix sans justice ». Un tribunal *ad hoc*, sur le modèle de l'ex-Yougoslavie ou du Rwanda, serait-il possible ? À condition que cette instance reçoive l'aval du Conseil de sécurité, ce qui, dans le cas des États-Unis, relève de l'hypothèse... Devrait aussi être mise en cause la notion de riposte proportionnée qui, dans les cas cités, n'est pas respectée par manque de discipline et de précision du feu sur des renseignements erronés ou – ce qui est plus grave – sur volonté délibérée de frapper par l'arme de la terreur. Dans le cas du drame du village de Massamut Olia, les cadres sont présents et la hiérarchie militaire couvre les faits : il y a bien crime de guerre du fait du non-respect de la riposte proportionnée. Outre l'audition de témoins, grâce à la multiplication des moyens modernes d'investigation – dont les photos

84. Cette commission internationale aurait, à travers 7 000 témoignages dans 34 provinces du pays, collationné les violations massives aux normes internationales commises depuis 1978, *Le Figaro*, 19 août 2009, p. 19.

prises avec des téléphones portables –, comme me l'a fait remarquer le juge international, Jean-Claude Antonetti, lors d'une visite au Tribunal pénal international pour l'ex-Yougoslavie à La Haye le 5 mai 2009 : « Désormais, l'impunité n'existe plus. » Tout criminel de guerre en puissance, tout officier qui déroge au droit des gens doit savoir que la révolution juridique en cours peut un jour lui demander des comptes.

Cependant, dans une guerre comme celle de l'Afghanistan, jouer les chevaliers blancs peut-il désarmer la main des terroristes – une réflexion maintes fois entendue à propos de la guerre d'Algérie et de la « légitimation » de la torture ? Une première réponse concerne tout d'abord le terrorisme urbain. Suggestion du général Jean-Louis Georgelin, intervenant sur la chaîne de télévision du Sénat, qui est aussi celle de certains officiers et spécialistes du terrorisme : pour contrer les « bombes humaines » ne faudrait-il pas « priver de mort » les terroristes en les condamnant à de lourdes peines de prison, afin de leur ôter l'auréole du martyr ? C'est le cas du Franco-Marocain, mercenaire d'Al-Qaida, Zacarias Moussaoui qui, lors de son procès devant un tribunal fédéral de Virginie en mai 2006, pour complicité lors des attentats du 11 septembre 2001, fut « privé de martyr » en étant condamné à perpétuité – peine incompressible et confirmée en appel, qu'il purge dans une prison de très haute sécurité du Colorado. Après les attentats meurtriers de Londres en 2005, Scotland Yard utilise l'arme psychologique envers les terroristes : se servir de la bande-vidéo que les « martyrs » laissent en dernier message de propagande en la mettant en parallèle avec le spectacle des victimes mutilées, des familles meurtries, des jeunes vies fauchées... En outre, depuis l'affaire de l'Airbus Marseille-Alger d'Air France en décembre 1994, l'idée est de toujours « négocier la vie », sans céder au chantage mais en offrant au terroriste une chance de sauver sa peau. Apparemment, ce déni de chaise électrique commence à porter ses fruits pour des accusés de crimes de guerre passibles de la peine de mort. Le cerveau présumé des attentats du 11 septembre 2001, Khaled Cheikh Mohammed, et ses quatre co-accusés décident de plaider coupables et de passer aux aveux (pour espérer une peine moins lourde) dans une note adressée à un magistrat du tribunal militaire de Guantanamo, le juge Stephen Henley, qui l'a lue le lundi 8 décembre 2008 à l'ouverture d'une audience préliminaire à leur procès[85].

85. Dépêche AFP, Le Monde.fr, 8 décembre 2008, 17 h 26.

La façon dont la communauté internationale traitera le cas du terrorisme, en évitant les pièges des solutions toutes faites et sans issue du non-respect du droit, engage l'avenir du village planétaire dans le respect de la dignité humaine. En ce sens, ce qui se passe au pays des faucons a valeur d'exemple. En Afghanistan, au nom du droit, pour reprendre le dernier alexandrin de Victor Hugo sur son lit de mort : « C'est ici le combat du jour et de la nuit. »

CONCLUSION
RETRAIT OU SÉCURITÉ COLLECTIVE ?

La coalition est à la croisée des chemins au moment où l'arrière, c'est-à-dire les fragiles opinions publiques occidentales, s'effondre, refusant de concevoir que le front contre le terrorisme se trouve bien en Afpak et que des sacrifices sont nécessaires pour relever le défi. Sur le terrain, la situation est ainsi définie par le colonel Vincent de Kytspotter : « Défaite impossible, victoire improbable[1]. » Si, au premier semestre 2009, les coalisés semblent reprendre l'initiative, ils perdent à nouveau du terrain quelques mois plus tard. L'adversaire, noyé dans la population, se montre de plus en plus incisif.

L'Afghanistan sera-t-il le Vietnam d'Obama, prix Nobel de la paix ? Dans son discours du 2 décembre 2009, jour anniversaire de la bataille d'Austerlitz de 1805, devant les cadets de l'académie militaire de West Point, reprenant le thème de la « guerre juste » cher à Saint-Augustin, on s'attendait à plus de détermination, en dehors de la volonté affichée d'éradiquer Al-Qaida et du soutien apporté au Pakistan. Certes, le président américain a le courage de se placer à contre-courant de son opinion publique (favorable au retrait) et celui d'indiquer clairement qu'il attend un changement d'attitude en matière de gestion de lutte contre la corruption de la part du gouvernement afghan (« L'époque des chèques en blanc est terminée »). Mais en dépit d'un renfort conséquent sur six mois qui portera le contingent américain à plus de 100 000 hommes en plus des renforts attendus des pays membres de la

1. « L'OTAN et la France en Afghanistan », *Défense nationale*, novembre 2007, p. 59.

FIAS, le fait d'avoir annoncé que le repli commencerait dans dix-huit mois revient déjà à mettre un genou à terre alors que rien n'est acquis sur le terrain.

En effet, en reconnaissant que « les taliban ont pris de l'élan », il n'envisage même pas de pouvoir négocier en position de force avec cet adversaire diffus. Comment également croire qu'en quelques mois, en vertu de quelle potion, l'administration Karzaï serait guérie de l'art du pillage de l'aide internationale et de la corruption ? Le plus inquiétant serait une attitude « à la Ponce Pilate » de la coalition : faire comme les Soviétiques, c'est-à-dire plier bagage à compter de la mi-2011 en faisant croire que le gouvernement local, aux forces de sécurité plus conséquentes, serait à même de tenir le pays. C'est bien l'objectif à atteindre, mais il faut du temps, beaucoup de temps, de la persévérance, de la bonne volonté et des larmes...

Sortir de l'impasse

Pourtant, il y a devoir d'assistance à pays en danger. Lors des élections présidentielle et provinciale du 20 août 2009, les électeurs afghans, par leur seule participation, indiquent clairement, malgré menaces et attentats, qu'ils ne veulent pas du retour des taliban à Kaboul. Mais sans exécutif crédible, après les atermoiements accompagnant le second tour des présidentielles pour un chef de l'État élu par défaut, on ne peut entrevoir l'issue de la lutte. Déjà, à Munich, lors de la conférence sur la sécurité internationale des 7 et 8 février 2009, David Holbrooke déclare aux alliés européens : « Il n'y a pas de formule magique. Il n'y a pas d'accord de Dayton en Afghanistan. Ce sera un combat prolongé et difficile[2]. » Et de confier le lendemain, à Londres, au vénérable *Times* : « Je n'ai jamais rien vu qui ressemble au désordre dont nous avons hérité en Afghanistan. Ce sera beaucoup plus dur qu'en Irak. »

Sur le plan strictement militaire, force est de constater que les schémas initiaux de la RAM et les espoirs mis dans la numérisation du champ de bataille ont fait long feu. L'Afghanistan, comme le Vietnam, devient un piège à effectifs dans un vide stratégique. C'est bien d'un enlisement qu'il s'agit, comme le montre l'indécision du président

2. *Le Figaro*, article cité. Rappelons que les accords de Dayton, en 1995, à l'initiative de Richard Holbrooke avaient mis fin au bain de sang en Bosnie.

Obama, fin 2009, inquiet de l'ampleur des pertes et du manque de légitimité d'Hamid Karzaï. En outre, comme le dénonce le général McChrystal, ce n'est pas en restant quelques mois que des soldats de métier, bardés de technologies mais vivant claquemurés dans leur FOB, peuvent comprendre et aider vraiment une population et un pays qui doit par ailleurs rester souverain.

Cependant, à l'inverse de l'Irak dont l'invasion fut un acte de piraterie internationale, l'Afghanistan nous concerne tous. Partir équivaudrait à laisser se développer un cancer généralisé dû à la tumeur islamiste. Elle ne cesse de grandir et arrive à conjuguer l'impossible : un totalitarisme étroit fondé sur une lecture rétrograde du passé refusant progrès social et valeurs universelles, et l'exaltation de la défense du sol contre l'envahisseur chrétien, sans oublier l'expansion planétaire de la Révélation fondée sur l'intolérance. La coalition voit la tumeur grossir sur le terreau de trente-six ans d'anarchie et de guerres avec une excroissance des plus inquiétantes au Pakistan. Mais elle sait qu'elle ne peut pas partir, sinon le mal gagnerait encore plus vite et mettrait d'autant plus facilement en activité les cellules cancéreuses dormantes du terrorisme international, de l'Indonésie à la Mauritanie, tandis que les métastases venues directement se nourrir en Afpak pourraient librement contaminer l'Inde, la Chine... D'autres cellules malignes relèvent de la génération spontanée. Elles se réclament du modèle des taliban ou recherchent la reconnaissance d'Al-Qaida, aux Philippines, en Somalie, au Yémen. En effet, dans ces deux derniers pays, des camps d'entraînement ont pris le relais de ceux, détruits, en Afpak... Au Nigeria, l'insurrection du mouvement fondamentaliste Boko Haram, en juillet 2009, est à l'origine d'un soulèvement suivi d'une sévère répression dont le bilan est de 700 tués. Si ce cancer n'est pas encore généralisé, il devient cependant une menace planétaire, comme l'a rappelé la tentative manquée d'attentat par un terroriste Nigérian d'Al-Qaida, le 25 décembre 2009, sur le vol Amsterdam-Detroit. À ce mal s'ajoute une guerre par nécessité, celle de la lutte contre la croissance exponentielle des drogues, péril global dénoncé par le dernier rapport de l'ONU : soit 900 tonnes d'opium et 375 tonnes d'héroïne sorties en moyenne par an d'Afghanistan, pour un marché estimé de 65 milliards de dollars approvisionnant 15 millions de toxicomanes[3].

3. *La Croix*, 23 octobre 2009, p. 6.

Un dialogue difficile

L'épicentre, en Afpak, illustre le dialogue de sourds entre deux sociétés et deux formes de réflexion philosophique et religieuse, entre l'Occident et l'intégrisme musulman dans ce qu'il a de plus rétrograde. Il provient de la superposition de deux couches, l'une nationaliste, l'autre internationaliste. La première concerne le combat des taliban. Certains sont des résistants choqués par la présence d'infidèles sur la terre sacrée de l'islam. Quelques-uns sont des déçus du régime Karzaï trop corrompu. D'autres veulent se venger de bombardements de l'OTAN ayant détruit une partie de leur famille. De sorte que beaucoup prennent les armes pour chasser l'occupant du sol d'une nation faite de particularismes locaux, qui se pense comme telle seulement lorsque le Britannique, l'athée soviétique ou le cosmopolite occidental s'installe, armé, dans les villes et les campagnes sous-administrées. La propagande des taliban découle de cela. Elle présente une nouvelle guerre de libération nationale qui bénéficie des réseaux du terrorisme international aux multiples facettes, à qui la nébuleuse Al-Qaida offre moyens médiatiques, banques et reconnaissance. C'est ce qu'explique fort bien le lieutenant-colonel David Kilcullen. Fruit de son expérience vécue à Java en 1996, de l'Irak demeuré pour lui une « erreur stratégique d'une extrême gravité » et des conseils donnés au candidat Barack Obama et au général David Petraeus en octobre 2008, le stratège australien, dans *The Accidental Guerilla*, ne croit pas que les renforts en Afghanistan soient une panacée. L'escalade militaire ne résoudra pas le problème afghan. Elle ne fera qu'accroître le degré de violence. Le titre du livre contient sa théorie de l'expansion de la résistance afghane : c'est par accident, après avoir subi un « dommage collatéral » que des Afghans rejoignent les taliban en sus de leur traditionnel rejet des envahisseurs étrangers. La seule issue est bien d'« afghaniser » le conflit sur le modèle irakien, c'est-à-dire sortir les combattants accidentels de la logique de guerre. Les ignorer, ne pas envisager de négocier avec eux, c'est faire le jeu d'Al-Qaida, qu'il faut pourtant séparer de la population afghane. Dans cette nouvelle forme de guerre hybride, il ne s'agit plus seulement de trouver l'ennemi et de le détruire, il faut convaincre la population de travailler avec les coalisés et l'ANA afin de l'isoler, de le couper de ses bases. Comme le note le colonel Michel Goya, de retour de mission en novembre 2009, l'élément le plus important pour rendre les forces de sécurité afghanes crédibles est bien de mener une lutte sans concessions contre la corruption, que certains officiers afghans appellent même de leurs vœux[4].

Si l'on peut considérer qu'une amorce de solution à l'irakienne soit possible, avec le général Petraeus, par la tactique de l'anaconda qui lui est cher, il ne peut être question d'envisager un quelconque retrait de ce foyer actif du terrorisme international des deux côtés de la frontière artificielle entre l'Afghanistan et le Pakistan. Puissance nucléaire régionale victime d'un terrorisme aveugle à grande échelle, ce dernier inquiète, bien que la salutaire et coûteuse réaction de l'armée pakistanaise après l'affaire de la vallée de la Swat remette en question, pour les taliban, l'immunité de la profondeur stratégique dont ils disposaient jusqu'alors.

Quel retrait ? Et quand ?

Comment en sortir ? Deux écoles de pensée émergent : l'une prévoyant une guerre longue (pouvant durer encore cinq à dix ans) qu'il ne faut pas perdre, l'autre pensant qu'il n'existe aucune autre solution que le retrait.

En France, le journaliste Jean-Dominique Merchet estime qu'il « faut trouver la porte de sortie. Et vite[5] ». Il part du principe que l'Afghanistan est en crise depuis une génération, que les partis en présence ont toujours su internationaliser leurs querelles et que la solution ne peut être qu'afghane. Dominique de Villepin, lui, se déclare partisan d'un retrait programmé en raison du vide de la stratégie américaine, de l'obsolescence de l'OTAN et de l'absence d'un projet politique des autorités afghanes[6]. En écho, lors du vingtième anniversaire de l'évacuation de l'Afghanistan par les Soviétiques, le 16 février 2009, le général Boris Gromov, le dernier soldat à avoir quitté l'Afghanistan, déclare :

4. *Valeurs actuelles*, 12 novembre 2009.
5. *Mourir pour l'Afghanistan*, Paris, Éditions Jacob-Duvernet, 189 p., p. 182. Il est intéressant de consulter le blog *secretdefense* de *Libération* où s'affiche, de loin en loin, ce type de réflexions : « La guerre est perdue [...]. Dans son *Art de la guerre*, Sun Tzu mettait en garde contre les guerres prolongées qui ruinent l'État et causent son affaiblissement, parfois mortel. La guerre afghane appartient à cette catégorie de conflits, et seul un retrait rapide et unilatéral est à même de servir l'intérêt national », Thom (*sic*), 18 février 2009, p. 3 ; « Aller nous enliser à des milliers de kilomètres dans un conflit qui ne vaut pas la perte d'un seul de nos hommes », Mustapha Bidochon (*sic*), 3 mars 2009, p. 3.
6. Interview dans *L'Express*, 13 septembre 2009, p. 12.

« L'Afghanistan nous a appris une leçon inestimable... Il a toujours été et il sera toujours impossible de résoudre des problèmes politiques en usant de la force[7]. » Le colonel Oleg Kulakov, qui a une longue expérience de l'Afghanistan, note que la présence militaire entrave la solution politique fondée sur une réconciliation nationale[8].

Mais c'est aux États-Unis que le débat devient public et que se dessine un mouvement d'opinion. Le consensus politique qui a entouré l'arrivée au pouvoir de Barack Obama a disparu et l'heure est au pessimisme. Leslie Gelb, du Conseil des relations étrangères, constate : « Il est impossible de défaire les taliban. Nous devrions plutôt mettre l'accent sur ce que nous faisions bien – l'endiguement, la dissuasion – plutôt que sur ce que nous ne savons pas faire, le *nation-building* dans des guerres sans fin. » L'ancien candidat démocrate à la Maison Blanche, John Kerry, agite le spectre du Vietnam : « Notre but initial était de réduire Al-Qaida. Pas d'adopter le 51e État des États-Unis[9]. » Le concept de la puissance du faible, cher au stratège américain Martin Van Creveld, est repris par l'iconoclaste et très conservateur William Lind. Dans son essai *Antiwar*, il conclut à la défaite en Asie et au nécessaire retour au bercail pour les Américains[10]. Pour lui, les conflits asymétriques voient la défaite de la légitimité de l'État face à un grand nombre de loyautés non étatiques locales. En écrasant les populations sous la puissance de feu, la guerre américaine perd sa légitimité et ceux qui lui résistent deviennent des héros.

Les alternatives de l'engagement

À l'inverse, estimant que l'Afghanistan est la « bonne guerre », le président Obama envoie tout d'abord un renfort conséquent en prélevant des troupes aguerries ayant déjà l'expérience de la contre-insurrection en Irak. Le 27 février 2009, il annonce le retrait d'Irak programmé sur seize mois afin qu'au 31 août 2010 cessent les missions de combat. Une trentaine de milliers d'hommes devraient rester sur place dans trois

7. « Soviet Lessons in Afghanistan », MoscowTimes.com, issue 486, p. 1.

8. *Le Figaro*, 13 mai 2009, p. 8.

9. Corinne Lesnes, « La classe politique américaine divisée sur la stratégie à suivre en Afghanistan », Le Monde.fr, 21 mars 2009, p. 1.

10. « La victoire des forces asymétriques », synthèse de l'essai *Antiwar*, Contreinfo.info, 17 avril 2009, p. 1-3.

grandes bases surveillant l'Iran afin d'achever la formation de l'armée de terre irakienne et la reconstitution de son aviation et de sa marine. Aux 2 milliards de dollars par semaine consacrés à l'Irak, le président Obama met en avant la priorité afghane, soit environ 700 millions de dollars par semaine (c'est-à-dire que la guerre à Kaboul coûte plus cher qu'à Bagdad). Cette école de pensée convaincue de la nécessité de l'engagement est à l'origine de trois choix possibles pour l'Afghanistan.

Le premier est délibérément offensif : il nécessite l'appui d'une armée afghane et de gros effectifs pour poursuivre de façon plus déterminée les taliban dans leurs repaires du Sud et de l'Est, avec la collaboration indispensable des unités pakistanaises dont il faut faire la jonction de part et d'autre de la ligne Durand. Faudra-t-il pour cela prendre le risque d'engager jusqu'à 100 000 combattants effectifs sur cette seule frontière pour venir à bout des taliban pachtouns, comme le suggère un éditorialiste du *New York Times*, Leslie Gelb, le 13 mars 2009 ? Si ce journaliste, spécialiste reconnu de la politique extérieure américaine, s'interroge sur les moyens de quitter l'Afghanistan (*« How to leave Afghanistan ? »*), il évoque aussi une solution politique : traiter avec les taliban qu'il faut distinguer des miliciens d'Al-Qaida.

Le second choix se veut plus réaliste : tenir les sanctuaires des taliban à l'Est et au Sud, se concentrer sur les grands axes et les villes afin de les mettre hors d'atteinte des taliban, et développer, autour de trois larges zones urbaines et agricoles, des institutions locales suffisamment attractives pour, peu à peu, étendre la zone de la pacification[11]. Cette solution de l'« Afghanistan utile » a la faveur des responsables américains. Elle a cependant le défaut d'évoquer deux échecs. Le premier est la solution française de la guerre d'Indochine à partir de 1951 : la concentration et la pacification dans les deux deltas du Mékong et du fleuve Rouge ainsi que les opérations de projection de puissance à l'intérieur des terres pour épuiser puis tenter de détruire le corps de bataille du Viêt-minh mésestimaient l'adversaire, le laissant s'armer en toute impunité grâce à la profondeur stratégique chinoise. Cette construction, en négligeant le renseignement et en jouant le destin d'une guerre sur un coup de poker, a directement conduit au désastre

11. C'est notamment la solution proposée par le politologue français, spécialiste de l'Afghanistan et travaillant actuellement aux États-Unis, Gilles Dorronsoro : « Foreign Policy for the Next President. Focus and Exit : an Alternative Strategy for the Afghan War », article de janvier 2009 publié sur le Net par la fondation Carnegie, 16 p.

de Diên Biên Phu. Le second est l'enlisement et l'humiliation de l'Armée rouge en Afghanistan, dégradant son image de marque en quittant un pays livré à l'anarchie ; une des principales causes de la chute rapide de l'empire soviétique. Dans les deux cas, ce repli sur les « greniers agricoles » et les principales villes et zones économiques n'a pas empêché la montée en puissance de l'adversaire, dès lors que les frontières sont de véritables passoires et qu'il dispose de bases arrière à portée immédiate assurant un flux logistique de plus en plus important (Chine ou Pakistan). Dans ce cas, l'affaire afghane ne serait plus une « chronique d'une non-défaite annoncée », mais bien celle d'une défaite tout court. C'est le défaut traditionnel des écoles de pensée militaires occidentales qui « intellectualisent » l'adversaire en le priant de bien vouloir se plier à leurs décisions stratégiques, mais en oubliant ce précepte qui est une des clés des victoires de Napoléon avant la campagne de Russie : toujours se mettre dans la peau de son ennemi afin de découvrir comment il pourrait se servir de nos propres faiblesses.

Le troisième choix fait en quelque sorte la somme des deux précédents. Il est dû à l'initiative de « Dear Henry », Henry Kissinger, qui a cependant le tort de négliger la solution politique issue du résultat des présidentielles de 2009 [12]. Frapper partout en Afghanistan est impossible étant donné le relief et la taille du pays, pas plus qu'on ne peut mettre en place, à la soviétique, un gouvernement central voué à court terme à l'étouffement. Par conséquent, dans un premier temps, il faut reprendre l'expérience de contre-insurrection à l'irakienne en s'appuyant sur des gouvernements locaux, quitte même à frayer avec les seigneurs de guerre en armant leurs milices sur le modèle de la province sunnite d'Anbar, en Irak. Mais la priorité est d'annihiler les capacités de nuisance des taliban dans leur sanctuaire de l'Est. L'ancien secrétaire d'État de Richard Nixon approuve la nouvelle stratégie du général Petraeus, plus réaliste : il suffit de contrôler 10 % du pays, en territoire pachtoun, pour que 80 % de l'Afghanistan cesse de constituer une menace, à condition d'être maître de la frontière orientale. Car il ne s'agit pas de savoir comment on va gagner la guerre – si tant est qu'une victoire militaire soit possible, ce dont doute « Dear Henry » –, mais bien de savoir comment les alliés vont pouvoir quitter le pays. Pour cela, le diplomate admirateur de Metternich, à qui il a consacré sa

12. Henry Kissinger, « A strategy for Afghanistan », *The Washington Post*, 26 février 2009, p. 1-3.

thèse, envisage une solution régionale. Partant du principe qu'un statut de neutralité contrôlée, non plus seulement sur le modèle afghan des diverses conventions anglo-russes depuis 1895 (c'est-à-dire entre deux puissances seules), est le seul viable pour ce pays, il faut y intéresser tous les pays frontaliers, mais aussi les puissances menacées par l'extension du terrorisme. Il rappelle à ce propos que l'Inde compte la troisième population musulmane du monde et que ce pays a tout intérêt à s'entendre avec le Pakistan, engagé en première ligne dans la lutte contre le terrorisme. En coopération avec la Russie, l'OTAN et avec la garantie des États-Unis, sortir de la crise afghane par le haut implique donc l'obligation pour l'État afghan d'une neutralité garantie, sur le modèle belge, par ses voisins et protecteurs. Et ce, afin qu'il soit capable de combattre le terrorisme sur son propre sol à partir de principes et de dispositifs militaires internationaux à définir. Cette solution à long terme, précise Henry Kissinger, a aussi pour but essentiel de garantir l'intégrité du Pakistan, puissance nucléaire ; la communauté internationale ne pouvant indéniablement pas tolérer une mainmise d'Al-Qaida et de ses alliés sur ce pays. Cette proposition a toutefois le défaut de ne pas évoquer les intentions iraniennes et d'oublier la Chine.

Pareille réflexion sur la neutralité garantie débouche sur une solution globale de dynamique de la paix afin de combattre la propagande des islamistes. En commençant, non par l'Afghanistan, mais par Israël. Barack Obama abandonne la géopolitique des relations bilatérales des États-Unis avec les États du Proche-Orient et semble décidé à faire entendre raison à Israël, dont les annexions graduelles offrent une légitimité au terrorisme. Dans le cadre de la mondialisation où chaque conflit fait partie d'un plus vaste ensemble – notamment dans cet arc de crise allant du Maghreb au Pakistan –, résoudre la question des territoires occupés, c'est bien offrir une chance à la paix en redonnant sa dignité au monde musulman, comme l'a souligné Barack Obama dans son discours du Caire le 4 juin 2009. Il faut dire que le monde arabe, depuis les croisades, a le sentiment d'être agressé. Dans le même ordre d'idées, la création éventuelle d'un règlement régional en Afghanistan, à condition que les taliban soient contenus et l'État de droit effectif et économiquement viable, est aussi proposée par la nouvelle administration américaine. Elle a bien compris que, de la Russie à la Chine – à laquelle elle offre un partenariat stratégique en novembre 2009 –, il y va de l'intérêt des puissances de trouver une issue en Afpak.

La sécurité collective

Face à la menace planétaire que constitue le terrorisme, on peut dès lors se demander s'il ne faudrait pas retrouver les accents de la politique wilsonienne, reprise par son fils spirituel Franklin Delano Roosevelt : faire en sorte que les États de la planète se sentent concernés par le principe de la sécurité collective. Les néoconservateurs entourant George W. Bush étaient incapables d'entendre ce point de vue, prêchant une nouvelle croisade contre les « États voyous ». Mais l'administration Obama, à la recherche de renforts et d'alliés, est en passe de le mettre en avant. C'est ce qu'indique de façon implicite le discours du président américain devant l'Assemblée générale de l'ONU, le 23 septembre 2009, à propos d'un monde fondé sur le multilatéralisme et non plus l'unilatérialisme de l'hyperpuissance américaine qui ne peut jouer seule, comme sous George W. Bush, le rôle de gendarme du monde. La première illustration de cette nouvelle position a lieu deux jours plus tard : le G8 cède définitivement la place au G20 et, pour la première fois, une position commune américano-britannico-française est adoptée envers le nucléaire iranien avec le soutien, certes discret, de la Russie et de la Chine. C'est peut-être reprendre l'esprit des préliminaires de la conférence de San Francisco, en 1944-1945, pour laquelle Roosevelt avait décrété que tous les pays qui voulaient en faire partie devaient obligatoirement déclarer la guerre aux deux puissances totalitaires responsables du conflit, c'est-à-dire l'Allemagne nazie et le Japon. D'ailleurs, on l'oublie trop souvent, l'essentiel a été accompli depuis la fin 2001 : l'intervention au pays des « cavaliers » est faite au nom de la sécurité et du droit international.

Dans le cas afghan, il suffit de se référer à la guerre du Golfe, d'août 1990 à mars 1991, pour se rendre compte que les moyens déployés en Afghanistan pourraient être encore plus importants, notamment grâce à l'aide apportée par des pays qui ne peuvent ou ne veulent s'engager hors de leurs frontières, comme le Japon et les pétro-monarchies du Golfe. On peut aussi prendre pour modèle de sécurité collective appliquée l'opération « Atalante » contre la piraterie dans l'Océan indien. En 2009, à côté d'une task force américaine, des navires chinois et indiens côtoient des bâtiments européens. Là-bas, au large de la Somalie, sans être inféodée à l'Oncle Sam, l'Europe politique et militaire, généralement plus absente que présente sur l'échiquier mondial, est enfin visible dans une opération à grande échelle et sur le long terme.

En adéquation avec le nouveau cap défini par le président Obama, et même si la stratégie française en Afghanistan se caractérise par le « ni-ni » – c'est-à-dire ni retrait ni renfort –, les diplomaties française et britannique sont à l'origine de la conférence internationale sur l'Afghanistan de Londres du 27 janvier 2010. Elle a le mérite de donner plus de place à l'Europe, tout en œuvrant au traitement multilatéral du conflit afghan au nom de la sécurité collective. Quoi qu'il en soit, en Afpak, le chemin du retrait sera long et douloureux. Comme le notait Machiavel : « On commence une guerre quand on veut, on la finit quand on peut. »

24 février 2010

L'Afghanistan : un pays montagneux

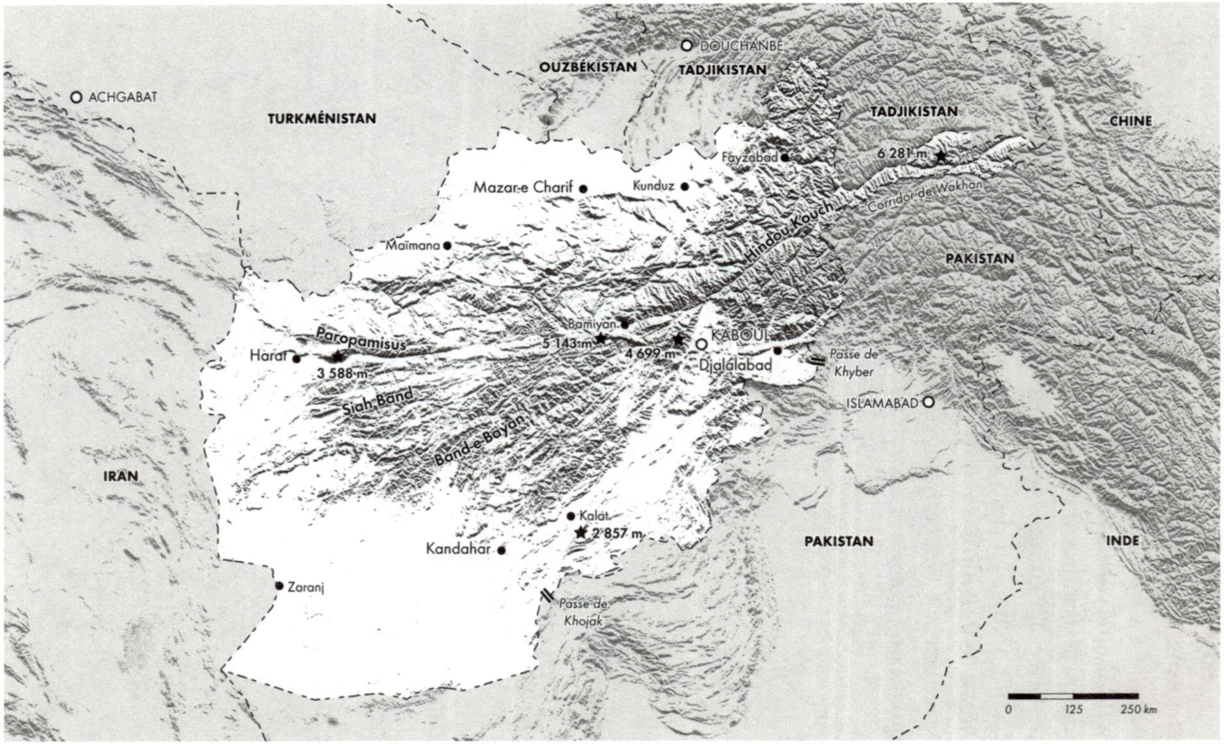

Provinces afghanes et zones tribales pakistanaises

Les minorités ethnolinguistiques en Afghanistan

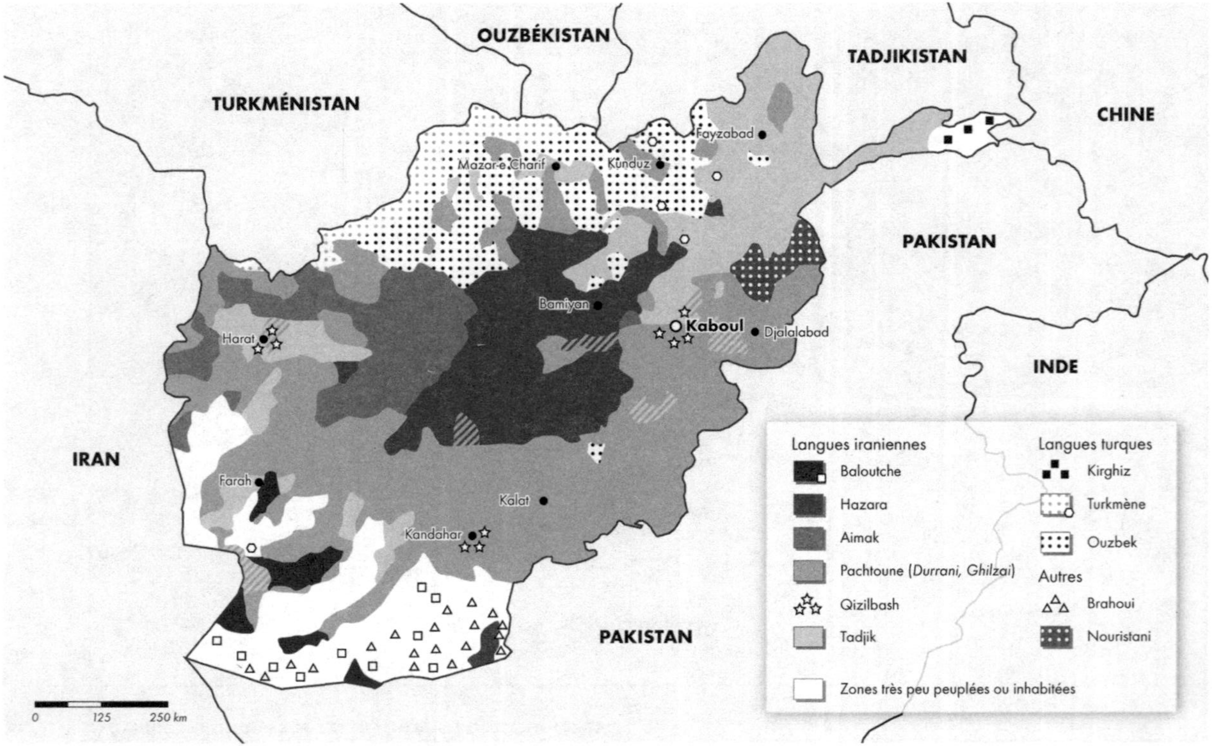

CHRONOLOGIE

Un État tampon désuni

1747. Ahmad Chah fonde l'empire Durrani (capitale Kandahar).
1793. Dislocation de l'empire, anarchie.
1839-1842. Première guerre anglo-afghane.
1878-1881. Deuxième guerre anglo-afghane.
1880. Réunification forcée par l'émir Abdur Rahman.
1884. Les Russes s'emparent de l'oasis de Merv.
1893. La ligne Durand coupe le pays pachtoun en deux.
1895. Convention anglo-russe de Simla.
1907. Neutralité de l'Afghanistan reconnue.
1919. Troisième guerre anglo-afghane.
1921. Traité d'amitié entre l'URSS et l'Afghanistan.
1923. Le roi Amanullah instaure l'appellation officielle d'« Afghans ».
1929-1933. Réformes de Nader Chah.
1946. Admission de l'Afghanistan à l'ONU.
1963-1973. Monarchie constitutionnelle de Zaher Chah.

Trente-six ans de conflits

1973-1979 : anarchie et gouvernements communistes

1973. Coup d'État de Daoud Khan (juillet).
1975. Insurrection fondamentaliste.
1977. Régime du parti unique de Daoud.
1978. Proclamation de la république démocratique d'Afghanistan (Taraki) après un coup d'État militaire (30 avril). Luttes internes au sein du Parti communiste. Le djihad est proclamé contre les communistes au Nouristan et dans le Hazarajat (décembre).
1979. Généralisation de l'insurrection (avril-août). À Kaboul, Amin fait assassiner Taraki favorable à l'URSS (septembre).

1979-1989 : guerre de libération nationale contre les Soviétiques

1979. Entrée des troupes soviétiques en Afghanistan et gouvernement de Babrak Karmal (décembre).

1980. Jean François-Poncet, ministre français des Affaires étrangères, déclare que « les mouvements de résistance afghane mènent une guerre de libération nationale » (2 juillet).

1982. Vaine offensive de la 9e armée rouge dans la vallée du Panchir du commandant Massoud (mai).

1983. Premiers hélicoptères soviétiques abattus.

1985. Attaque frontale de la base de Bagram par les moudjahidin (janvier).

1986. 3 millions de réfugiés afghans fuient au Pakistan et 1,5 million en Iran. Livraison des premiers missiles Stinger.

1987. Le gouvernement Najibullah est mis en place (novembre) jusqu'en 1992 à Kaboul.

1989. Retraite de l'Armée rouge (février). Lutte des moudjahidin contre le régime de Kaboul jusqu'en 1992.

1992-1996 : guerre civile généralisée

1992. Chute du régime anciennement prosoviétique de Kaboul (avril). Guerre civile entre les Pachtouns et les minorités tadjike, ouzbek, hazara et turkmène.

1994. Les taliban prennent Kandahar. Kaboul est transformée en champ de bataille.

1996. Entrée des taliban à Kaboul et proclamation de l'émirat islamique d'Afghanistan (26 septembre). Retour d'Oussama Ben Laden en Afghanistan.

1997. Le Pakistan, l'Arabie saoudite et les Émirats arabes unis reconnaissent le régime des taliban.

1998. Chute de Mazar-e Charif. Les taliban tuent des milliers d'Hazaras. En représailles contre les attaques d'ambassades en Afrique, le président Clinton ordonne les premières frappes contre les camps d'Al-Qaida en Afghanistan (21 août).

1999. Résolution 1267 : embargo aérien et gels des avoirs des taliban.

2000. Résolution 1333 : embargo sur les livraisons d'armes à l'Afghanistan (19 décembre).

2001. Sur ordre du mollah Omar, les taliban détruisent les bouddhas de Bamiyan (9 mars). Assassinat du commandant Massoud (9 septembre). Après les attentats du 11 Septembre aux États-Unis, résolutions 1368 et 1373 sur la lutte internationale contre le terrorisme (12 et 28 septembre).

2001-début 2010 : une guerre sans nom en Afghanistan

Phase I. De l'illusion d'une victoire à une guerre à l'économie, 2001-2006

2001

7 octobre. Premières frappes aériennes américaines et britanniques, opération « *Enduring Freedom* » (« Liberté immuable ») au nom du principe de la légitime défense.

13 novembre. Les taliban évacuent Kaboul.

21 novembre. L'Alliance du Nord prend Kunduz.

25 novembre. Mutinerie de la prison de Mazar-e Charif. Dans les jours qui suivent, massacre de prisonniers taliban non afghans et de miliciens d'Al-Qaida (qui aurait fait 1 500 à 3 000 morts), attribué au général Dostom, en présence d'Américains.

5 décembre. Accords de Bonn et mise en place du gouvernement provisoire d'Hamid Karzaï.
6 décembre. Reddition négociée de Kandahar.
20 décembre. Résolution 1386 sur la constitution de la FIAS.

2002
21-22 janvier. Conférence de Tokyo, première aide de 4,5 milliards de dollars.
2-8 mars. Opération « Anaconda » dans le massif de Tora Bora.
28 mars. Résolution 1401 créant la Manua.
Mars. Premiers hélicoptères américains abattus.

2003
11 août. Le commandement de la FIAS passe à l'OTAN. Début de l'opération « Arès » jusqu'en janvier 2007.
13 octobre. Le mandat de la FIAS est étendu à l'ensemble de l'Afghanistan.

2004
10 mars. Début de la guerre au Waziristan entre l'armée pakistanaise et les taliban.
1er avril. Conférence de Berlin sur la reconstruction de l'Afghanistan.
Juin. Les effectifs de l'OTAN en Afghanistan passent de 7 000 à 10 000 hommes.
9 octobre. Élections présidentielles, Hamid Karzaï élu.

2005
28 juin. Province de Kounar : 34 tués, un blessé parmi les Navy Seal américains.
31 juillet. Les troupes de l'OTAN atteignent 18 000 hommes.
18 septembre. Élections législatives, 245 élus.

2006
1er février. Conférence de Londres, adoption du principe de coopération entre le gouvernement afghan et la communauté internationale.
Mai. Émeutes anti-américaines à Kaboul.

Phase II. Radicalisation de la guerre en « Afpak » de l'automne 2006 à début 2010

2006
Septembre. Les troupes britanniques subissent une moyenne de 12 attaques par jour, initiative tous azimuts aux taliban.
Octobre. 12 000 GI passent sous commandement OTAN, dont l'effectif total est de 30 000 hommes.
22 octobre. Le mollah Omar proclame une intensification de la guerre.
19 décembre. Akhtar Mohammad Osmani, un des principaux chefs des taliban, est tué.

2007
6 mars. Début de l'opération « Achille », la plus importante jusqu'alors menée par l'OTAN.
Mai. Le mollah Dadullah, important chef *taleb*, est tué dans l'Helmand.
12 juillet. Début des attentats sanglants et spectaculaires au Pakistan.

19 juillet. 19 évangélistes sud-coréens sont pris en otages à Ghazni, deux sont exécutés.
7 novembre. Province de Baghlan, un attentat-suicide fait 80 morts dans une raffinerie de sucre (dont 59 enfants).
27 décembre. Assassinat au Pakistan de Benazir Bhutto.

2008
18 février. 80 tués dans une attaque-suicide à Kandahar.
Mars. Désastre logistique de la passe de Khyber : 60 camions-citernes de l'OTAN sont détruits.
21 avril. Énonciation du principe de la stratégie du développement national afghan.
23 avril. Le général David Petraeus est nommé commandant du Centcom.
12 juin. Conférence de Paris : 21 milliards de dollars d'aide sont alloués à l'Afghanistan.
13 juin. Raid spectaculaire des taliban contre la prison de Kandahar.
7 juillet. Attaque-suicide devant l'ambassade indienne, 50 tués.
13 juillet. Combat de Wanat, 75 % de pertes parmi les Américains.
18-19 août. Combat d'Uzbin : 10 tués, 21 blessés parmi les Français.
22 août. 90 civils, dont 50 enfants, sont tués lors d'un bombardement de l'OTAN dans la province d'Herat.
9 septembre. Renfort américain de 4 500 hommes.
20 septembre. Explosion de l'hôtel Marriott à Islamabad, 53 morts.
22 septembre. Débat sur l'Afghanistan au Parlement français.
5 novembre. 40 civils sont tués lors du bombardement aérien du village de Wacha Bakhta, province de Kandahar.
20 novembre et 30 décembre. Directives du général McKiernan sur le respect des populations.
28 décembre. 14 collégiens sont tués dans un attentat à la voiture piégée à Ghazni.

2009
7 janvier. Bavure de l'armée américaine sous l'égide de l'OTAN : 23 tués (dont 16 civils) lors d'une opération de nuit au village de Massamut Olia, province du Laghman.
17 janvier. Attentat-suicide à Kaboul visant l'ambassade d'Allemagne.
6-11 février. Opération « Diesel » menée par les Britanniques dans la province d'Helmand.
11 février. Attaques coordonnées à Kaboul contre des bâtiments publics.
17 février. Barack Obama annonce un renfort de 17 000 hommes.
Février. Les taliban sont maîtres du district de Swat au Pakistan ; la charia est appliquée.
6 mars. Union des taliban afghans et pakistanais sous l'égide du mollah Omar.
14-15 mars. Bataille d'Alasay, le 27e BCA et l'ANA reprennent l'initiative.
23 et 27 mars. Annonce du plan Obama pour l'Afghanistan.
Mars. Les provinces de Wardak et de Logar sont contrôlées en grande partie par les taliban qui poursuivent l'investissement de Kaboul. Arrivée des renforts américains, dont la 10e division de montagne.
3-4 avril. Sommet de l'OTAN à Strasbourg-Kehl.
17 avril. Combat de nuit dans la province de Kounar, succès du 21e RI américain.

28 avril. Le camp français de Warehouse, près de Kaboul, est touché par des tirs de roquettes.
Avril. Les taliban ne sont plus qu'à 100 kilomètres d'Islamabad après la prise du district de Buner. Fin avril débute la contre-offensive pakistanaise dans le district de Dir.
4-5 mai. L'aviation américaine bombarde le village de Ganj Abad, faisant des dizaines de morts.
6-7 mai. Sommet de Washington américano-pakistano-afghan.
7-fin mai. Offensive de l'armée pakistanaise dans la vallée de la Swat et désastre humanitaire.
30 mai. Victoire pakistanaise : la ville de Mingora, chef-lieu de la vallée de la Swat, est reprise.
1-2 juillet. Début de la plus grande opération de la guerre : 4 000 Américains et 3 000 Britanniques engagés pour la reconquête de l'Helmand.
Juillet-août. Mois les plus meurtriers depuis le début de la guerre.
5 août. Baitullah Mehsud, chef des taliban pakistanais, est tué par un missile.
15 et 18 août. Attentats spectaculaires à Kaboul.
20 août. Élections présidentielles et provinciales : taux de participation de 38,7 % ; fraude avérée et ballottage entre Hamid Karzaï et Abdullah Abdullah.
Août-septembre. 20 chefs d'Al-Qaida sont tués au Waziristan.
Septembre. À Kaboul, les coalisés sont victimes d'une série d'attentats. Ils sont pris dans de violents combats sur la frontière orientale afghane.
Septembre-octobre. Vague d'attentats au Pakistan et allégeance d'Hakimullah Mehsud, nouveau chef des TTP, à Al-Qaida.
18 octobre. Début de l'offensive pakistanaise dans le sud du Waziristan.
2 novembre. Hamid Karzaï est réélu par défaut, avec une légitimité *a minima*.
2 décembre. Renfort américain de 30 000 hommes prévu et nouveau plan Obama. L'OTAN promet un renfort de 7 500 hommes.
25 décembre. Attentat manqué par un membre d'Al-Qaida sur un vol Amsterdam-Detroit. Le président Obama dénonce les failles du système de renseignement américain.
30 décembre. 7 Américains et 5 Canadiens sont tués en Afghanistan. Le total des pertes du contingent étranger pour l'année est de 520 hommes (295 en 2008). Deux journalistes français sont enlevés en Kapisa.

2010
17 janvier. Attaque spectaculaire dans un centre commercial de Kaboul : 12 tués, 71 blessés. Intensification de la guerre sur le terrain.
28 janvier. Conférence internationale de Londres sur l'Afghanistan. 70 pays au chevet de l'administration Karzaï qui infléchit sa politique en luttant contre la corruption et en prônant une réconciliation nationale.
3 février. Trois premiers soldats américains sont tués (et deux blessés) au Pakistan, dans un attentat-suicide à Islamabad. Les frappes de drones armés s'intensifient au Waziristan Nord, tandis qu'au Pakistan, depuis la mort (supposée) d'Hakimullah Mahsud, chef des taliban pakistanais, à la mi-janvier, les attentats meurtriers reprennent.
9 février. Début de l'opération « Mushtarak » (ensemble) dans le Helmand et la ville de Marjah, bastion des taliban et du trafic de drogue. C'est la plus grosse opération « à la soviétique » menée par l'OTAN et l'ANA avec des moyens lourds.

Elle implique plus de 15 000 hommes. La résistance des taliban est forte tout au long du mois de février dans le Helmand et les pertes sont lourdes des deux côtés.
21 février. Troisième « bavure » de l'OTAN du mois de février : 27 civils sont tués par des frappes aériennes ; le général McChrystal présente ses excuses. Capture du numéro 2 des taliban afghans au Pakistan, le mollah Abdul Ghani Baradar, grâce à une première coopération entre la CIA et l'ISI (Inter Services Intelligence) pakistanais.
23 février. Annonce officieuse de la mort du millième soldat américain en Afghanistan depuis 2001. Intensification de la guerre.

TABLE DES SIGLES ET ACRONYMES

ADZ : *Afghan development zone* (zone de développement afghan)
AFP : agence France-Presse
ALAT : aviation légère de l'armée de terre
ALN : Armée de libération nationale, Algérie
ANA : armée nationale afghane
ANP : *Afghan national police* (police nationale afghane)
Batfra : bataillon français rattaché au RC-C de Kaboul
BB : brigade blindéc
BCA : bataillon de chasseurs alpins
BCS : bataillon de commandement et de soutien
Centcom : commandement centralisé (américain) à l'étranger
CHAMP : *counter-electronics high power microwave advanced missile project*
CIA : Central Intelligence Agency
CID : Collège interarmées de défense
Cimic : *civil-military co-operation* (coopération civilo-militaire)
COS : commandement des opérations spéciales
DEA : diplôme d'études approfondies
DGSE : Direction générale de la sécurité extérieure
DI : division d'infanterie
EEI : engin explosif improvisé
EVASAN : évacuation sanitaire
EVAT : engagé volontaire de l'armée de terre
FAC : Forward Air Control (force chargée de l'appui aérien)
Farc : Forces armées révolutionnaires de la Colombie
FIAS : Force internationale d'assistance à la sécurité sous mandat de l'ONU, traduction de : ISAF (International Security Assistance Force)
FOB : *forward operational base* (base opérationnelle avancée)
FS : forces spéciales
GI : *government issue* (soldat américain)
GTIA : groupement tactique interarmes
HCR : Haut Commissariat pour les réfugiés
IED : *improvised explosive device* (engin explosif improvisé)
IFRI : Institut français des relations internationales
IEP : Institut d'études politiques
IRIS : Institut des relations internationales et stratégiques

ISI : Inter Services Intelligence (services secrets pakistanais)
ISN : International Relations and Security Network
LMTGH-OB : largage de matériel à très grande hauteur en ouverture basse
MALE : moyenne altitude longue endurance, pour un drone type SIDM de l'armée de l'air
Manua : mission d'assistance des Nations unies en Afghanistan
MDR : militaire du rang, expression commune aux troupes professionnelles pour les engagés
Nedex : neutralisation, enlèvement et destruction d'explosifs
OEF : *operation Enduring Freedom* (« Liberté immuable »)
OMF : *opposing military forces* (l'ennemi)
OMLT : *operational mentoring and liaison team* (équipe opérationnelle d'instruction et de liaison)
ONG : organisation non gouvernementale
ONUDC : Organisation des Nations unies contre la drogue et le crime
OPEX : opération extérieure
PAN : porte-avions nucléaire
PESD : politique européenne de sécurité et de défense
PIB : produit intérieur brut
PRT : *provincial reconstruction team* (programme de reconstruction par province)
QG : quartier général
RAP : régiment d'artillerie parachutiste
RC-C : *regional command-capital* (commandement de la région autour de Kaboul)
REC : régiment étranger de cavalerie
REG : régiment étranger du génie
REI : régiment étranger d'infanterie
REP : régiment étranger parachutiste
RFI : Radio France internationale
RG : régiment du génie
RGP : régiment du génie parachutiste
RGPP : réduction générale des politiques publiques
RHP : régiment de hussards parachutistes
RI : régiment d'infanterie
RIMa : régiment d'infanterie de marine
RMT : régiment de marche du Tchad
RPIMa : régiment parachutiste d'infanterie de marine
Saceur : *supreme allied commander in Europe* (commandant suprême des forces alliées en Europe), OTAN
SAS : section administrative spécialisée
SAU : section administrative urbaine
SDTI : système de drones tactiques intermédiaires développé en Afghanistan par l'armée de terre française
SOP : *standing operation procedure* (procédure opérationnelle permanente)
TIC : *troops in contact* (troupes au contact)
TTP : Tehrik-e-Taliban Pakikstan, mouvement des taliban du Pakistan
UO : urgence opération
URSS : Union des républiques soviétiques socialistes
VAB : véhicule de l'avant blindé
VBCI : véhicule blindé de combat d'infanterie
VB-IED ou *vehicle-borne – IED* : véhicule bourré d'explosifs

SOURCES

Travailler sur l'histoire immédiate induit une approche critique de sources surabondantes. En dehors de quelques documents imprimés, qui tiennent parfois d'une propagande intelligente de la part de l'OTAN par exemple, il ne peut être encore question d'avoir accès aux archives. Les témoins sont indispensables pour approcher le vécu du combattant. Les récits de journalistes sur place, très précieux, correspondent cependant à un mécanisme bien rodé depuis la guerre du Golfe, celui des « tours » sur le terrain, où, sauf cas exceptionnel, pour des raisons de sécurité, on regroupe les envoyés spéciaux pour leur montrer ce qu'on veut bien leur montrer. D'où l'impérieuse nécessité de rester fidèle à la méthode historique d'investigation par croisement des sources. Le recours aux médias classiques et aux infinies ressources d'Internet complète les témoignages oraux et écrits, sans oublier l'appoint des reportages filmés.

Documents officiels

• Documentation OTAN-FIAS, 2009.
– « Afghan Report 2009 », avril 2009, 42 p.
– *Mirror. Official Magazine of ISAF*, mars 2009, 22 p.
– *Manuel de l'OTAN*, dernière édition 2006, 446 p.

• Documentation représentation permanente de la France auprès de l'Union européenne : Mission civile PESD (Eupol), 2007-2009.

• Documentation du ministère de la Défense (armée de terre, Centre de doctrine d'emploi des forces).
– « Gagner la bataille, conduire à la paix. Les forces terrestres dans les conflits d'aujourd'hui et de demain », janvier 2007, 84 p.
– « Doctrine de contre-rébellion », janvier 2009, 70 p.

• Rapport parlementaire, « Afghanistan : un chemin pour la paix », déposé par Jean Glavany et Henri Plagnol, Assemblée nationale, 23 juin 2009, 53 p.

• Rapport de la commission de défense de l'Assemblée européenne de sécurité et de défense, « La Guerre en Afghanistan : quelle stratégie pour l'Europe ? », document C/2 036, 6 mai 2009, 33 p.

Médias et sites Internet

• Sites officiels :
– Sites du Sénat et de l'Assemblée nationale, débat sur le maintien de la présence française en Afghanistan, 22 septembre 2008, assemblee-nationale.fr et senat.fr. Mêmes sites pour le débat sans vote au Sénat, le 16 novembre 2009, et de l'Assemblée nationale, le 16 décembre suivant.
– Site OTAN-FIAS (Public Diplomacy Division) : www.nato.int/isaf

• Périodiques (sites Internet pour la plupart) :
– Quotidiens anglais : *The Independent, The Guardian.*
– Quotidiens américains : *Los Angeles Times, The New York Times, The Washington Post, The Washington Times.*
– Quotidiens français : *La Croix, Le Figaro, Le Monde, Libération* (dont blog iconoclaste de Jean-Dominique Merchet, « secretdefense »).
– Quotidien suisse : *Le Temps.*

• Sites arabophones (traduits en anglais ou en français) : revue *Bassirat.net*, hebdomadaire pakistanais *The Friday Times.*

• Cinq hebdomadaires (version papier ou sites Internet) : *L'Express, Le Figaro Magazine* de 2001 à 2009, *Le Canard enchaîné, Courrier International* (indispensable pour l'accès aux sources pakistanaises et arabophones), *Der Spiegel* (hebdomadaire allemand particulièrement bien renseigné sur l'Afghanistan).

• Journaux télévisés :
– France : France 24, Arte (19 h 45), TF1 et France 2 (20 heures).
– Divers reportages, y compris du réseau anglais de la chaîne arabe Al-Jazeera.

• RFI et site de Radio France internationale (www.rfi.fr).

• Autres :
– Diverses revues en anglais, dont *Military Review, The Christian Science Monitor* et *Jayne's.*
– Quelques sondages dans d'autres revues étrangères en fonction de l'actualité.

Témoignages

• Témoignages oraux :
– Témoignages oraux d'officiers de l'OTAN, ayant désiré conserver l'anonymat, lors des voyages d'études « Institutions militaires internationales », de Bruxelles à Lisbonne (27 avril-5 mai 2008) et de Bruxelles à Madrid (3-9 mai 2009), des étudiants du master de recherche en « Histoire militaire comparée, géostratégie, défense et sécurité » de Sciences Po Aix-en-Provence.

– Général de brigade aérienne Patrick Desjardins, responsable des forces de protection et de sécurité de l'armée de l'air de 2004 à 2008 ; en Afghanistan en mai 2008 : entretien du 9 juillet 2009.
– Commissaire commandant Xavier Durand, directeur adjoint du Commissariat pour les forces armées françaises en Afghanistan ; au camp de Warehouse de juillet à novembre 2009 : entretien du 30 novembre 2009.
– Lieutenant-colonel Gérald Lacoste, de l'infanterie motorisée : à sa retraite, il est rappelé au titre de la réserve opérationnelle par le bureau opérations extérieures du Commandement des forces de l'armée de terre (où il avait travaillé) ; il effectue de fin novembre 2006 à avril 2007 un séjour dans la région de Mazar-e Charif comme officier de liaison auprès d'un bataillon britannique puis suédois qui lui a succédé ; entretien du 14 avril 2009.
– Colonel Éric Maïni, de l'armée de l'air, commandant de l'escadron de transport Poitou : quatre mois à Douchanbe (et Kaboul) fin 2004 et plusieurs missions en Afghanistan en 2006-2007 ; entretien du 2 avril 2009.
– Caporal F. M., du 27e BCA : membre du commando de montagne en Kapisa, de décembre 2008 à juin 2009 ; a participé à la bataille d'Alasay ; entretien du 2 août 2009.
– Colonel de réserve François Schewin : chirurgien-dentiste ; membre en mai-juin 2009, au camp de Warehouse, du groupe médico-chirurgical ; entretien du 24 novembre 2009.
– Commandant Jay Smith, de l'US Army, étudiant du master de recherche en « Histoire militaire comparée, géostratégie, défense et sécurité » de l'IEP d'Aix-en-Provence en 2007-2008 ; lauréat en 2008 du prix de ce master, décoré trois fois au feu (Irak et Afghanistan) ; commandant d'une compagnie de Rangers en Afghanistan en 2005 ; entretien en mai 2008.
– Des officiers et un brigadier-chef (imprécision nécessaire, devoir de réserve oblige pour un régiment dont les 3e et 4e escadrons ont été engagés en Afghanistan en 2008-2009) du 1er REC : entretiens à Orange les 24 novembre 2008 et 23 juillet 2009.

• Témoignages écrits :
– Chef d'escadron François-Régis Legrier : il a effectué un séjour en Afghanistan en 2007 ; stagiaire au CID en 2009 ; plusieurs courriels échangés en mars 2009.
– Lieutenant-colonel Bruno Troussard : transmetteur ayant effectué un séjour en 2008 au bénéfice de l'ANA dans le cadre de la mission « Épidote » ; courriel du 6 juin 2009.

• Témoignages publiés :
Ouvrages
Capitaine Alan H. et sergent-chef Adam R., *Sur les traces d'Al-Qaida. Témoignage des forces spéciales*, Paris, Alban Éditions, 2004, 260 p.
Deniau Jean-François, *Survivre*, Paris, Plon, 2006, 354 p.
Larouzière-Montlosier Geoffroy (de), préface de Jean-Claude Guillebaud, *Journal de Kaboul*, Paris, Édition Bleu autour, 2009, 205 p.
Luttrell Marcus et Robinson Patrick, *Le Survivant*, Paris, Nimrod, 2009, 250 p.
Merchet Jean-Dominique, *Mourir pour l'Afghanistan*, Paris, Éditions Jacob-Duvernet, 2008, 189 p.
Mortenson Greg (avec David Olivier Relin), *Trois tasses de thé, la mission de paix d'un Américain au Pakistan et en Afghanistan*, Grenoble, Glénat, 2009, 458 p.

PUIG JEAN-JOSE, *La Pêche à la truite en Afghanistan*, Paris, La Martinière, 2005, 576 p.
Capitaine ROMAIN, préface du général Michel Forget, *Rafale en Afghanistan*, Paris, Éditions Vario, 2008, 208 p.
SASSI NIZAR, *Prisonnier 325, Camp Delta. De Vénissieux à Guantanamo*, Paris, Denoël, 2006, 220 p.
Commandant WARDAK AMIN, *Mémoires de guerre*, Paris, Arthaud, 2009, 389 p.

Revues

Armées d'aujourd'hui, mensuel officiel consulté en 2008-2009.
Assaut, numéro spécial « Paras-colos en Afghanistan » (riche de témoignages et photos, accompagnés d'études des matériels employés par les paras-colos en Afghanistan), n° 36, janvier 2009.
Défense nationale, 2007-2009.
Doctrines, revue d'études générales, revue trimestrielle de l'armée de terre, consultée en 2008-2009.
Les Cahiers du Cesat, n° 13, septembre 2008 (plusieurs *retex*).

Reportages

BURIN DES ROZIERS GÉRAUD, *Papa part à la guerre : d'Annecy à Kaboul, dix mois avec les soldats français et leurs familles*, 125 minutes, diffusé sur M6 dans l'émission « Zone interdite », le 19 mai 2009 à 0 h 45 ; reportage sur le 27e BCA en opération dans la vallée d'Alasay et le quotidien des chasseurs alpins et de leurs familles restées à Annecy.
DORAN JAMIE, *Afghan Massacre : The Convoy of Death*, 50 minutes, diffusé sur la BBC en juin 2002 (sous le titre *Massacre à Mazar*), puis le même mois par vingt-quatre télévisions nationales hors des États-Unis. Ce reportage a été rediffusé en décembre 2005 sur Al-Jazeera. Il est disponible sur Internet. Il comporte des révélations sur le massacre de prisonniers taliban perpétré par le général Dostom.
JACQUIER GILLES, *École, le tableau noir*, 31 minutes, diffusé sur France 2 dans l'émission « Envoyé spécial », le 3 septembre 2009 à 20 h 40 ; reportage sur Kandahar et le martyre des écolières.
KOLVENBACH MARCEL et ROBERTS TOM, *Des bombes pour la paix*, 30 minutes, diffusé sur Arte, le 5 août 2009 à 23 h 05 ; reportage sur le « dommage collatéral » d'Azizabad du 22 août 2008.
MOREIRA PAUL, *Afghanistan : sur la piste des dollars*, 57 minutes, diffusé sur Canal+ le 24 avril 2009 à 22 h 20 ; reportage sur le pillage de l'aide internationale et la corruption.
SEIPEL HUBERT, *Vivre et mourir pour Kaboul*, 47 minutes, diffusé sur Arte, le 5 août 2009 à 22 h 20 ; reportage sur la Bundeswehr en Afghanistan.

BIBLIOGRAPHIE

Études militaires

BALENCIE JEAN-MARC et LA GRANGE ARNAUD (de), *Les Guerres bâtardes. Comment l'Occident perd les batailles du XXIe siècle*, Paris, Perrin, 2008, 174 p.

COURREGES HERVÉ (de), GIVRE PIERRE JOSEPH, LE NEN NICOLAS, *La Guerre en montagne*, Paris, Economica, 2006, 140 p.

CHALIAND GÉRARD, *Le Nouvel Art de la guerre*, Paris, L'Archipel, 2008, 150 p., *Les Guerres irrégulières aux XXe et XXIe siècles, guérilla et terrorisme*, Paris, Gallimard, 2007, 980 p.

COLONOMOS ARIEL, *Le Pari de la guerre. Guerre préventive, guerre juste*, Denoël, 2009, 368 p.

DESPORTES VINCENT, *La Guerre probable. Penser autrement*, Paris, Economica, 2008, 216 p.

GALULA DAVID, *Contre-insurrection, théorie et pratique*, écrit en anglais en 1963 sous le titre *Counter-Insurgency in Algeria*. Ouvrage réédité avec une préface du général David Petraeus et une introduction du lieutenant-colonel John A. Nagl, publié en France, en 2008, par Economica, 216 p.

GOYA MICHEL, *Irak, les armées du chaos*, Paris, Economica, 2008, 272 p.

HECKER MARC et RID THOMAS, *War 2.0. Irregular Warfare in the Information Age*, Wesport, Éditions Praeger, 2009, 290 p.

JAUFFRET JEAN-CHARLES, « L'engagement français en Afghanistan ou une culture de guerre en devenir », *Cahier d'histoire immédiate*, n° 35, printemps 2009, p. 57-76.

KILCULLEN DAVID, *The Accidental Guerilla : Fighting Small Wars in the Midst of a Big One*, Oxford University Press (États-Unis), 2009, 384 p.

KYSPOTTER VINCENT (de), « L'OTAN et la France en Afghanistan », *Défense nationale*, novembre 2007.

LE PAUTREMAT PASCAL, *Les Guerriers de la république. Forces spéciales et services secrets français, 1970-2009*, Paris, Choiseul, 2009, 288 p.

L'HEUILLET HÉLÈNE, *Aux sources du terrorisme. De la petite guerre aux attentats-suicides*, Paris, Fayard, 2009, 342 p.

SERVENT PIERRE, *Les Guerres modernes racontées aux civils... et aux militaires*, Paris, Buchet-Chastel, 2009, 300 p.

SMITH Rupert, *L'Utilité de la force*, Paris, Economica, 2007, 395 p.
TAILLAT STÉPHANE, « Adaptation et apprentissage. Les forces terrestres américaines et la contre-insurrection en Irak », *Revue française de science politique*, 2008/5, vol. 558, p. 773-793.
TRINQUIER ROGER, *La Guerre moderne*, préface de François Géré, Paris, Economica, réédition de janvier 2009

Ouvrages sur l'Afghanistan

BARRY MICHAEL, *Le Royaume de l'insolence. L'Afghanistan, 1504-2001*, Paris, Flammarion, 2002, 510 p.
BRIGOT ANDRÉ et ROY OLIVIER (dir.), *La Guerre d'Afghanistan. Intervention soviétique et résistance*, Paris, La Documentation française, n° 4785, 1985-2010, 144 p.
CHALIAND GÉRARD, *L'Amérique en guerre : Irak et Afghanistan*, Paris, Éditions du Rocher, 2007, 200 p.
DOMBROWSKY PATRICK et PIERNAS SIMONE, *Géopolitique du nouvel Afghanistan*, Paris, Ellipses, 2005, 110 p.
DUPUIS-DÉRI FRANCIS, *L'Éthique du vampire : de la guerre en Afghanistan et de quelques horreurs de notre temps*, Paris, Lux Éditions, 2009, 300 p.
GIUSTOZZI ANTONIO, *Koran, Kalachnikov and Laptop : the Neo-Taliban Insurgency in Afghanistan*, Londres, Columbia University Press, 2007.
LELLOUCHE PIERRE, *L'Allié indocile. La France et l'OTAN, de la guerre froide à l'Afghanistan*, Paris, Éditions du Moment, 2009, 258 p.
LEVESQUE JACQUES, *L'URSS en Afghanistan, de l'invasion au retrait, 1979-1989*, Paris-Bruxelles, Éditions Complexe, 1990, 282 p.
MALEY WILLIAM, *The Afghans Wars*, New York, Palgrave Macmillan, 2002, 340 p.
MERCHET Jean-Dominique, *Mourir pour l'Afghanistan. Pourquoi nos soldats tombent-ils là-bas ?*, Paris, Éditions Jacob-Duvernet, 2008, 187 p.
MICHILETTI ÉRIC, *Les Forces spéciales en Afghanistan : guerre contre le terrorisme, 2001-2003*, Paris, Histoire et Collections, 2003, 175 p.
NIVAT ANNE, *Lendemains de guerre en Afghanistan et en Irak*, Paris, Le Livre de Poche, 2007, 480 p.
RASHID AHMED, *L'Ombre des taliban*, Paris, Autrement, 2001, 256 p. ; *Asie centrale, champs de guerre*, Paris, Autrement, 2002, 272 p. ; *Le Retour des taliban*, Paris, Delavilla, 2009, 360 p.
ROY OLIVIER, *L'Afghanistan. Islam et modernité politique*, Paris, Seuil, 1985.
TANNER STEPHEN, *Afghanistan. A Military History from Alexander the Great to the Fall of the Taliban*, New York, Da Capo Press, 2002, 351 p.
THEIR J. ALEXANDER (dir.), *The Future of Afghanistan*, Washington, D.C., United States Institute of Peace, 2009, 126 p.
WEBER OLIVIER, *Le Faucon afghan. Voyage au pays des taliban*, Paris, Robert Laffont, 2001, 266 p.

Études sur le lien Afghanistan-Pakistan

GAYER LAURENT, « Pakistan : vers la guerre civile ? », Centre des études de sécurité de l'Ifri, mars 2009, 39 p.

Rashid Ahmed, *Descent into Chaos. How the War against Islamic Extremism is Being Lost in Pakistan, Afghanistan and Central Asia*, Londres, Penguin Books, 2008.
Rubin Barnett R. et Rashid Ahmed, « From Great Game to Great Bargain : Ending Chaos in Afghanistan and Pakistan », *Foreign Affairs*, novembre-décembre 2008.

Travaux universitaires[1]

Balcerski Gery, commissaire sous-lieutenant (de l'École du commissariat de l'air), « La Conquête de l'Afghanistan par les taliban », mémoire de DEA, sous la direction de J.-C. Jauffret, juin 1999, 121 p.
Diedrich Thomas, « La Résistance afghane. L'exemple du maquis du commandant Massoud », 1979-1992, mémoire de master, sous la direction d'André-Paul Comor, septembre 2006, 177 p.
Durand Patrick, « Les Enjeux autour de l'hydrocarbure centre asiatique : la voie afghane », mémoire de DEA, sous la direction de J.-C. Jauffret, juin 2002, 101 p.
Fruchard Jean-Baptiste, « La Nouvelle Doctrine contre-insurrectionnelle américaine : les guerres d'Irak et d'Afghanistan », mémoire de master, sous la direction de J.-C. Jauffret, septembre 2009, 110 p.
Saa Karim, chef de bataillon, « Afghanistan 2009 : enjeux et perspectives pour l'armée de terre française », mémoire de master, sous la direction de J.-C. Jauffret, septembre 2009, 134 p. (travail non communicable).

Romans

Aslam Nadeem, *La Vaine Attente*, Paris, Seuil, 2009, 390 p.
Hosseini Khaled, *Les Cerfs-Volants de Kaboul*, 2003, édition française de 2008, Paris, 10-18, 410 p. ; *Mille Soleils splendides*, Paris, Belfond, 2007, 420 p.
Kessel Joseph, *Les Cavaliers*, 1967, réédition Folio 2008, 600 p.
Khadra Yasmina, *Les Hirondelles de Kaboul*, Paris, Pocket, 2004, 147 p.
Rahimi Atiq, *Syngué sabour. Pierre de patience*, Paris, POL, 2008, prix Goncourt 2008.

1. Mémoires de DEA et de master, master de recherche « Histoire militaire comparée, géostratégie, défense et sécurité » de l'IEP d'Aix-en-Provence.

TABLE DES MATIÈRES

Du même auteur aux éditions Autrement
dans la collection Mémoires/Histoire

Ces officiers qui ont dit non à la torture. Algérie 1954-1962.
Des hommes et des femmes en Algérie, dir.
Soldats en Algérie, 1954-1962. Expériences contrastées des hommes du contingent.

Achevé d'imprimer en mars 2010 sur les presses de l'imprimerie Corlet
à Condé-sur-Noireau (Calvados), France, pour le compte des Éditions Autrement,
77, rue du Faubourg-Saint-Antoine, 75011 Paris.
Tél. : 01 44 73 80 00. Fax : 01 44 73 00 12. N° d'imprimeur : 127096.
ISBN : 978-2-7467-1372-7. Dépôt légal : mars 2010.